Compensation for Ship Pollution Damage in the Marine Ecosystem:

Theory and Practice

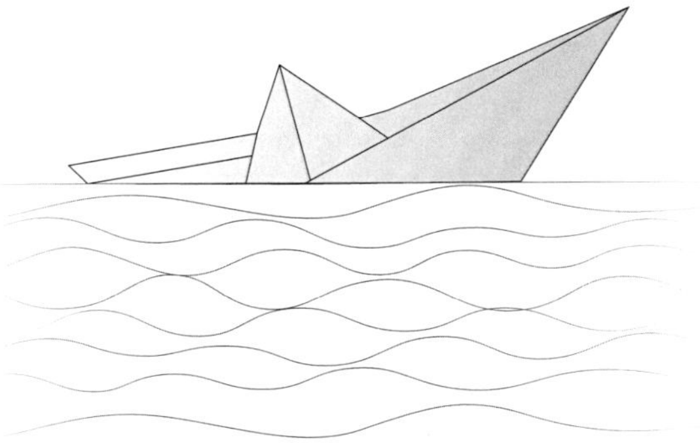

海洋生态环境中的船舶污染损害赔偿

理论与实践

王 慧 周舫震 — 主编

法律出版社 LAW PRESS · CHINA

北京

图书在版编目(CIP)数据

海洋生态环境中的船舶污染损害赔偿：理论与实践/王慧，周舫震主编. -- 北京：法律出版社，2024
ISBN 978-7-5197-9193-3

Ⅰ. ①海… Ⅱ. ①王… ②周… Ⅲ. ①船舶－海洋污染－海洋环境保护法－研究 Ⅳ. ①D996.9

中国国家版本馆 CIP 数据核字(2024)第 105873 号

海洋生态环境中的船舶污染损害赔偿：理论与实践 **HAIYANG SHENGTAI HUANJING ZHONG DE CHUANBO WURAN SUNHAI PEICHANG: LILUN YU SHIJIAN**	王　慧　周舫震 主编	责任编辑 杨悦芊 装帧设计 臧晓飞

出版发行 法律出版社
编辑统筹 学术·对外出版分社
责任校对 张翼羽
责任印制 胡晓雅　宋万春
经　　销 新华书店

开本 710 毫米×1000 毫米　1/16
印张 17.75　**字数** 257 千
版本 2024 年 7 月第 1 版
印次 2024 年 7 月第 1 次印刷
印刷 北京新生代彩印制版有限公司

地址：北京市丰台区莲花池西里 7 号(100073)
网址：www.lawpress.com.cn
投稿邮箱：info@lawpress.com.cn
举报盗版邮箱：jbwq@lawpress.com.cn

销售电话：010-83938349
客服电话：010-83938350
咨询电话：010-63939796

书号：ISBN 978-7-5197-9193-3
定价：79.00 元

凡购买本社图书，如有印装错误，我社负责退换。电话：010-83938349

作者简介

王慧，法学博士，上海海事大学法学院教授，先后在剑桥大学、加州大学伯克利分校、芝加哥大学、圣塔克拉拉大学、爱尔兰都柏林大学等校研修，在《中外法学》《清华法学》《法制与社会发展》《法商研究》《法学》等刊物上发文百余篇，出版学术专著 5 部，主持国家级、省部级课题多项，参与了我国《海洋环境保护法》《国际海运条例》的修订工作，负责全书统稿及第 8 章第 1 节、第 8 章第 2 节、第 8 章第 3 节、第 8 章第 4 节、第 9 章第 2 节、第 9 章第 5 节和后记的撰写。

周舫震，中国船舶油污损害理赔事务中心主任，高级工程师。其主持完成“桑吉”轮碰撞燃爆事故油污损害监测评估项目、牵头开展环渤海湾地区不明来源油污染监视监测项目，是《防治船舶污染海洋环境管理条例》《船舶油污损害赔偿基金征收使用管理办法》《船舶油污损害赔偿基金理赔导则》《船舶油污损害赔偿基金索赔指南》的主要起草人，主持“船舶油污损害赔偿基金运作制度完善研究”等多项课题研究，发表论文十数篇，负责全书统稿及前言的撰写。

张立，法学硕士，江苏省连云港市人民检察院党组副书记、副检察长，四级高级检察官，兼任国家检察官学院江苏分院教师，先后在《人民检察》《中国检察官》等期刊上发表论文5篇,主持最高人民检察院课题2项,参与第8章第1节的撰写。

邓虹,广西防城港市人民检察院副检察长,曾获广西壮族自治区人民检察院授予的个人二等功,入选广西检察机关检察理论人才库成员等,撰写的学术论文多次获奖,参与第9章第3节的撰写。

张连杰,法学硕士,山东省平度市人民检察院党组书记、检察长,曾获第二届全省检察业务专家、全国检察机关反渎职侵权专家人才等荣誉称号,参编全国高等学校应用型法学人才培养系列规划精品教材《刑法学》,参与第1章的撰写。

戚永福,法学硕士,上海市奉贤区人民检察院党组成员、副检察长、三级高级检察官,兼任上海市法学会第十二届理事会理事,上海市奉贤区法学会副会长,曾任上海市人民检察院法律政策研究室副主任,主持或参与省部级以上课题10余项,在《人民检察》《中国检察官》等期刊上发表论文30余篇,出版专著1部,研究成果获省部级以上表彰20余项,被上海市人民检察院记个人三等功2次,参与第8章第6节的撰写。

李洁,硕士研究生,连云港市人民检察院法律政策研究室四级检察官助理,曾获市级三等功3次,撰写的检察建议被最高检评为优秀社会治理类检察建议,在《人民检察》发表论文4篇,被《人民日报》内参采用文章1篇,参编《涉渔公益诉讼案件办理指引与案例分析》,参与第8章第2节的撰写。

徐春龙,法律硕士,广州海事法院珠海法庭庭长,四级高级法官,先后在《人民司法》《中国海商法研究》《世界海运》等刊物上发表论文10余篇,承办的4宗案件获评中国法院年度案例,承办的“天使力量”轮船员系列案件、浩银公司与联泰公司案获评全国海事审判典型案例,参与第9章第2节的撰写。

张健，法学硕士，上海海事法院海事审判庭副庭长、三级高级法官，获评上海法院审判业务骨干、上海法院办案标兵、“邹碧华式的好法官、好干部”等。主审案件1件入选最高人民法院公报案例，1件入选中国海事审判十大典型案例，1件入选中国法院2021年度案例。在《人民司法》《法律适用》《上海审判实践》等刊物上发表论文十余篇，参与第8章第4节的撰写。

李军，法学硕士，青岛海事法院海事审判庭副庭长，四级高级法官，先后在《中国海事审判年刊》等刊物发表论文，曾担任“康菲溢油”系列案件审判长，负责第8章第5节、第9章第6节、第9章第8节的撰写。

张继峰，博士研究生，上海市宝山区人民法院月浦人民法庭庭长、四级高级法官，获评上海法院办案能手、主审案件1件入选中国法院2023年度案例，先后在《人民论坛》《浙江海洋大学学报》《上海法学研究》等期刊上发表论文十余篇，荣立个人二等功1次，三等功3次，参与第9章第3节的撰写。

单丹，法学硕士，上海海事法院审判员，三级高级法官，上海法院“审判业务骨干”“十佳青年”。其主审案件入选上海法院“四个一百”精品案例、优秀文书、示范庭审，论文在全国海事审判研讨会、上海法院调研课题及优秀司法统计分析评选中多次获奖，参与第9章第7节的撰写。

惠林，法律硕士，南京海事法院四级高级法官，全国法院办案标兵、江苏省全省优秀法官，其承办案件被评为全国法院长江流域生态环境司法保护十大典型案例，获第四届全国环境资源审判优秀业务成果裁判文书类二等奖，参与第8章第3节的撰写。

吴永林，法学硕士，海口海事法院四级高级法官，长期从事海洋生态环境资源审判工作，办理的多宗案件入选全国法院典型案例，先后在《人民司法》《北京仲裁》刊物上发表文章3篇，参加最高人民法院“司法服务保障碳达峰碳中和研究”等课题2项，参与第9章第5节的撰写。

陈夏,法学硕士,南京海事法院苏州法庭一级法官。先后在《人民司法》《世界海运》等刊物上发表文章,参与交通运输部海事局《船舶登记办法》《船舶登记工作规程》的制定工作,参与第9章第1节的撰写。

杨智慧,上海海事局危管防污处副处长,主要从事船舶防污染、危险品管理及船舶油污损害赔偿工作,在《中国海商法研究》《中国海事》等期刊上发表论文多篇,参与起草《船舶油污损害赔偿基金征收使用管理办法》《船舶油污损害赔偿基金理赔导则》《船舶油污损害赔偿基金索赔指南》等规范性文件,牵头完成"船舶油污损害赔偿基金运作制度完善课题报告"等课题,负责第6章的撰写。

廖兵兵,法学博士,中国船舶油污损害理赔事务中心高级工程师,在《太平洋学报》《中国海商法研究》《中国海事》等刊物上发表专业论文十余篇,参与起草《船舶油污损害赔偿基金理赔导则》《船舶油污损害赔偿基金索赔指南》等规范性文件,牵头开展"船舶油污损害赔偿纠纷案件司法审判实践研究""船载有毒有害物质损害赔偿基金建构条件研究"等多项课题研究,负责第2章、附录中中国典型案例清单的撰写。

帅月新,中国船舶油污损害理赔事务中心科长、工程师,长期从事船舶防污染管理和海洋环境保护等相关工作,起草《船舶油污损害赔偿基金征收使用管理办法》《船舶油污损害赔偿基金理赔导则》《船舶油污损害赔偿基金索赔指南》等规范性文件,参与"达飞佛罗里达"轮、"桑吉"轮等船舶污染事故的应急处置工作,负责"夏长"轮船舶油污事故等多起案件基金理赔报告的编写,负责第4章的撰写。

朱羿峄,法学硕士,中国船舶油污损害理赔事务中心工程师。参与《船舶油污损害赔偿基金索赔指南》《船舶油污损害赔偿基金理赔导则》的编写和修订工作,参与多项课题研究。在《水运管理》《中国海事》等刊物上发表多篇专业论文。参与第3章的撰写。

冀文颖,中国船舶油污损害理赔事务中心经济师,长期从事船舶污染损害的调查评估、法律咨询等相关工作，在《中国海事》《上海保险》等刊物上发表多篇论文，参与《船舶油污损害赔偿基金索赔指南》《船舶油污损害赔偿基金理赔导则》的编写及修订工作，参与多项课题研究，负责第8章第5节的撰写。

曹蕾，中国船舶油污损害理赔事务中心助理工程师，从事船舶油污损害案件的现场调查、理赔审核、法律咨询工作，负责近两年来无主油事故基金理赔报告的编写，参与《船舶油污损害赔偿基金理赔导则》《船舶油污损害赔偿基金索赔指南》的修订工作，参与第3章的撰写。

王玥，中国船舶油污损害理赔事务中心助理工程师，从事船舶油污损害案件的理赔审核、现场调查、法律咨询工作，参与《船舶油污损害赔偿基金理赔导则》《船舶油污损害赔偿基金索赔指南》的修订工作，参与第6章的撰写。

秦勇，法学博士，中国石油大学（华东）教授、硕士研究生导师，加拿大约克大学法学院访问学者，入选教育部、中央政法委"双千计划"、最高人民检察院民事行政检察咨询专家、中国国际商会山东商会涉外法律专业委员会专家委员等，在《法学论坛》等重要刊物上发表论文数十篇，主持、主研完成国家级、省部级教学科研项目多项，获中国法学优秀成果二等奖等奖项，参与第5章的撰写。

高俊涛，法学博士，上海海事大学法学院副教授、航运管理与法律方向博士生导师、国际法学硕士生导师，主要研究方向为海商法及涉海公私法协调等，主持国家社科基金项目1项，参与国家社科重大项目3项、省部级项目10余项。在《法学》《法律科学》《保险研究》等核心期刊上发表论文多篇，参与第9章第1节的撰写。

卓睿璇，美国杜兰大学法学博士，上海海事大学法学院讲师、硕士生导师，主要研究领域为国际法、环境法。在Marine Policy、Natural Resources Journal、Journal of Maritime Law and Commerce等国际知名期刊发表论文多篇,负责第 7 章的撰写。

李晨璇,法学博士,上海海事大学法学院讲师、硕士生导师。主要研究兴趣为海商法、保险法和航运金融,合著《威科国际法律百科全书》中国保险法分册、*Tolley's Insolvency Law* 航运破产章节,研究发表在 *Ocean & Coastal Management*、*Shipping & Trade Law*、《经济日报》、《新华日报》、《江西日报》等刊物,《扩大制度型开放促航运业发展》被中国社会科学网全文转载,主持省部级课题多项,负责第 9 章第 4 节的撰写。

李龙飞,法学博士,鲁东大学盈科法学院讲师,主要研究方向为环境法、人工智能法,在 *Korean Chinese Relations Review*、《江苏大学学报(社会科学版)》、《浙江海洋大学学报(人文科学版)》等期刊上发表论文多篇,参研国家高端智库重点课题两项,参与第 1 章的撰写。

姜彩云,上海财经大学法学院博士研究生,主要研究领域为国际环境法、气候变化法,在《东南学术》《学习与探索》等 CSSCI 期刊上发表学术论文多篇,参与国家社科基金、《海洋环境保护法》修法、上海市决策咨询研究项目等多项课题,参与第 8 章第 6 节、第 9 章第 7 节、第 9 章第 8 节的撰写。

陈凤,法学硕士,江苏如皋市委统战部工作人员,主要研究领域为行政管理、环境法,参与第 5 章的撰写。

金权,上海财经大学法学院博士研究生,主要研究领域为比较环境法、气候变化法,在《环境保护》《贵州大学学报(社会科学版)》等期刊发表学术论文多篇,参研上海市决策咨询研究项目、新疆维吾尔自治区人民检察院检察理论研究等多项课题,负责附录国外典型案例清单的整理。

目　录

前　言

在国际贸易中，航运发挥着极其重要的作用：确保远距离的交易以最低的运输成本进行，此外，航运在所有的交通运输手段中是最环保的。但是，随着全球贸易规模的不断扩大，航运成为海上重要的侵权领域，给海洋生态环境的保护带来了与日俱增的压力。

基于这一背景，系统研究海洋生态环境船舶污染损害赔偿法律议题意义重大，因为船舶一旦发生污染，往往会对海洋生态环境带来巨大的负面影响。“达飞佛罗里达”污染事故便是典型代表。2013 年 3 月 19 日，法国达飞轮船有限公司经营的英国籍“达飞佛罗里达”轮与巴拿马籍“舟山”轮在长江口的东海海域发生碰撞，致使“达飞佛罗里达”轮五号燃油舱严重破损，泄漏约 613.278 吨燃油入海，燃油泄漏对相关海域的生态环境造成严重影响。

船舶污染海洋生态环境的流程较长，从船舶的建造到船舶的拆解，均涉及海洋环境保护问题。其中，船舶运营过程中污染海洋生态环境的问题最为引人关注，因为其涉及的法律问题最为复杂，既有国际法层面的法律适用问题，又有国内法层面的法律适用问题。在国际法层面，针对船舶污染生态环境，国际社会先后制定了大量的国际法予以规范。在国内法层面，我国也制定了大量的法律规范。

从船舶污染海洋生态环境的法律体系来看，其主要涉及两个方面的法律议程：一是船舶污染海洋生态环境的预防法，旨在事前预防船舶污染海洋生态环境；二是船舶污染海洋生态环境的救济法，旨在对相关的受害主体提供事后的救济。本书主要关注船舶污染海洋生态环境的赔偿问题，随着海上船舶经营活动的增多，如何对其污染活动导致的受害人提供充分的赔偿显然是未来相关法制的重点。

虽然船舶在运营过程中涉及的污染源有船舶油污污染、船舶有毒物质污染、船舶有害物质污染、船舶生活污水污染、船舶垃圾污染和船舶空气污染等，但是从涉及船舶污染海洋生态环境的国际法和国内法来看，相关赔偿法律问题主要涉及船舶燃油、船舶货油以及有毒有害物质污染海洋生态环境领域。基于此，本书聚焦船舶燃油、船舶货油以及有毒有害物质污染海洋生态环境涉及的损害赔偿问题。

海洋生态环境船舶污染海洋损害赔偿法律制度较为复杂：从法律适用角度看，其涉及国际法和国内法；从责任主体看，其涉及船东、租船人、管理人、保险人以及海事管理机构等；从赔偿对象看，其涉及人身、财产以及生态环境等。此外，航运领域的法律责任框架也较为独特，如法律责任限制制度和强制保险等。本书试图对相关领域有一个全景式的论述，以更多地服务相关议题的科研和实践。

第一章　海洋生态环境中的船舶污染损害概况

改革开放四十余年来,我国海洋环境保护法治取得了巨大历史成就,海洋环境保护法律体系亦逐渐发展完善,在有效抑制海洋环境违法行为的同时,不断促进我国海洋生态环境的平衡与稳定。我国作为海洋大国,海洋面积辽阔,仍处于海洋污染排放与海洋环境风险的高发期,海洋生态灾害事故频发,海洋水质呈现不断恶化的状态,海洋环境质量面临严峻挑战。①

据《2022 年中国海洋生态环境状况公报》报告,2022 年中国海洋生态环境呈稳中趋好态势,海水水质不断改善,主要用海区域的环境质量趋于良好,但局部近岸海域的生态环境质量仍需进一步改善。② 船舶是我国海洋环境的主要污染源,防治海洋环境船舶污染对于加强和改善海洋环境质量具有积极意义。而明晰海洋生态环境船舶污染损害的当前状况,有利于准确把握生态环境船舶污染的防治重点,研究海洋生态环境船舶污染损害的典型事件,有利于船舶污染事故的预防、应急、处理与防治。

---

① 参见李龙飞:《中国海洋环境法治四十年:发展历程、实践困境与法律完善》,载《浙江海洋大学学报(人文科学版)》2019 年第 3 期。

② 《2022 年中国海洋生态环境状况公报》,载生态环境部官网 2023 年 5 月 29 日,https://www.mee.gov.cn/hjzl/sthjzk/jagb/202305/P020230529583634743092.pdf。

第一节 海洋生态环境中的船舶污染损害现状

《经1978年议定书修订的1973年国际防止船舶造成污染公约》（以下简称《MARPOL73/78公约》）将海洋生态环境中的船舶污染划分为以下六种类型：船舶油污污染（附则Ⅰ）、船舶有毒物质污染（附则Ⅱ）、船舶有害物质污染（附则Ⅲ）、船舶生活污水污染（附则Ⅳ）、船舶垃圾污染（附则Ⅴ）、船舶空气污染（附则Ⅵ）。下文将依据此种分类就各类海洋生态环境中的船舶污染损害现状及其相关典型事件作简要概述。

一、船舶油污污染

伴随全球石油产业与航运业的迅猛发展，世界范围内由船舶导致的溢油事故频繁发生，船舶油污污染严重威胁着全球海洋生态环境。随着人类认知水平与环境保护意识的提升，船舶油污污染问题及其治理已由局部性和区域性的问题发展为全球性、世界性、涉及全人类的问题。在经济全球化发展背景下，现代科技、智能技术与航运业均呈日渐兴隆的趋势，航运业由船舶造成的海洋环境污染尤为严重，其中油污污染占海洋污染总量的1/2，[①]船舶油污污染问题在国际层面与国家层面上引起了人类的高度重视。伴随着人类对此问题的重点研究与高度重视，21世纪以来，船舶油污污染事故在规模、数量与污染范围上大幅降低，但由船舶油污污染事故引发的环境损害与经济损失仍存在巨大风险隐患。

为有效防治船舶油污导致的海洋生态环境损害，国际层面已建立了较为完备的船舶油污损害民事责任与赔偿法律框架，为因船舶油污导致的污染事故的损害赔偿提供了重要法律保障。[②] 1967年，“托利·坎庸号”污染事件发生后，国际层面相继通过了《1969年国际油污损害民事责

---

① See Thomas J. Schoenbaum, *Admiralty and Maritime Law*, Hornbook Series 3rd edn, West Group Publishers, 2004, p. 2.

② 参见廖兵兵：《生态文明视角下海洋环境损害赔偿研究》，载《政法学刊》2020年第6期。

任公约》(以下简称1969 CLC)、《1971年设立国际油污损害赔偿基金的国际公约》(以下简称1971 FUND),上述两个公约在1992年被修订完善。《2001年国际燃油污染损害民事责任公约》(以下简称2001 BUNKER)于国际海事组织(IMO)外交大会上通过,并于2008年11月21日生效。上述三个与油污污染相关的国际公约在形式与实质上形成了可操作性、可执行性的船舶油污污染法律规制框架。我国于1980年1月30日加入1969 CLC,于1999年1月5日加入《修正1969年国际油污损害民事责任公约的1992年议定书》(以下简称1992 CLC),于2008年12月9日加入2001 BUNKER。

根据各国际公约对"油类"的不同定义与对油类物质装载方式的差异,船舶油类主要可被分为以下三类:持久性油类、非持久性油类和船舶燃油。持久性油类即由船舶溢出的油污污染物不能很快消失,可能持久性地存在于海洋之中,对海洋生态环境造成持久性环境影响。总体看来,持久性油类不能在海洋中迅速消散,需要采取人工清除,借助油污分散剂等辅助措施减少油污污染。例如,重柴油、原油、燃料油、润滑油、鲸油等油类均是持久性油类。比较来看,非持久性油类可以在海洋中快速挥发消散,需要人工清除或借助分散剂辅助的防污措施相对较少。2010年,我国交通运输部颁布的《船舶油污损害民事责任保险实施办法》首次明确了"油类""持久性油类""非持久性油类"的法律定义。①

二、有毒有害物质污染

《MARPOL73/78公约》附则Ⅱ和附则Ⅲ分别就船舶有毒物质污染和船舶有害物质污染作了详细规定。附则Ⅱ主要就散装有毒液体的污染控制作了具体规定,附则Ⅲ则是对海运包装形式的有害物质污染作了具体规定。②

附则Ⅱ对"有毒液体物质""特殊区域""船舶检验""排放控制"等作

---

① 我国《船舶油污损害民事责任保险实施办法》第19条规定,"油类"是指任何类型的油及其炼制品;"持久性油类"是指任何持久性烃类矿物油,例如,原油、燃油、重柴油和润滑油等;"非持久性油类"是指持久性油类以外的任何油类。

② 参见《MARPOL73/78公约》附则Ⅱ、附则Ⅲ。

了具体阐释。“有毒液体物质”即《MARPOL73/78 公约》附则附录中所列的物质或者是被评定为 A、B、C、D 类的任何物质,A、B、C、D 四类有毒液体物质根据其污染程度不同可能会对海洋生态环境分别产生严重危害、一般损害、较小危害或轻微危害的不利后果;“特殊区域”即波罗的海、黑海和南极区域;“船舶检验”即装载有毒液体物质的船舶,应按照规定进行初次检验、定期检验、期间检验以及年度检验,以保证船舶结构、设备、系统及其他方面符合安全要求;“排放控制”即 A、B、C、D 四类有毒液体物质或者混杂四类有毒液体物质的压载水或洗舱水在一切区域被禁止排放,B、C、D 三类物质在满足一定条件的情况下可在特定区域排放。

附则Ⅲ就海运包装形式的有害物质污染作了详细规定,分别就“适用范围”“有害物质标记”“包装标签”“舱单或清单”等作了具体规定。“适用范围”即附则Ⅲ适用于所有包装形式运载有害物质的船舶,其中包含集装箱装运;“有害物质标记”即有害物质的包装件必须永久性地标注正确的技术名称(学名),不得仅标注其商业名称;“包装标签”即有害物质的包装件标记的正确技术名称或辅助标签,应保证在海水中至少浸泡三个月仍能被准确辨认;“舱单或清单”即每艘装载有害物质的船舶必须具备一份特别舱单或者清单,以具体列明船舶所载的具体有害物质及其位置。此外,附则Ⅲ还规定了船舶所载的有害物质应当“妥善积载”和“加以系固”。

三、船舶倾废污染

海洋船舶倾废是海洋生态环境的重要污染源之一。2019 年以来,航运业在全球范围内的作用显著提升,但航运业的繁荣发展也导致了船舶海洋倾废污染的数量增多与规模扩大,海洋生态环境呈不断恶化的趋势,因此,加强对船舶海洋倾废的严格管理与有效防治势在必行。

《海洋倾废管理条例》(1985 年发布,2011 年、2017 年修正)并没有对“废弃物”作出明确解释,《海洋倾废管理条例实施办法》(1990 年通过,1997 年、2016 年、2017 年修正)则以行为目的为出发点进行规定,只要以废物弃置为目的,向海洋弃置的任何材料与物质,不论其形式与种类,就都为废弃物的包含范围。《防止倾倒废物及其他物质污染海洋的公约》

于第1条第8款对“废弃物”作了类似的宽泛规定。由此可见,拟倾倒至海洋的任何物质,无论其形式与种类,都属于海洋倾废污染中的“废弃物”范围。

我国以废弃物的毒性含量、毒性大小与影响范围大小等内容将废弃物分为以下三类:毒性及影响最大的废弃物、毒性及影响居中的废弃物、毒性及影响最小的废弃物,此三类废弃物分别对应我国划分的三类海洋废物倾倒区。对比而言,《防止倾倒废物及其他物质污染海洋的公约》采用列举式的方法,将可以倾倒至海洋的废物罗列于附件一中,除附件一之外的其余废弃物均为禁止倾倒的物质。

在现实实践中,船舶倾倒的海洋废弃物主要有船舶疏浚物、工业废料、船舶排水、有害垃圾等。疏浚物即任何与海洋船舶相关的疏通、建设、挖掘工程等造成的泥土、沙砾以及其他物质,该类物质占海洋倾倒废弃物的80%以上;工业废料主要包括酸碱材料、爆灰、废铁块、烟囱的除硫沉渣等;有害垃圾主要包括医院废物垃圾、油类和油性混合物、杀虫剂、无机化合物和油渣、重金属溶液、船舶垃圾等。①

四、船舶生活污水污染

船舶生活污水污染对海洋水质与海洋环境的影响较大,伴随着航运业的日益发展,其已成为严重且不容忽视的重要问题。作为海洋航运、港口设施与船舶制造的大国,广泛研究与重点防治船舶生活污水污染是解决我国海洋环境船舶污染的重要前提,保护海洋生态与内河环境,促进实现航运业的可持续发展是重要研究课题。

按照我国《船舶水污染物排放控制标准》(GB 3552-2018)的规定,船舶生活污水即包含粪、尿与船舶医务室污水等物质在内的生活污水。按照我国《船用生活污水处理系统技术条件》(GB/T 10833-2023)的规定,船舶生活污水包含以下内容:(1)以任何形式产生的粪便污水;(2)从船舶医务室(如药房、病房)产生的污水;(3)船舶装载的动物产生的排泄物;(4)混有上述三类排出物的其他生活废水。依照最新修订的《国际防

① 参见吕建华:《对海洋倾废概念立法修订的理性思考》,载《环境保护》2011年第12期。

止船舶污染公约》（以下简称《MARPOL 公约》）（2004 年）附则Ⅳ的规定，船舶生活污水包含以下内容：（1）任何形式的船上厕所与小便池排出的废弃物；（2）船舶医务室（如药房、病房）的洗手池、洗澡盆的排水孔产生的排出物；（3）船舶装载动物产生的排出物；（4）混有上述排出物的其他废水。从我国《船舶水污染物排放控制标准》（GB 3552－2018）与《MARPOL 公约》附则Ⅳ对船舶生活污水的规定来看，国内外对船舶生活污水的界定基本一致。

船舶生活污水与城市生活污水不同，由于船舶的体量较大、船载人员较多、船舶生活污水的处理范围受限，其卫生系统的排泄周期相对较短，因而船舶排放的生活污水比城市生活污水更难以分解。此外，船舶的厕所与城市所使用的卫生厕所也有差距，船舶厕所一般采用较少的冲洗水，因此，船舶生活污水较城市生活污水而言往往含有更多的微生物和悬浮物，船舶生活污水的污染负荷更高。当众多船舶在海洋中航行时，船舶生活污水对海洋生态环境与海洋水质产生了重要影响。船舶生活污水的生物耗氧量（BOD）较高，除可以直接导致海洋水体耗氧型的有机污染之外，由于船舶产生的粪便中含有较高的氮、磷物质，船舶生活污水的大量排放将易导致海洋水体富营养化，对海洋的自我净化能力产生破坏性影响，从而导致海洋水质的严重恶化。此外，粪便污水类的船舶生活污水含有大量的细菌或微生物，此类污水的直接排放将严重影响海洋水体的卫生指标，易导致疾病的传播与扩散。

五、船舶垃圾污染

船舶海洋航行过程会伴随产生大量的垃圾废物，其中塑料废物尤为严重。船舶垃圾污染不仅可能造成海洋生物的死亡，还将导致海岸环境被破坏，影响海洋船舶的航行安全，还可能对人类的身体健康造成不利影响。美国科学院的一项研究调查显示，每年因船舶造成的海洋垃圾多达 560 万吨，平均每平方海里的海水中存在多达 4.6 万片的海洋塑料垃圾。由此来看，船舶垃圾污染是海洋环境保护中一项非常重要和紧迫的工作。

目前，我国交通运输部于沿海和长江、黑龙江水域一共下设了 14 个直属海事机构，加之各省、自治区、直辖市分别设立的地方海事机构，其共同构成了我国海洋船舶垃圾的监管与防治力量。在国际海事组织《MARPOL 73/78 公约》附则 V 关于船舶垃圾污染的规则指导下,我国海事部门制定了多项规制海洋船舶垃圾污染的国内立法,例如,《海洋环境保护法》等均对海洋船舶垃圾污染进行了详细规定。目前,我国海事系统已经建立了完备的履行国际公约与国内法规的机制与体系,对海洋船舶垃圾污染进行了有效监管与规制。①

六、船舶空气污染

随着全球空气质量的逐渐恶化,合理预防与有效治理空气污染成为世界各国的关注焦点。研究显示,船舶气体排放已经成为仅次于工业气体排放与机动车尾气排放的第三大空气污染源。数据显示,船舶使用的普通燃料的含硫量为 3.5%,每艘中型的集装箱船在一天航行时间内的气体排放量相当于 50 万辆货车的气体排放量。2015 年,我国原环保部公布的数据显示,我国船舶排放的硫氧化物约占全国污染物排放总量的 8.4%,氮氧化物约占 11.3%。上海市对船舶排放污染物进行了严格监控,数据显示,船舶硫氧化物与氮氧化物的排放量分别占总污染排放量的 12.8%和 8.6%。为加强对船舶大气污染的预防与控制,国际海事组织于 2005 年实施了《防止船舶造成空气污染规则》,有效抑制了船舶导致的空气污染问题。②

船舶空气污染主要来源于船舶发动机的尾气排放,如一氧化碳(CO)、碳氢(HC)、二氧化硫(SO_2)等气体。此外,船上所载货物引发的挥发性有机化合物(VOCs)也将对空气产生极大影响。上述污染物主要是柴油机废气中氮氧化物与含硫燃油燃烧时产生的硫氧化物,船舶运行过程中消耗的臭氧物质,以及由废物焚烧产生的颗粒物等。硫氧化物的排放量与燃油含硫量紧密相关。目前,世界范围内的船舶用油一般为重油或柴油,其含硫量相对较高。柴油机在燃烧过程中易产生氮氧化物,高

① 参见刘福生:《防治船舶垃圾污染　保护海洋环境》,载《环境保护》2008 年第 19 期。

② 参见柯耀星、刘阳:《船舶造成空气污染成因分析及对策研究》,载《舰船科学技术》2016 年第 13 期。

温高压环境下也会产生大量氮氧化物。此外,船舶燃料中的氮成分以及燃烧气体的氧反应也将产生氮氧化物。船舶燃料中的 C_5H_5N、C_9H_7N 等有机物,在高温下将产生大量氮原子,在氧气的作用下,将生成大量一氧化氮(NO),空气中的氮在高温下易氧化成氮氧化物,对空气产生进一步的污染困扰。

第二节　海洋生态环境中的船舶污染损害事件

一、船舶油污污染损害典型事件

(一)货油污染损害典型事件

1.“桑吉号”货油油污事件。[①] 2018 年 1 月 6 日,巴拿马籍“桑吉号”油船与中国香港(地区)籍“天峰水晶号”散货船于上海辖区东海海域发生碰撞,约 11.13 万吨凝析油与千余吨燃油发生泄露并引起爆炸。由于“桑吉号”油船泄露的凝析油事件和该类混合油污染事件在国际航运中并无参考先例,双方就油污公约的适用问题产生激烈争议:如何匹配合适的法律适用规制、如何证明两种油污各自的致损程度、如何进行索赔等难题引发了理论和实务中的广泛讨论。

2.“塔斯曼海”轮污染事件。[②] 2002 年 11 月 23 日,马耳他籍“塔斯曼海”油轮与中国“顺凯一号”轮在天津大沽口东部海域约 23 海里处发生碰撞,“塔斯曼海”轮原油溢出,致使中国渤海海域被严重污染,同时给沿岸 1500 余户渔民养殖户造成巨大经济损失。该事件发生后受损各方分别向天津海事法院提起诉讼,涉及 10 个诉讼主体,总标的额达 1.7 亿元人民币,原告共提出海洋环境容量损失、海洋生态服务功能损失、海洋沉积物恢复费用、潮滩生物环境恢复费用、浮游植物恢复费用、游泳动物恢

① 《“桑吉”轮沉没　留约 58 平方公里油污带》,载新京报 2018 年 1 月 16 日,https://baijiahao.baidu.com/s?id=1589684619295388010&wfr=spider&for=pc。

② 朱某龙与中海国际船舶管理有限公司大连分公司劳动合同纠纷案,辽宁省大连市中级人民法院(2017)辽 02 民终 8331 号民事判决书。

复费用、生物治理研究费用和检测评估费等 8 项诉讼请求，但仅有海洋环境容量损失、调查评估费和生物修复研究费得到判决支持。其中三个重要索赔分别是：国家海洋局授权天津市海洋局代表国家提起海洋生态损失索赔、天津市渔政渔港监督管理处代表国家提起的渔业资源索赔、天津市塘沽区大沽渔民协会等代表渔民提起的海洋捕捞损失索赔。天津海事法院针对此案的共同问题作为共同证据进行合并审理，一审判决被告英费尼特航运有限公司赔偿原告天津市海洋局海洋环境容量损失 750.58 万元，赔偿原告天津市海洋局调查、监测评估费用及其生物修复研究经费等 245.2884 万元，以及上述款项的利息损失，被告伦敦保赔协会承担连带责任；并依《水域污染事故渔业损失计算方法规定》(已失效)判决被告英费尼特航运有限公司赔偿天津市渔政渔港监督管理处渔业资源损失 1465.42 万元，调查评估费 48 万元，并承担上述款项的利息，被告伦敦保赔协会承担连带责任；并认为原告的停产损失与溢油污染事故之间的因果关系明确，据此判处被告连带赔偿涉区渔民、养殖户渔业捕捞损失、滩涂养殖损失和网具损失共计 1700 余万元。2005 年，被告向天津市高级人民法院提起上诉，该案作为海洋生态索赔第一案已经过去了 20 余年。

(二)燃油污染损害典型事件

1.“威望号”燃油油轮污染事件。[①] 2002 年 11 月 13 日夜里，装载着 7.7 万吨燃料油的巴哈马籍油轮“威望号”遭遇 8 级风暴，在西班牙西北海面上搁浅。此次事件的发生致使西班牙北部 500 公里海岸上 179 个海滩遭到重度污染，1 万多只海鸟死亡，90 多种海洋鱼类、贝类和珍稀动物从此不复存在。由于沉入海底的“威望号”油轮漏油，所污染范围已从西班牙北部海域扩散到法国和葡萄牙海岸沿线约 3000 公里，波特维特拉经济委员会的报告显示，清理费用高达 120 亿美元。2003 年，西班牙政府在纽约对美国船级社提起民事诉讼，认为美国船级社的轻率行为导致了此次事故的发生，要求美国船级社对此次事故负责。2012 年 8 月，纽约上诉法院最终判定西班牙政府的主张并不成立，驳回了西班牙政府的诉

① 《“威望号”溢油污染事故》，载中国船舶油污损害赔偿基金网 2017 年 5 月 12 日，https://www.sh.msa.gov.cn/sgal/88261.jhtml。

讼请求。2012 年,伦敦保赔协会在伦敦对西班牙和法国政府提起仲裁,申请不予执行西班牙和法国政府对其 1992 CLC 外的索赔,但西班牙和法国政府均未参加。最后,仲裁庭根据保单中规定的伦敦仲裁条款,认为西班牙与法国应当受到此条款的约束,同时也裁决认可了伦敦保赔协会的申请。2013 年,伦敦保赔协会向英国高等法院提出申请执行该仲裁裁决,法院支持了伦敦保赔协会的申请。然而,西班牙和法国政府对此判决不服,向上诉法院提起上诉,但均被法院驳回。2018 年 12 月 21 日,西班牙最高法院对 2002 年"威望号"撞船事故作出最终判决,该船船长和伦敦保赔协会向西班牙政府赔偿 16 亿欧元。另外,法国和加利西亚政府也将分别获得 6100 万欧元和 180 万欧元的赔偿。2022 年 6 月 20 日,欧盟法庭认定 2012 年西班牙的裁决优于英国的仲裁,伦敦汽船船东互保协会有义务就石油损失向西班牙支付赔偿金。欧盟法院在其裁决中认为,2013 年在英国作出的仲裁裁决不能阻止西班牙法院要求保险公司支付 9 亿美元的判决。至此,这一历时 20 年的海上漏油法律纠纷案终于告一段落。"威望号"油轮事件后,欧盟汲取教训,修改了有关海运安全的指令,用以保护其交通海权权益。西班牙和法国根据联合国海洋法精神,决定从 2002 年 11 月 27 日开始,严格限制任何载有石油原油、燃料油等易造成海洋污染的危险货物船只和船龄在 15 年以上的单壳船只通过两国的领海。2002 年 11 月底,欧盟 15 国交通部长开会一致同意,2006 年后禁止成员国运输公司用单壳油轮营运,不准委托单壳油轮运油,并将对不顾安全从而在成员方海域造成生态灾难的船主及船上人员严惩不贷。

2. "金赣 6 号"轮海洋溢油事件。① 2004 年 7 月 8 日,韩国籍液化气船"西汉银河"号与中国籍"金赣 6 号"轮在渤海海峡水域发生碰撞。"金赣 6 号"轮随后沉没,燃油溢出,事故海域发生大面积漂油。该事故由山东省海洋与渔业厅委托国家海洋局北海环境监测中心负责溢油污染程度与范围的监测调查,其调查发现溢油海域水体化学需氧量的浓度较溢油前 3 年浓度值分别高达 0.6 倍、0.8 倍、0.7 倍之多,且受影响的 827.6 平方千米水体中的油类含量普遍超过《渔业水质标准》(GB 11607－1989)。

---

① 《渤海沉船"金赣 6 号"溢油》,载中国新闻网 2004 年 7 月 12 日,https://www.cctv.com/news/china/20040712/103072.shtml。

其中约697.0平方千米海域的石油类浓度超过《渔业水质标准》1倍以上，约450.2平方千米的海域石油类浓度超标2倍以上，约311.5平方千米海域的海域石油类浓度超标3倍以上。山东省海洋与渔业厅委托原农业部黄渤海区渔业生态环境监测中心进行污染区域天然渔业资源损害与经济损失调查评估，依据原农业部令《水域污染事故渔业损失计算方法规定》（农渔发〔1996〕14号文，已失效）中规定的专家评估法进行估算，重点针对天然渔业资源直接经济损失中的天然鱼类资源直接经济损失、天然甲壳类资源直接经济损失、天然头足类资源直接经济损失、天然渔业资源直接经济损失和天然渔业资源经济损失以及总天然渔业资源经济损失进行评估。经计算，总经济损失达到953.88万元，加上调查监测评估费用98.53万元，合计总费用达1052.41万元。

3.“达飞佛罗里达”轮船舶油污事件。[①] 2013年3月19日，一艘名为“达飞佛罗里达”的船在东海专属经济区与另一艘名为“舟山”的船相撞，距离长江口灯船东北约124海里处。这次碰撞导致“达飞佛罗里达”船体结构严重受损，共计613.278吨的燃料油泄漏。事发后，对于应急处置费用的赔偿问题，在宁波海事法院一审、浙江省高级人民法院二审后，当事各方仍未能达成一致意见。2019年9月，经最高人民法院再审后，先后下达了四份再审判决书。就船舶碰撞溢油污染责任主体及责任承担方式而言，宁波海事法院一审判决认为，上海打捞局的案涉行动为防污清污，有关防污清污费应当由漏油船赔偿，而不应由非漏油船赔偿，上海打捞局不服一审判决提起上诉。浙江省高级人民法院二审判决驳回上诉，维持原判。上海打捞局不服一、二审判决，向最高人民法院申请再审。最高人民法院再审认为：本案应当适用我国加入的相关国际公约，公约没有规定的事项适用国内法及其司法解释的规定，有关国际公约和国内法分别对污染者与第三人实行无过错责任原则、过错责任原则的基本内涵，即污染者负全责，另有过错者相应负责，因此非漏油船“舟山”轮也应当按照其50%的碰撞过失比例承担污染损害赔偿责任。对于污染应急行动的界定与处置费率如何计算的问题，宁波海事法院一审判决认为，上海打捞局案

① 上海晟敏投资集团有限公司、普罗旺斯船东2008－1有限公司申请设立海事赔偿责任限制基金案，最高人民法院（2018）最高法民再370号民事判决书。

涉参与事故应急行动的三船虽非专业清污船，但鉴于案涉行动在防止油污扩大方面起到重大作用，应当参照相应清污船费用标准核定有关费用，这也就意味着上海打捞局的案涉行动并不构成海难救助。浙江省高级人民法院二审认为上海打捞局收到的任务协调书中虽然要求派遣力量前往救助，但也明确遇险性质为海洋环境，一审法院认定上海打捞局的案涉行动在性质上不构成海难救助并无不妥。最高人民法院再审认为：认定某项海上应急行动究竟是海难救助还是防污清污，需要结合作业的初始目的、船舶所面临的风险、实际作业内容等事实进行分析判断，明确每艘船舶应急行动的法律属性。最高人民法院于2019年9月20日、11月8日就"达飞佛罗里达"轮碰撞漏油引起的船舶污染损害责任纠纷四案分别作出(2018)最高法民再368号、369号与367号、370号民事判决，明确：漏油船舶所有人作为污染者依据2001 BUNKER规定的无过错责任原则对污染损害承担全部赔偿责任，非漏油的船舶所有人依据国内法关于过错责任原则的规定按照其过错比例承担责任(两船对污染受损害人承担不真正连带责任)。

4. 中国"闽燃供2号"油轮油污事件。① 1999年3月24日，台州公司所属"东海209"轮与福建公司所属"闽燃供2号"轮在伶仃水道7#8#浮附近水域发生碰撞。碰撞造成"闽燃供2号"轮船体破裂，该轮所载重油泄漏，造成珠海市部分水域及海岸带污染。10月8日，广东省海洋与水产厅以福建公司、台州公司为被告向法院提起诉讼，要求两被告就"闽燃供2号"轮与"东海209"轮碰撞使"闽燃供2号"轮漏油造成的天然水产品、渔业资源损失承担连带赔偿责任。1999年12月28日，一审法院作出判决，认定该案是环境污染纠纷，应适用无过错归责原则。污染是由"闽燃供2号"轮漏油所致污染环境的主体是福建公司，其应对漏油造成的损失承担责任；台州公司所属"东海209"轮并没有漏油，台州公司不应直接对原告承担责任。广东省海洋与水产厅、福建公司不服一审判决均提起上诉。2000年4月21日，二审法院判决认定根据一审法院对另案处理已经生效的判决，该案船舶碰撞事故的双方互有过

---

① 《"闽燃供2号"溢油事故》，载中国船舶油污损害赔偿基金网2017年5月12日，https://www.sh.msa.gov.cn/sgal/88261.jhtml。

失,因此福建公司、台州公司都是造成海洋环境污染的责任者。根据《海商法》第 169 条第 2 款的规定,碰撞船舶双方或各方有过失造成第三方财产损失的各船的赔偿责任均不得超过其应当承担的责任比例。因此,福建公司、台州公司应按照各自的责任比例对造成海洋环境污染的损害予以赔偿。该事故在中国防治污染法制建设的发展史上是一个标志性的事件。该事故带来的生态灾难促成了我国一系列防污法律法规里程碑的发展:全国第一部地方防污染法规的制定和颁布,全国性的污染应急体系的建立,粤港澳溢油应急协作机制的建立,防污基金进入实质发展阶段,2001 BUNKER 的加入等。

二、有毒有害物质污染损害典型事件

1.“X-PRESS PEARL”号海洋环境污染事件。[①] 2021 年 5 月 20 日,载有 1486 个集装箱、装有 25 吨硝酸以及其他化学品的“X-PRESS PEARL”珍珠号货船发生火灾,起火 5 天发生大爆炸,最终在斯里兰卡西海岸沉没。数吨塑胶颗粒污染物流入渔业水域,引发该国有史以来最严重的海洋环境灾难之一。事故发生后,方圆 80 公里的事发海域全面禁渔,几乎整个斯里兰卡西部海岸线都能发现“聚乙烯塑胶颗粒”的踪迹。国际消除持久性有机污染物联盟(IPEN)和环境正义中心(CEJ)基于对 X-Press Pearl 爆炸事故对海洋环境的污染状况调查发布了一篇题为《X-Press Pearl:一种新型漏油》的报告,并提出集装箱船运输各种化学品所带来的风险,呼吁相关监管部门对当今航运模式采取相应措施,以降低潜在风险。

2. 美国“格雷德”开普(Grand Camp)号硝酸铵泄露事件。[②] 1947 年 4 月 16 日,在美国加尔维斯顿湾德克萨斯城港,一艘停靠在港口的法国籍自由轮“Grandcamp”号发生大爆炸,该船重 7176 吨,长 437 英尺,船上装

① 《X-Press Pearl 海洋中泄漏 1680 吨塑料颗粒》,载网易新闻网 2022 年 2 月 14 日,https://www.163.com/dy/article/H0IDJB9005414HNL.html。

② 《硝酸铵的爆炸威力有多大? 73 年前一艘化肥货船摧毁了美国港口!》,载百度新闻网 2020 年 8 月 5 日,https://baijiahao.baidu.com/s?id=1674160274860784669&wfr=spider&for=pc。

满了 2300 吨的硝酸铵。爆炸引起的烈火焚烧了三天三夜，三分之二的街区成为废墟，四分之三的化工企业被葬送。这一场关于爆炸原因的长期争议以美国国会向 1394 名受害者提供赔偿的方式被解决。他们在 1955 年共获得了 1700 万美元的赔偿。之后，该港口被重建，只处理石油产品。这起骇人听闻、祸及海陆空的硝酸铵大爆炸，促使美国联邦政府正视对化工厂、危险化工品的审核与监管，美国正式进入严管化肥厂化工厂时代。这一事件也使国际海事组织正式重视起除了船舶油污以外的其他有毒有害物质造成的海洋污染。

3. 韩国“春木一号”轮苯乙烯泄露事件。[①] 1995 年 3 月 9 日，韩国租赁发展有限公司所属的“春木一号”轮在我国湛江港海域与另一艘船舶发生碰撞，导致约 209. 108 吨苯乙烯液体泄露并流入海洋之中。广东省湛江渔业协会受遭受本次污染损害的渔业、养殖业等单位和个人的委托，向广州海事法院提起了海域污染损害赔偿的诉讼，请求法院判令申请人赔偿海域毒品污染损失人民币 3437. 626 万元。韩国租赁发展有限公司向广州海事法院提出海事赔偿责任限制申请，请求准予其依照《海商法》第 204 条、第 207 条的规定，将“春木一号”轮因碰撞造成所载有毒物质污染海域的损害赔偿责任限制在 348, 863 特别提款权（SDR）。广州海事法院认为该案污染损害事故发生在我国湛江港海域，应当适用我国法律。虽然《海洋环境保护法》《环境保护法》等对海域污染损害规定的责任人应当承担赔偿责任原则，《海商法》规定的有关船舶所有人、经营人和租船人等的海事赔偿责任限制的法律制度适用于本案，但《海商法》是调整海上运输关系和船舶关系的特别法律，对海事赔偿责任限制作了明确的规定，故应作为具体处理该案赔偿纠纷的法律依据。根据该法第 207 条、第 208 条的规定，申请人对有毒物质污染损害的赔偿应当属于限制性债权。但在该案中，“春木一号”轮未遵守《1974 年国际海上人命安全公约》和《1978 年海员培训、发证和值班标准国际公约》，而这两公约已对韩国生效。因此，“春木一号”轮是一艘不适航的船舶，其在天气恶劣，能见度严重不良，又无引航员引领的情况下盲目冒险进港，构成了《海商法》第

① 《“春木一号”轮海事赔偿责任限制案》，载法律快车网 2024 年 4 月 28 日，https://www. lawtime. cn/article/lll102260495102265589oo57191。

209 条规定的"明知可能造成损失而轻率地作为",以致酿成船舶碰撞有毒物质污染损害的严重事故。因此,该船的船东无权依照《海商法》第 207 条、第 208 条的规定限制赔偿责任。申请人的海事赔偿责任限制申请理由不成立,应予驳回。

4."达飞巴莱里"触礁事件。[①] 2012 年 3 月 5 日,新加坡一艘集装箱船"达飞巴莱里"在兴化水道附近海域触礁搁浅,事故船舶船体断裂,集装箱落水漂流,部分燃油外泄污染海域,这是有史以来发生在莆田辖区最为复杂的海难事故。涉案事故污染海域海洋、渔业管理行政部门的福建省海洋与渔业厅以原告的身份,向宁波海事法院提起船舶污染损害赔偿诉讼,主张本次船舶油污损害给其造成的海洋渔业资源、海洋环境容量、海洋生态服务功能等损失。宁波海事法院依法受理,该案系《民事诉讼法》修改后,宁波海事法院审理的首例公益诉讼案件。虽然双方都申请了相关权威专家证人出庭作证,但由于此类案件的损失界定、损害范围尚无明确标准,也缺乏权威的法院判例指导,两次庭审过后,合议庭成员又进行了多次协调。双方最终达成调解方案,被告向原告赔偿 670 万元。

三、船舶倾废污染损害典型事件

1. 2006 年毒污泥倾废案件。[②] 2006 年 8 月 19 日,荷兰托克公司包租的一艘悬挂巴拿马国旗的"Probo Koala"号船只,在非洲科特迪瓦的阿比让市倾倒了 530 多吨废物。该事件造成 15 人死亡、69 人住院、108,000 多人寻求医治。受害者们指控托克公司倾倒的废料释放出硫化氢等有毒气体致其患上不同病症,要求赔偿。英国法院主要依据《MARPOL 公约》及《MARPOL 73/78 公约》和《控制危险废弃物越境转移及其处置巴塞尔公约》修订案,在民事和刑事诉讼程序中就该案废料所含化学物质、责任及赔偿问题作出裁决。最终该案以托克公司支付每位患者相当于 1500 美元的赔偿达成和解,但托克公司拒绝接受"Probo Koala"号船只关于倾

---

① 杨玉成犯聚众哄抢罪案,福建省莆田市中级人民法院(2017)闽 03 刑终 45 号刑事裁定书。

② 参见周瑶:《2006 年毒污泥倾废案案件报告》,载《中国海洋法学评论》2009 年第 2 期。

倒有毒废料的义务和责任。通过协议和解，托克公司避免了长时间和昂贵的法律诉讼，也不用承担倾倒有毒废料的责任，还避免了原本定在伦敦开审的集体诉讼案。

2. 海南省海口市海洋非法倾废事件。[①] 2018 年 12 月 14 日，海口市人民检察院（以下简称海口市院）检察官在海上截获一艘已倾倒完建筑垃圾准备返回临时码头的开底船。该案中，海口市院针对行政机关对相关海域多次违法倾倒建筑垃圾行为未依法履职问题作出行政公益诉讼立案决定，并向海口市海洋与渔业局送达检察建议，要求查处非法倾废行为，并追究违法行为人生态环境损失及赔偿责任。同时，海口市院针对该非法倾废事件造成的海洋生态环境损害向海口海事法院提起环境民事公益诉讼，请求判令：中标 A 公司赔偿生态环境损害费 860.064 万元，陈某作为 A 公司实际控制人和倾废船舶所有人，与招标人 B 公司承担连带赔偿责任；三被告在全国发行媒体上公开赔礼道歉；三被告承担鉴定费 47.5 万元及公告费。2020 年 3 月 26 日，海口海事法院判决支持海口市院的全部诉讼请求。但三被告不服，向海南省高级人民法院上诉，二审判决驳回上诉，维持原判。该指导案例体现出海南省、市、区三级检察院一体化办案机制的创新，基层检察院发现线索、搜集证据，省高检及时介入确立办案思路和重点，海口市院为办案主体，以三级联动发挥船舶倾废案件的一体化办案合力。

四、船舶生活污水污染损害典型事件

1. "繁安 X"轮污染事件。[②] 2019 年 5 月，在检查"繁安 X"轮的《防止生活污水证书》时，监管执法人员发现该船舶的生活污水处理系统只安装了 1 个集污柜，通往舷门的阀门未关紧，生活污水存在未经处理直接排入海水的情况。调查发现，该船舶的集污柜没有生活污水，也未对船舶生活污水排放情况进行记录，执法人员对其作出行政处罚决定。该案件存

---

① 海南中汇疏浚工程有限公司、陈某等环境污染责任纠纷案，海口海事法院（2019）琼 72 民初 227 号民事判决书。

② 《京唐港海事处"双随机"检查结果公示表》，载中华人民共和国河北海事局网 2022 年 7 月 20 日，https://www.hb.msa.gov.cn/html/tshssjygkshgk/20220720/77414.html。

在的三个重要问题反映了当前船舶污水排放的集中问题:(1)船舶未能根据航行的特点配备合适的船舶污水处理系统,在港口接受能力不足的情况下,长期非法排放生活污水;(2)船员的环保意识和防污意识不强,未能主动处理排污设施如集污柜,非法排放未经处理的生活污水;(3)船公司管理不足,未建立船舶生活污水管理制度、缺乏监督。

2."联合 Y"轮污染事件。① 2019 年 1 月,执法安检人员在对"联合 Y"轮生活污水处理装置进行安检时发现,该船未经船检认可私自增设了一个集污舱,用来收集囤装处理后的达标污水,以应付检查。执法安检人员通过调查该船舶的生活污水排放记录和船舶航行规矩,发现该船舶未驶离排港后直接将生活污水排出舷外(距离陆地 12n mile 内),涉嫌违规排放。在经生活污水化验科研机构单位进行相关取样和检测化验后,执法安检人员还发现此船舶处理后的生活污水中的大肠杆菌已经严重超标。因此,执法人员对其作出行政处罚决定,并根据船方营运特点和船舶航线特点进行系统管路的重新设计。该案件存在两个重要问题:一是船方未能根据《国内航行海船法定检验规则》(2011)第 1 篇第 2 章"2.7"的规定,在对生活污水处理系统进行改造后开展附加检验,也未及时向船检部门申报;二是船方未能就处理生活污水的基础规范和指标进行认真对待,甚至因未及时处理集污舱内的生活污水而引发了进一步的污染程度变化,此时排放入海,属于更严重的违反公约要求的行为。

五、船舶垃圾污染损害典型事件

"桂藤县货 1088"号海洋垃圾污染事件。② 2016 年 8 月 25 日,广东海警于珠海市高栏海域发现一艘可疑货船可能存在倾倒生活垃圾的非法行为,海警巡逻艇出动后当场发现了"桂藤县货 1088"号通过自带钩机进行的海上垃圾非法倾倒行为。经调查,"桂藤县货 1088"号于东莞市的某码

---

① 《赔付 907 万余元,在全国性媒体上道歉!海南首例海洋环保公益案宣判》,载中国长安网 2024 年 4 月 30 日,https://baijiahao.baidu.com/s?id=1662308718911515738&wfr=spider&for=pc》。

② 崔某强、李某基污染环境案,广东省珠海市中级人民法院(2018)粤 04 刑终 117 号刑事裁定书。

头装载生活垃圾后，驶至珠海高栏海域，等待夜晚时分将垃圾倾倒至海洋，在其行为被发现时，“桂藤县货 1088”号已经向海洋倾倒了大约 563.99 吨的海洋垃圾。经海警部门调查，2016 年 8 月 23 日，涉案人崔某强雇佣李某基驾驶“桂藤县货 1088”号改装货船于东莞某码头装载了 659.3 吨的生活垃圾，并于次日驶向珠海高栏海域，李某基指使甘某在船舶设备的操作下将生活垃圾倾倒至海洋。珠海市中级人民法院对该案作出终审判决，判决 3 名被告崔某强、李某基与甘某犯污染环境罪，分别判处有期徒刑 4 年、3 年 3 个月和 3 年，并处罚金。该案件背后主要存在两个重要问题：一是不法分子的非法海上倾倒行为。“桂藤县货 1088”号海洋环境船舶垃圾污染完全是 3 名涉案人员的非法排放行为造成的，不法分子的非法海上倾倒行为是海洋环境船舶垃圾污染的主要原因之一。二是极大的经济利益诱惑。垃圾的无害化处理将会导致巨大的经济成本，而海洋垃圾倾倒成本极低，在极大的经济利益诱惑下，不法分子往往存有侥幸心理，从而将垃圾非法倾倒至海洋中。

六、船舶空气污染损害典型事件

“天桐 1 号”轮污染案。[①] 2018 年 11 月 3 日，“天桐 1 号”轮停泊在泉港某码头，夜间，“天桐 1 号”轮通过输油软管将碳九从岸上储罐驳入船舱内。11 月 4 日，由于船岸双方的违规操作，输油软管被拉裂，碳九泄漏至海洋，海洋生物及周边海域受到严重污染，部分碳九由于其挥发性也进入了大气。经专业机构评估，该事件在应急处置阶段导致的直接经济损失多达 631.26 万元，海洋生态系统的服务功能损失约为 193.53 万元，海洋环境容量的损失约合 715 万元，大气环境的损失为 82.78 万元。2019 年 5 月 16 日，当地生态环境局向厦门海事法院起诉，诉请判令“天桐 1 号”轮的所有人、承租人以及管理人等七被告承担连带责任，赔偿包括应急处置费、大气环境损失费等在内的共计 1926.5879 万元的损失。法院判决最终支持了相关评估机构对此事故导致的海洋动植物生态调查的结

---

① 舟山市天桐船舶服务有限公司、郑某康申请设立海事赔偿责任限制基金案，厦门海事法院(2019)闽 72 民特 994 号民事裁定书。

论,以及在此基础上评估的海洋生态系统服务的功能损失与大气环境的损害等内容,认定其大气环境损害评估符合技术规范,并在该案判决中加以支持。该案件背后主要存在两个重要问题:一是违规操作。船岸双方的违规操作导致了输油软管的拉裂,进而引发了碳九的泄露与挥发。二是碳九的本身性质问题。碳九作为一种聚合混合物,有一定程度的毒性,对海洋水体与大气具有极大的生态威胁,虽然碳九的挥发性不强,但大量的物质泄露导致大量的碳九挥发,最终导致大气被严重污染。

第二章　海洋环境中的船舶污染损害赔偿法律体系

第一节　海洋环境中的船舶污染损害赔偿国际法

一、国际船舶污染损害赔偿公约制定背景

1967 年,“Torrey Canyon”油轮污染事故是英国近几十年来石油泄漏事故中最大的一次,不仅为以后类似灾难的应对提供了宝贵的经验教训,还促使航运安全和绿色环保理念得以强化。

“Torrey Canyon”是第一代超级油轮之一,其在 1967 年 3 月 18 日途经锡利群岛时触礁,24 小时内泄漏的油污带长 20 英里,至今仍然是英国最大的漏油事件,总漏油量达 119,000 吨。[①] 船上原油流入大西洋,其中大部分流向英吉利海峡两岸,造成英国 100 公里海岸线和法国 80 公里海岸线被污染。

事故发生后英国成立了环境保护部,各类环保团体不断涌现,成员达数百万人。英国当局对泄漏事件的应急响应方式和航运业现代化的安全防范措施同样可以溯

---

① ITOPF, *TORREY CANYON*, *United Kingdom*, 1967, *ITOPF* (Mar. 18, 1970), https://www.itopf.org/in-action/case-studies/torrey-canyon-united-kingdom-1967/.

源至"Torrey Canyon"油轮污染事故。当时的事故引发了一连串令人难以置信的连锁反应,最初该船被认为可以进行救助,但随着事态的进一步恶化,英国政府认为阻止石油污染的最好办法是炸毁沉船,遂派皇家空军动用轰炸机炸毁船舶残骸。1967 年 3 月 28 日,英国皇家空军轰炸机将"Torrey Canyon"炸沉海底,现场燃烧出一个约三英里直径的"火环",船上剩余的约 4 万吨原油开始燃烧,散发的浓烟据说在 100 英里远的地方都可以看到。英国政府还向海上和岸边倾倒了约 1 万吨的英国石油公司 BP 生产的消油剂,这是一种第一代溢油分散剂。后来的调查显示,这些粗劣的消油剂杀死了会分解油类物质的微生物,对于没有使用消油剂的区域,其生态环境在 2 ~ 3 年内可以恢复,而使用了消油剂的区域则需要 13 ~ 14 年的时间。

在该起事故中,共有几百英里的海岸线受到石油泄漏的影响,约 15,000 只海鸟被认定死亡。据估计,包括海洋生态损害费用在内的损失超过了 1000 万英镑。① 英国和法国为消除此次事故带来的影响付出了巨大的代价。两国各获偿 150 万英镑。② 该案的损害赔偿问题也引起了广泛关注。原因是"Torrey Canyon"油轮所有人是一家单船公司,其无法承担巨额损害赔偿。

该起事故暴露出海事侵权法对船舶油污损害赔偿的无力,引起了国际社会的普遍关注,英国政府建议国际海事组织制定相关国际公约。于是,1969 CLC 和 1971 FUND 相继出台,国际社会由此建立了针对船舶油污损害的赔偿体系。

二、国际船舶污染损害赔偿法律体系构成

(一)有关船舶污染损害赔偿的国际公约

国际海事组织通过制订一系列船舶污染损害赔偿的国际公约,建立了一套完整的船舶污染损害赔偿机制。船舶类型包括油轮、非油轮;污染损害包括油类物质和有毒有害物质损害;赔偿范围包括因油类和有毒有

① 参见李刚:《论海洋污染责任认定及赔偿》,中国政法大学 2006 年博士学位论文。
② 参见陈百贤:《论船舶污染损害赔偿》,中国政法大学 2006 年博士学位论文。

害物质泄漏而引起的人身、财产、环境的损害。

1. 适用于运输油类的船舶油污损害赔偿的国际公约

国际海事组织制订的有关运输油类船舶油污损害赔偿的公约有以下两个：

(1)1969 CLC 及 1992 CLC；

(2)1971 FUND 及其 1992 年议定书，即《1992 年设立国际油污损害赔偿基金国际公约》(以下简称 1992 FUND)。

国际海事组织于 1969 年组织制定了 1969 CLC。该公约规定，载货油 2000 吨以上的船舶必须强制投保油污保险，发生油污染事故后，船舶所有人或其保险人在船舶的责任限制范围内提供赔偿。

为了能使受害者得到更加充分的赔偿，国际海事组织于 1971 年组织制定了 1971 FUND，并于 1978 年设立了国际油污基金(IOPC FUND)，用于对船东承担补充赔偿，最高赔偿限额为 3000 万 SDR，油污基金由通过海上运输石油的货主摊款筹集。

由 1969 CLC 和 1971 FUND 及其议定书构成的船舶油污损害赔偿机制由两层赔偿机制组成，仅限于载运持久性油类运输的船舶。这类船舶发生油污事故后，先由船舶所有人或其保险人承担第一层赔偿，赔偿的不足部分由油污基金提供补充赔偿。1971 FUND 在被 1992 FUND 取代后于 2002 年 5 月 24 日关闭。

2. 适用于载运非油类船舶燃油污染损害赔偿的国际公约

由于载运非油类的船舶(非油轮)数量远远多于油轮，且随着运输船舶的大型化，许多大型货轮携带的燃油量超过了 2000 吨，甚至达到上万吨，非油轮燃油造成的重大溢油事故在不断增多。基于这种情况，国际海事组织在 1995 年 7 月第 73 届至 2000 年 10 月第 82 届法律委员会会议上，连续 5 年就制定非油轮船舶燃油污染损害赔偿国际公约进行了广泛深入的讨论，最终于 2001 年 3 月 23 日在国际海事组织外交大会上正式通过了 2001 BUNKER。

与油轮赔偿机制不同的是，非油轮只有一层赔偿，即船舶油污强制保险，没有建立油污基金。此外，2001 BUNKER 并没有规定单独的责任限制，只是允许船舶所有人根据《1976 年海事索赔责任限制公约》及其 1996 年议定书或各国国内法对其责任予以限制。

2001 BUNKER 第 6 条规定:“不得影响船舶所有人和提供保险或其他财务担保的人,根据适用的国内或国际制度,如经修正的《1976 年海事索赔责任限制公约》的规定,限制其赔偿责任。”

关于船舶油污强制保险,2001 BUNKER 第 7 条第 1 款规定,在缔约国登记的大于 1000 总吨的船舶登记所有人须持有保险或其他财务担保,例如,由银行或其他类似的财政机构提供的担保,以承担本公约规定的船舶登记所有人与适用的国内或国际责任限制制度规定的赔偿限额相等的污染损害赔偿责任,但无论如何不能都超过经修正的《1976 年海事索赔责任限制公约》设立的限额。[①]

3. 国际海事索赔责任限制公约

与 2001 BUNKER 相关联的是《1976 年海事索赔责任限制公约》,该公约于 1986 年 12 月 1 日生效,是国际海事组织组织制订的有关国际货物运输海事索赔方面的国际公约,该公约规定的赔偿责任限制为:

(1)对于 500 总吨及以下的船舶,赔偿责任限额为 16.7 万 SDR;

(2)对于 501 总吨至 30,000 总吨的船舶,除 16.7 万 SDR 外,船舶每增加 1 总吨,还应增加 167SDR;

(3)对于 30,001 总吨至 70,000 总吨的船舶,除 16.7 万 SDR 外,船舶每增加 1 总吨,还应增加 125SDR;

(4)对于 70,001 总吨以上的船舶,除 16.7 万 SDR 外,船舶每增加 1 总吨,还应增加 83SDR。

国际海事组织于 1996 年 5 月 2 日通过《1976 年海事索赔责任限制公约》的 1996 年议定书,2004 年 5 月 13 日,该议定书生效。截至 2022 年 12 月 31 日,共有 62 个国家批准了该议定书。

《1976 年海事索赔责任限制公约》的 1996 年议定书较大幅度地提高了赔偿责任限制,索赔责任限制规定如下:

(1)对于小于 2000 总吨的船舶,赔偿责任限制为 100 万 SDR;

(2)对于 2001 总吨～30,000 总吨的船舶,除 100 万 SDR 外,每增加 1 总吨,还应增加 400SDR;

---

① 参见郭萍、吴煦:《燃油污染损害责任承担的国际条约冲突与协调》,载《社会科学辑刊》2011 年第 5 期。

(3)对于30,001总吨~70,000总吨的船舶,除100万SDR外,每增加1总吨,还应增加300SDR;

(4)对于大于70,000总吨的船舶,除100万SDR外,每增加1总吨,还应增加200SDR。

4. 适用于船舶载运有毒有害物质污染损害赔偿的国际公约

为了解决除油类物质以外的其他有毒有害物质的污染损害赔偿问题,国际海事组织于1996年5月3日召开的外交大会上通过了《1996年国际海上运输有毒有害物质损害责任和赔偿公约》(以下简称HNS公约)。根据规定,它将在至少12个国家批准、接受之后18个月生效,并且这些国家中至少有4个拥有200万总吨船队的国家。HNS公约采用了与油污损害赔偿相类似的赔偿机制,包括建立由货主摊款的海上运输有毒有害物质损害赔偿基金,为这类损害提供船东责任之外的第二层补充赔偿。因此HNS公约与1992 CLC和1992 FUND的基本制度相同,只是分别适用于不同的造成污染损害的物质。HNS公约规定,它适用于下列有毒有害物质造成的污染损害、人员伤亡和财产损害,但不包括持久性油类造成的污染损害和旅客运输合同引起的索赔:

(1)经修正的《MARPOL73/78公约》附则Ⅰ附录Ⅰ中所列的散装运输的油类物质;

(2)经修正的《MARPOL73/78公约》附则Ⅱ附录Ⅱ中所述的被散装运输的有毒液体物质和上述附则Ⅱ第3(4)条规定的被暂定为X类、Y类、Z类的物质或其他物质;

(3)经修正的《1983年国际散装运输液化气体船舶构造和设备规则》第17章所列的被散装运输的危险液体物质和主管机关及有关港口管理部门按该规则第1.1.3条对其初步适用条件作出规定的危险品;

(4)由经修正的《国际海运危险货物规则》作出规定的包装形式的危险和有害物质、材料和物品;

(5)经修正的《1983年国际散装运输液化气体船舶构造和设备规则》第19章中所列的液化气体和主管机关及有关港口管理部门按该规则第1.1.6条对其初步适用条件作出规定的产品;

(6)闪点不超过60℃(闭杯试验测定)的散装运输的液体物质;

(7)由经修正的《国际海运固体散装货物规则》附录B作出规定的具

有化学危害性的固体散装材料，但仅限于以包装形式运输时也受1996年实施的《国际海运危险货物规则》约束的此类物质；

(8)散装运输的上述第(1)项至第(3)项和第(5)项至第(6)项所述物质的残余物。①

由于HNS(有毒有害物质)种类繁多，不同HNS的毒害性、危害性不尽相同，所造成的损失或损害的程度也不相同。为避免某一种HNS的摊款人对其他HNS所造成的损害进行赔偿，HNS基金(有毒有害物质赔偿基金)设立了两个账户，即一般账户和分列账户，一般账户的摊款用于赔偿该账户规定的HNS造成的损害，分列账户的摊款则用于赔偿该账户规定的HNS造成的损害。

HNS基金有三个分列账户，具体如下：

(1)油类账户，为MARPOL73/78公约附则Ⅰ附录Ⅰ中所列的散装运输油类；

(2)液化天然气账户，为以甲烷为主要成分的轻质烃类液化天然气；

(3)液化石油气账户，为以丙烷和丁烷为主要成分的轻质烃类液化石油气。

2010年4月，国际海事组织召开了旨在修订HNS公约的外交大会，通过了HNS公约2010年议定书，该议定书旨在解决妨碍HNS公约生效的诸多问题。按照HNS公约2010年议定书的规定，如损害是由散装有毒有害物质造成的，赔偿首先由船东承担，最高赔偿限额为1亿SDR；而当损害由包装有毒有害物质造成时，或者由散装和包装有毒有害物质共同造成时，船东的最高赔偿限额为1.15亿SDR。②

5. 由CLC公约和FUND公约构成的损害赔偿机制

由CLC公约和FUND公约构成的船舶油污损害赔偿机制是一个已被国际上大多数国家接受和实施的机制，其赔偿的本质是限制船东的赔偿责任。1992 CLC开头就明确了这一立法意图：

“本公约各当事国：意识到在世界范围内，海上运输散装油类所引起

---

① 参见HNS公约第1条第5款。

② 参见李桢：《海运有毒有害物质损害赔偿法律制度研究》，法律出版社2020年版，第223页。

的污染危险,确信有必要对由于船舶泄漏或排放油类造成污染而遭受损害的人给予适当的赔偿。”

一方面,CLC 公约和 FUND 公约通过逐步提高赔偿责任限额保护受害人的利益;另一方面,从“适当的赔偿”和公约确定的船舶责任限制表明,赔偿是有限度的,“实际赔偿原则”不适用于船舶污染损害赔偿,即不管污染损害程度多大,油轮船东都是在法定的限额内承担责任,除非船东丧失责任限制。

既然是限制责任的赔偿,CLC 公约和 FUND 公约对损害赔偿范围作出了限制性的规定。1992 CLC 对环境损害赔偿作了严格的限制:第一,因环境损害所致的利润损失不包括在内,即要求费用必须是实际发生的;第二,实际采取或准备采取的合理的恢复措施所支付的费用予以赔偿,即费用必须与合理措施相关;第三,即使未发生溢油事件,只要污染损害的威胁是严重且迫切的,采取预防措施的费用以及预防措施造成的进一步损失或损害就仍属赔偿范围。

由 CLC 公约和 FUND 公约构成的损害赔偿机制之所以会采取这种限制责任赔偿的立场,主要是统筹考虑了与污染损害赔偿相关的三方利益,即航运业或船东、石油货主、受害人三者利益的平衡。因为赔偿费用来源于船舶所有人或其保险人的赔偿,以及货主摊款筹集的油污基金的赔偿,如果要提高赔偿的额度,就必然要提高船东的责任限制,同时也要向石油货主征收更多的摊款。

大连海事大学司玉琢教授认为:“海上油污事件作为海难事故的一种,从来都是作为海事赔偿责任限制法律制度的限制性债权。假如按照实际赔偿原则进行赔偿,令油轮船东承担无限责任,可以预见,每发生一起大的油污事故,就可能出现一个油轮公司的破产,因为责任保险人是不会接受无限油污责任投保的,海上石油运输将面临停滞的危险。”①

此外,石油作为一个国家能源的命脉,不能对其课以重税,限制其发展。如此,就只能平衡三方利益,由 CLC 公约和 FUND 公约构成的赔偿机制只能给予受害人和环境损害以“适当”的赔偿。当然,CLC 公约和

① 司玉琢:《沿海运输船舶油污损害赔偿法律适用问题研究》,载《大连海事大学学报(社会科学版)》2002 年第 Z1 期。

FUND公约制定的初衷依然是保障受害人的利益,随着经济的发展和索赔需求的提高,CLC公约和FUND公约前后三次提高了赔偿限额,包括建立第三层赔偿机制,已经基本能使受害人得到比较充分的赔偿了。

(二)CLC公约和FUND公约的发展

1. 1992 CLC及2000年修正案

1969 CLC和1971 FUND生效后的10多年时间里,溢油量超过万吨的特大型海上溢油事故多达20余起,从而对这两个公约限定的赔偿额提出了挑战。加之,随着世界经济的发展,各国对赔偿的要求也越来越高。1992年,国际海事组织适时地通过了两个公约的议定书,即1992 CLC和1992 FUND,将两个公约的赔偿额分别提高到5970万SDR和1.35亿SDR。1992 CLC还进一步明确了,无论是满载还是空载的散装运输货油船舶,只要其溢出持久性油类,就都应承担油污损害责任,即油污赔偿同样适用于船上自用的持久性燃油溢出造成的油污损害。[①]

2000年10月召开的国际海事组织法律委员会(LEG)第82次会议,进一步将1992 CLC和1992 FUND中规定的赔偿限额分别提高到了8977万SDR和2.03亿SDR。

截至2022年12月31日,共有146个国家加入了1992 CLC,121个国家加入了1992 FUND。

2. FUND公约2003年议定书

2002年11月13日,一艘挂有巴哈马国旗、载有约7.7万吨燃料油的"威望"号油轮,从拉脱维亚驶往直布罗陀海峡。在经过大西洋比斯开湾西班牙西北部加利西亚省海域时,"威望"号遭遇了八级强风暴。在狂风巨浪中,"威望"号失去控制,并于距海岸约九公里处搁浅。随后,船体裂开了一个35米长的大口子,船内成吨的燃料油喷涌而出。大风将失去控制的"威望"号吹向葡萄牙海域方向,沿途所经之处形成了一条宽5公里、长37公里的黑色污染带。2002年11月19日,"威望"号在距葡萄牙海域50公里处断成两截,沉没到1.5公里深的海底中。此次事故导致大

① 参见邓海峰:《海洋油污损害之国家索赔主体资格与索赔范围研究》,载《法学评论》2013年第01期。

约 63,200 吨燃油泄漏,1000 多公里的海岸线受到污染,20,000 多只海鸟死亡,其中包括一些稀有的海雀科鸟类。当地政府下令封锁了事发地附近长达 128 公里的海域,事故总共损失约 11 亿欧元。① 生态学家认为这是世界上最严重的漏油事件之一,它对人类及其生存环境造成的影响是无法估量的。

该事故的发生对航运界造成了重大影响,事发时的船长被指控违反航行规则和构成破坏环境罪而遭到扣押,引起舆论界哗然,该事件的发生加速了海运界对单壳油轮的淘汰。此外,该事故还引发了大量索赔,截至 2022 年 12 月,仍有部分索赔案件在国际油污基金的处理当中。②

在"威望"号油轮事故后,一些国家和组织强烈呼吁要求增加赔偿限额,2003 年 5 月 16 日,国际海事组织通过了《1992 年设立国际油污损害赔偿基金的 2003 年议定书》(以下简称《1992 FUND 2003 年议定书》),建立了对油轮污染事故的第三层赔偿机制。补充赔偿基金适用于每次溢油超过 15 万吨的特大溢油事故,对某一油污事故的最高赔偿额将达到 7.5 亿 SDR(约 10 亿美元)。补充基金来源于每日历年收到海上运输石油量超过 100 万吨的石油货主,并且只有最小收油总量达到 1 亿吨的缔约国才需向基金缴纳摊款。

该议定书于 2005 年 3 月 3 日生效。截至 2022 年 12 月 31 日,已有 32 个国家接受了该议定书。

(三)STOPIA 2006 和 TOPIA 2006

考虑到适用 1992 FUND 2003 年议定书的国家,石油接收者将被要求完全承担超过 1992 FUND 限制的油污损害赔偿部分的责任,而此种第三层赔偿保障是一种潜在、额外的责任。为了平衡船舶所有人和基金摊款石油接收者之间的利益,并避免对 1992 CLC 和 1992 FUND 的修改,国际保赔协会集团推动建立了由两个协议组成的赔偿机制,即《2006 年小型油轮油污损害赔偿协定》(STOPIA 2006)和《2006 年油轮油污损害赔偿

① IOPC FUNDS, *Twenty Years Since the Prestige Incident*, iopc funds (Nov. 15, 2022), https://iopcfunds.org/news/twenty-years-since-the-prestige-incident/.

② IOPC FUNDS, *Incidents Related to the 1992 Fund*, iopc funds, https://iopcfunds.org/incidents/incidents-summary-table/#incidentstable_fund92.

协定》(TOPIA 2006)。这两个协议在 2006 年 2 月召开的国际油污基金大会上获得了批准。

STOPIA 2006(在自愿的基础上)将小型油轮的赔偿限额提高到 2000 万 SDR,适用于 29,548 总吨以下、承保于国际船东保赔协会集团成员之一且通过该集团的共担安排再保险的油轮。STOPIA 2006 的条款适用于发生在 1992 FUND 成员方的油污损害赔偿。TOPIA 2006 适用于 2003 年补充基金议定书缔约方,规定油轮船东的摊款额为 2003 补充基金所支付的赔偿总额的 50%。①

从 2006 年 2 月 20 日起,按照国际保赔协会集团现行保险条款的规定和其与会员达成的保险承保条件,运输持久性油类货物且吨位不超过 29,548 总吨的油轮船东将参加 STOPIA 2006,而运输持久性油类货物的油轮船东将参加 TOPIA 2006。国际保赔协会对于其会员按照 STOPIA 2006 对国际油污基金进行补偿,按照 TOPIA 2006 对补充基金进行补偿。

STOPIA 2006 和 TOPIA 2006 两个协议都包含了同样的审查条款:审查从 2006 年 2 月 20 日到 2016 年 2 月 20 日期间的所有关于 1992 CLC 和 1992 年国际油污赔偿基金的索赔信息。在 1992 年基金秘书处和石油公司国际海事论坛的共同参与下,国际保赔协会于 2016 年初对 STOPIA 2006 和 TOPIA 2006 的实施情况进行了回顾,评估显示船东在这些年的时间里按照这两个标准所赔付的总额远远高于这期间油轮货物商支付的索赔总额。但是,在与相关船东代表机构磋商后,国际保赔协会决定在这种情况下不予落实该协议的措施来平衡财务负担,因为仅凭十年的数据并不能充分反映 1992 年国际油污赔偿基金的总体赔付状况,如果在未来的赔付中出现任何的失衡情况,国际保赔协会保留针对失衡采用任何措施的权利。

三、国际船舶污染损害赔偿法律体系特点

船舶污染损害赔偿国际公约是海上石油运输相关各方利益平衡的产

---

① IOPC FUNDS, *STOPIA and TOPIA*, iopc funds, https://iopcfunds.org/about-us/legal-framework/stopia-and-topia/.

物，目的在于实现对污染受害人的赔偿。在现行的国际公约体制下，船舶污染损害赔偿机制的主要特点如下。

（一）归责原则客观化

由于污染损害远大于一般的侵权损害，因此船舶污染损害赔偿相关国际公约规定，只要是在事实上造成了或者发生了污染损害，除存在法定的免责事由（如战争行为、敌对行为、内战、不可抗拒的自然现象、第三方有意造成损害的行为等情况）外，船舶所有人就要承担赔偿责任，而不论其是否存在过错。

（二）责任保险强制化

损害赔偿的实现在于损害转移和损害分散，严重的污染损害带来的索赔不仅使船舶所有人无力承担，还使受害方的损失无法得到充分的赔偿，这就要求船舶所有人及其他相关责任人必须采取有效的措施以提供充分的保障，以确保在发生事故后，能够有资信状况良好的第三方代替船舶所有人承担损害赔偿，以尽量保证受害方的利益，而进行强制保险或者取得财务保证无疑是现实可行的办法。为保证责任保险制度发挥功效，在船舶污染损害赔偿领域，责任保险被强制化，成为潜在侵权责任人的法定义务。

（三）赔偿主体多元化

随着人们对生存环境品质的日益关注，环境损害赔偿领域形成了污染者负责和集体负担的原则。污染者负责原则来源于经济学上的“使用者付费”理念，集体承担原则即环境污染的成本及费用由所有的污染者来负担，比较典型的方式就是赔偿基金。船舶油污责任的承担具有特殊性，船舶所有人和各缔约方的石油货主共同分担赔偿责任。石油货主通过缴纳摊款建立油污损害赔偿基金和补充赔偿基金的形式对船舶油污损害承担赔偿义务。油污损害赔偿基金成为继第一层赔偿主体之外的第二层赔偿义务人，使得油污受害人获得更充分的赔偿。

（四）船东责任有限化

海事赔偿责任限制制度是随着保护船舶所有人的利益而产生的，作为随着海运业蓬勃发展而出现的一项保护制度，海事赔偿责任限制制度意在通过降低责任人的相关损害赔偿责任，鼓励商船队进行海洋贸易，保障海上运输业的稳步发展；通过限制损害赔偿数额，鼓励海难救助的进行，同时也带动了海上保险业务的兴起和发展。

船舶污染损害赔偿法律制度作为海事损害赔偿制度，保留了海事责任限制制度。船舶污染事故所造成的损害范围和损害程度是不确定的，责任限制制度的存在使得赔偿责任事先被限定在特定的数额以内，进而，航运业能够据以明确投资和经营风险，保险业能够据以确定保险金额，石油行业能够据以确定赔偿基金的资金规模以及摊款人所应承担的摊款。①

第二节　中国海洋环境中的船舶污染损害赔偿法律体系

一、我国加入的国际公约

国际海事组织制定了关于船舶油污损害赔偿方面的 1992 CLC、1992 FUND、2001 BUNKER 等三个公约，但我国并没有全盘接受并彻底加入。我国于 1999 年 1 月先后加入了 1992 CLC 及 1992 FUND，但 1992 FUND 仅适用于我国香港特别行政区。2008 年 11 月 17 日，我国加入了 2001 BUNKER，该公约于 2009 年 03 月 09 日对我国生效。

二、国内相关法律法规规章

近年来，我国积极加强法制建设，陆续制定了一系列与防治船舶污染

① 参见徐国平：《船舶油污损害赔偿法律制度研究》，北京大学出版社 2006 年版，第 23 ~ 24 页。

有关的法律、行政法规和部门规章，只是我国关于船舶油污损害赔偿方面的法律法规分布较为零散，没有建立一部专门的油污损害方面的民事法律来全面解决船舶油污损害赔偿问题。我国关于船舶油污损害赔偿方面的法律规定和法律适用存在着诸多国内法与我国加入的前述国际条约并存适用的局面。与船舶污染损害赔偿有关的法律法规主要集中在2020年《民法典》、1992年《海商法》、2023年修正的《海洋环境保护法》、2018年修正的《防治船舶污染海洋环境管理条例》及其他相关部门规章、有关司法解释等。根据这些法律法规可以看出，我国的船舶油污损害赔偿法律制度不同于一般的侵权损害赔偿法律制度，其制度构成主要包括了三个层面：一是由船舶油污事故的责任人承担，原则上由泄漏油船舶所有人承担；二是实行船舶油污责任强制保险或者财务保证制度，由船舶所有人的油污责任保险人或者财务保证人承担；三是由国家法律和行政法规强制规定接收海运持久性油类货物的货物所有人或者代理人按照接受油类的吨数和规定费率摊款，建立船舶油污损害赔偿基金予以补充赔偿。

（一）《民法典》

2020年颁布实施的《民法典》是我国第一部以法典命名的法律，也是我国民事领域的基本法律，其对环境侵权产生的损害赔偿问题作了原则规定。其第1232条规定："侵权人违反法律规定故意污染环境、破坏生态造成严重后果的，被侵权人有权请求相应的惩罚性赔偿。"第1234条规定："违反国家规定造成生态环境损害，生态环境能够修复的，国家规定的机关或者法律规定的组织有权请求侵权人在合理期限内承担修复责任。侵权人在期限内未修复的，国家规定的机关或者法律规定的组织可以自行或者委托他人进行修复，所需费用由侵权人负担。"第1235条规定："违反国家规定造成生态环境损害的，国家规定的机关或者法律规定的组织有权请求侵权人赔偿下列损失和费用：（一）生态环境受到损害至修复完成期间服务功能丧失导致的损失；（二）生态环境功能永久性损害造成的损失；（三）生态环境损害调查、鉴定评估等费用；（四）清除污染、修复生态环境费用；（五）防止损害的发生和扩大所支出的合理费用。"这也是我国首次在《民法典》中规定"修复生态环境"这一责任承担方式。

《民法典》统筹考虑了生态权益兼有公权和私权的客观实际,体现了新的立法导向:一是从私益保护到公益保护的转变;二是从私益诉讼向公益诉讼的发展;三是从损害赔偿向生态环境修复转化。[①]

(二)《海商法》

1992 年《海商法》是我国国内立法中专门调整海上运输关系和船舶关系的特别法。虽然《海商法》没有对油污损害赔偿做出专门规定,但我国加入的 2001 BUNKER 将燃油污染的赔偿责任限制这一问题交由各成员国自己来决定,换言之,是由我国《海商法》规定的海事赔偿责任限制解决燃油引起的污染损害赔偿问题。

(三)《海洋环境保护法》

现行的《海洋环境保护法》是于 1999 年 12 月 25 日修订通过的,其取代了 1982 年《海洋环境保护法》,并于 2000 年 4 月 1 日起施行。其后又经历了三次小的修正,最新修订版为 2023 年版。《海洋环境保护法》确定了海洋环境的监管主体,并对海洋环境损害的责任原则、国家损害索赔权、免责和处罚等进行了原则性规定。

1. 监管主体

《海洋环境保护法》第 4 条赋予了国务院生态环境主管部门对海洋环境实施监管的职能。

国务院交通运输主管部门负责所辖港区水域内非军事船舶和港区水域外非渔业、非军事船舶污染海洋环境的监督管理,组织、协调、指挥重大海上溢油应急处置。海事管理机构具体负责上述水域内相关船舶污染海洋环境的监督管理,并负责污染事故的调查处理;对在中华人民共和国管辖海域航行、停泊和作业的外国籍船舶造成的污染事故登轮检查处理。船舶污染事故给渔业造成损害的,应当吸收渔业主管部门参与调查处理。国务院渔业主管部门负责渔港水域内非军事船舶和渔港水域外渔业船舶污染海洋环境的监督管理,负责保护渔业水域生态环境工作,并调查处理

---

① 参见王利明:《〈民法典〉中环境污染和生态破坏责任的亮点》,载《广东社会科学》2021 年第 01 期。

前款规定的污染事故以外的渔业污染事故。

2. 民事责任承担与免责条款

《海洋环境保护法》第 114 条第 1 款和第 2 款规定："对污染海洋环境、破坏海洋生态，造成他人损害的，依照《中华人民共和国民法典》等法律的规定承担民事责任。对污染海洋环境、破坏海洋生态，给国家造成重大损失的，由依照本法规定行使海洋环境监督管理权的部门代表国家对责任者提出损害赔偿要求。"

3. 建立船舶油污保险、油污损害赔偿基金制度

该法第 82 条写入了"国家完善并实施船舶油污损害民事赔偿责任制度；按照船舶油污损害赔偿责任由船东和货主共同承担风险的原则，完善并实施船舶油污保险、油污损害赔偿基金制度"的规定，这为完善我国船舶油污强制保险制度和船舶油污损害赔偿基金制度奠定了法律基础。

（四）最高人民法院《关于审理船舶油污损害赔偿纠纷案件若干问题的规定》

由于我国并没有制定专门的油污法，我国《海商法》对船舶污染事故损害赔偿纠纷也还没有相对具体的规定，司法实践中对船舶油污事故纠纷的审理存在不统一。为正确审理船舶油污损害赔偿纠纷案件，2011 年，最高人民法院出台了司法解释——最高人民法院《关于审理船舶油污损害赔偿纠纷案件若干问题的规定》（以下简称《船舶油污损害赔偿规定》），并于 2011 年 7 月 1 日实施。

该司法解释主要是根据我国的法律规定，并结合国际公约的规定，对审理船舶油污损害赔偿法律适用等方面做出了具体实施性规定。应当说，1992 CLC、2001 BUNKER 是专门调整船载货油与燃油污染损害赔偿的国际公约，有特定的适用范围、归责原则和赔偿机制。对于其他海洋污染，比如海上非移动式钻井平台喷油、输油管道漏油等，与上述 2 个公约调整的船舶油污损害相比，二者在归责原则、赔偿机制等法律制度上有较大不同，[①]难以一并规范。该司法解释仅规定了以下两种烃类矿物油类

① 参见刘寿杰、余晓汉：《〈关于审理船舶油污损害赔偿纠纷案件若干问题的规定〉的理解与适用》，载《人民司法》2011 年第 17 期。

造成的油污损害：(1)油轮装载持久性油类，包括持久性货油和持久性燃油；(2)非油轮装载的燃油，即持久性燃油和非持久性燃油。

该司法解释中对油污损害赔偿的特别规定主要体现在以下3个方面：一是结合我国预防油污的实践，具体列明认定清污费用合理性的规范因素；二是通过规范举证责任，对单纯因环境污染所遭受的收入损失予以适度保护；三是明确规定对环境损害的赔偿应限于已实际采取或将要采取的合理恢复措施的费用，从而解决了我国司法实践中长期存在的渔业资源损失赔偿争议问题。

(五)最高人民法院《关于审理海洋自然资源与生态环境损害赔偿纠纷案件若干问题的规定》

最高人民法院于2017年发布了《关于审理海洋自然资源与生态环境损害赔偿纠纷案件若干问题的规定》(以下简称《海洋自然资源与生态环境损害赔偿规定》)，对《海洋环境保护法》第114条第2款和第3款中规定的海洋自然资源与生态环境损害诉讼作出了更为具体的规定。该司法解释第12条第3款规定，"人民法院审理因船舶引起的海洋自然资源与生态环境损害赔偿纠纷案件，法律、行政法规、司法解释另有特别规定的，依照其规定"。由于《船舶油污损害赔偿规定》规范的只是船舶载运持久性油类及燃油污染海洋的问题，船舶载运非持久性油类物质、有毒有害物质污染海洋损害适用该司法解释。①

该司法解释明确，海洋自然资源与生态环境损害赔偿诉讼由损害行为发生地、损害结果地或者采取预防措施地的海事法院管辖。行使海洋环境监督管理权的机关，根据其职能分工提起海洋自然资源与生态环境损害赔偿诉讼的，人民法院应予受理。

该司法解释还明确规定了海洋自然资源与生态环境损失的赔偿范围，包括预防措施费用、恢复费用、恢复期间损失、调查评估费用四项。其中，预防措施费用和调查评估费用，以实际发生和未来必然发生的合理费用计算；恢复费用，限于现实修复实际发生和未来修复必然发生的合理费

① 参见胡正良、韩立新等：《〈海商法〉修改基本理论与主要制度研究》，法律出版社2021年版，第603页。

用,包括制定和实施修复方案和监测、监管产生的费用,未来修复必然发生的合理费用和恢复期间损失,可以根据有资格的鉴定评估机构依据法律法规、国家主管部门颁布的鉴定评估技术规范作出的鉴定意见予以确定。难以确定恢复费用和恢复期间损失的,可以根据责任者因损害行为所获得的收益或者所减少支付的污染防治费用,合理确定损失赔偿数额。收益或者费用无法认定的,可以参照政府部门相关统计资料或者其他证据所证明的同区域同类生产经营者同期平均收入、同期平均污染防治费用,合理酌定。

(六)《防治船舶污染海洋环境管理条例》

尽管我们可以采取措施防止或减轻船舶油污事故的污染损害,但是,事故往往不可避免,污染损害也总会随之出现,为此,如何更好地保障受害人的利益也是体现政府执政能力的一个重要方面。"污染者付费"是我国一直秉承的一项重要原则,在船舶溢油污染赔偿方面,"船东与货主共同承担风险"也是一项重要政策。基于此,我国近年来不断完善和实施船舶油污损害赔偿责任制度。国务院制定的《防治船舶污染海洋环境管理条例》是一部于 2010 年 3 月 1 日起实施的行政法规,后又经历了 2013 年、2014 年、2016 年和 2017 年 4 次修订。为了加强国家利益和有关海域的保护,该法规强化了对船舶油污损害赔偿方面的民事规定,这在行政法规中较为少见。

我国《防治船舶污染海洋环境管理条例》关于船舶溢油污染损害赔偿的基本思路是:在船舶依法享受责任限制的基础上,要求船舶所有人等强制投保油污险,为污染受害人提供第一层次的赔偿;建立由石油货主摊款的国内船舶油污损害赔偿基金,为受害人提供第二层次的赔偿。为此,该法规专门设立了第七章"船舶污染事故损害赔偿"章节。该章共八条,明确了船舶污染损害赔偿的原则以及相关免责条款。该法规设定了船舶强制油污保险以及建立国内船舶油污损害赔偿基金的条款,包括如何投保油污责任险、如何取得船舶油污损害民事责任保险证书或者财务保证证书以及船舶油污损害赔偿基金管理机构的组成,从而形成了一套有中国特色的船舶油污损害赔偿机制。

（七）《海上船舶污染事故调查处理规定》

为了规范海上船舶污染事故调查处理工作，依据《海洋环境保护法》《防治船舶污染海洋环境管理条例》等规定，交通运输部于2011年制定出台了《海上船舶污染事故调查处理规定》，该规章第25条第1款对船舶污染事故损害赔偿方面的规定为，“船舶污染事故引起的污染损害赔偿争议，当事人可以向海事管理机构申请调解，海事管理机构也可以主动调解”，这表明在发生船舶污染事故后，船舶油污受害人和肇事船舶所有人（含保险人）之间就船舶污染事故引起的损害赔偿问题有争议的，海事执法人员有调解的职责和职权。

（八）《船舶油污损害民事责任保险实施办法》

为建立我国船舶油污损害民事责任强制保险制度，交通运输部于2010年制定出台了《船舶油污损害民事责任保险实施办法》。该规章要求在我国管辖海域内航行的、一定吨位的及载运特定货物的船舶强制投保船舶油污损害民事责任险或者取得其他财务担保。换言之，除1000总吨以下载运非油类物质的船舶，其他航行在我国海域的船舶都必须投保船舶油污损害民事责任保险或者取得其他财务担保。该规章是为了落实《海洋环境保护法》（1999修订）第66条和1992 CLC第7条、2001 BUNKER第7条的规定，从而建立的国内船舶油污强制保险制度，目的是弥补因船舶所有人缺少资金可能导致的污染受害人得不到赔偿的局面。

根据该规章的规定，凡是载运持久性油类货物的船舶，都应当投保油污损害赔偿责任险，而不分国际航线还是国内沿海运输。其保险额度应当满足1992 CLC规定的船舶所有人责任限额。该规定与1992 CLC仅要求载运2000吨以上的散装持久性油类货物强制保险规定相比严格得多，其将小型油轮也纳入强制保险要求中。其原因主要是考虑到中国国内沿海约50%的油轮是载重2000吨以下的，事故发生率高，且大多没有投保油污责任险，历史上多起得不到赔偿的重大污染事故都是由这些小油轮造成的。

该规章要求1000总吨及以上的载运非油类物质的船舶也应当投保

相应的油污损害赔偿责任险，其赔偿责任限制应当按照我国《海商法》中有关非人身伤亡请求的赔偿限额的规定进行投保或取得其他财务保证。此处需要进一步说明的是，虽然所有航行于中华人民共和国管辖海域的油轮已经按照规定投保了油污责任保险或者取得了其他财务担保，但目前发生的非持久性燃油污染事故或者非持久性货油污染事故，仍不在强制保险所覆盖的范围之内。

（九）《船舶油污损害赔偿基金征收使用管理办法》

2012年，经国务院同意，财政部、交通运输部联合发布了《船舶油污损害赔偿基金征收使用管理办法》，明确了船舶油污损害赔偿基金的来源以及如何管理使用，以落实《海洋环境保护法》（1999修订）第66条（现为第82条）规定的"国家完善并实施船舶油污损害民事赔偿责任制度；按照船舶油污损害赔偿责任由船东和货主共同承担风险的原则，建立船舶油污保险、油污损害赔偿基金制度。实施船舶油污保险、油污损害赔偿基金制度的具体办法由国务院规定"的要求。

该办法的出台标志着由石油货主出资的我国船舶油污损害赔偿基金的正式建立。在此之前，漏油船的船舶所有人等责任方由于法定的原因（比如享受海事赔偿责任限制）或客观的原因（比如船东或保险人破产等）或主观的原因（如肇事逃逸等原因找不到责任人），没有足额支付赔偿款，致使一些油污受害人如清污作业单位、养殖户和渔民、旅游业经营者得不到足额赔偿。为此，我国借鉴了国际上由石油货主摊款建立国际油污损害赔偿基金的做法。[①] 一方面是为了应对一些重特大船舶油污事故，如果油污受害人在第一层次的赔偿主体即肇事船舶所有人和保险人那无法获得足额赔偿，那么其可以向船舶油污损害赔偿基金这个第二层次的主体申请，请求其给予一定的赔偿、补偿；另一方面，对于一些不明船舶溢油事故，油污受害人可以直接向我国船舶油污损害赔偿基金申请赔偿、补偿。

---

① 参见廖兵兵、李涛：《〈1992年设立国际油污损害赔偿基金国际公约〉适用全国可行性研究》，载《交通节能与环保》2022年第5期。

第三节　美国海洋环境中的船舶污染损害赔偿法律体系

一、美国《1990 年油污法》背景介绍

(一)20 世纪 90 年代之前的美国油污相关立法情况

1. 1886 年美国出台了《纽约港法》(New York Harbor Act),这是一部有关减少船舶污染损害的法律。1899 年,美国又在吸取总结 1886 年发生在英国的“Gluck Hauf”油轮大规模溢油事故教训的基础上,颁布了《河流港口法》(Rivers and Harbors Act)。该法拓展了 1886 年《纽约港法》的有关规定,但遗憾的是,该法也没有赋予油污受害者索赔的权利。上述美国 19 世纪制订的规范油污污染的法律,大部分条款是调整国家与公民及组织之间的关系,属于俗称的公法范畴。但是,规定油污污染损害的法律应更多涉及遭受油污污染损害的个人或组织和应承担油污损害赔偿责任的责任人之间的权利和义务关系。实际上,美国当时对油污污染受害人如何获得损害赔偿等私法领域的规定并不完整。进入 20 世纪以后,如何维护公众健康和海上安全航行等问题进入美国民众的视野。随后,美国于 1924 年出台了《1924 年油污法》(Oil Pollution Act of 1924),但是,保护海洋环境和油污受害人并不是这部法律规定的重点。该法律对美国沿海地区的溢油事故规定了处罚措施,还规定了免除处罚的情形,即不可避免的意外事故、紧急情况和碰撞等。1961 年,美国对《1924 年油污法》进行了修订,形成了《1961 年油污法》,该法首次规定了造成油污损害的责任人应承担清除油污的费用。①

20 世纪 60 至 70 年代,陆续发生的多起大型船舶油污事故造成了巨额经济损失和环境损害,国际社会对海洋油污污染问题日益关注了起来,人们迫切希望制订统一的规则来减少和防止船舶油污污染。在此背景下,国际上先后出台了 1969 CLC 和 1971 FUND。

---

① 参见宋家慧:《美国〈1990 年油污法〉及船舶油污损害赔偿机制概述》,载《交通环保》1999 年第 03 期。

2. 美国对加入 1969 CLC 和 1971 FUND 的态度。

20 世纪 80 年代，作为当时世界上最大的石油输入国，美国一直对是否加入 1969 CLC 和 1971 FUND 犹豫不决。主要原因如下：

首先，美国各州对是否加入上述 2 个公约的意见不一致。根据美国法律的规定，美国总统将拟议的国际公约提交参议院审议，只有参议院以三分之二多数投票通过，美国总统方可正式核准加入国际公约。经核准的国际公约与宪法及联邦立法一样都是美国最高法律的一部分，都高于州法。美国一旦加入公约，公约效力将优先于各州的法律。由于美国联邦和各州在油污立法领域存在许多分歧，代表各州利益的参议员在加入公约的问题上持反对态度的居多。因此，上述 2 个公约迟迟未在美国获得通过。

其次，美国海商法体系具有独特性。美国海商法体系属于英美法系，与大陆法系的海商法在法律渊源、法典编撰、法律分类和诉讼程序等方面存在差别。因此，美国对 1969 CLC 和 1971 FUND 的认同感不强。

再次，美国认为上述 2 个公约提供的赔偿不足。美国认为 1969 CLC 和 1971 FUND 规定的赔偿限额较低，船舶所有人作为单一民事责任人对保护油污受害人不利，1969 CLC 和 1971 FUND 所提供的赔偿不足以支付大型油污事故的有关费用和赔偿。

最后，美国对上述 2 个公约所规定的赔偿范围即关于“污染损害”的定义存在不满，认为其“污染损害”的定义偏狭窄，对自然资源损害及公共服务费用的保护不足。①

尽管如此，1984 年美国仍然积极参加了对 1969 CLC 和 1971 FUND 的修订工作。

（二）美国出台《1990 年油污法》的契机——“Exxon Valdez”轮事故

正当美国国内为是否加入 1969 CLC 和 1971 FUND 而争论不休时，1989 年美国发生了“埃克森 · 瓦尔迪兹”（Exxon Valdez）轮溢油事故，终止了美国加入公约的进程。

---

① 参见徐国平：《船舶油污损害赔偿法律制度研究》，北京大学出版社 2006 年版，第 13 页。

1989年3月24日午夜,美国石油巨头埃克森公司所有的"埃克森·瓦尔迪兹"油轮载运5300万加仑原油在美国阿拉斯加威廉王子海峡航行时,由于船长饮酒后昏睡,掌舵的大副未能及时转弯,"埃克森·瓦尔迪兹"油轮撞上了暗礁。在随后的几天时间里,约1100万加仑原油(占载运总量的20%)泄露,[①]污染了1300多英里的海岸线,污染的海域面积达2.8万平方公里,给生态环境造成了严重影响,10万至25万只海鸟和2800余只水獭因本次溢油事故死亡。[②] 溢油不仅严重污染了海洋水体,还使海岸边的礁石上布满了原油。清理陆上原油的过程尤为艰难,当时采用的是高温水枪喷射的方式,后来该方式被证明进一步破坏了脆弱的寒带微生物环境。最终,只回收了约10%的溢油。[③]

事后,5000名至6000名原告向美国地方法院提起约190件民事诉讼,3000多名原告向阿拉斯加州法院提起约212起民事诉讼,联邦政府也提起了刑事诉讼。埃克森公司为清污工作和补偿当地居民支付了不少于38亿美元的费用。

按照1969 CLC1984年议定书的规定,该案肇事船东——"埃克森·瓦尔迪兹"油轮所有人的赔偿额将不超过6000万美元,远远低于其实际支付的赔偿。为保护油污受害人获得充足的赔偿,美国决定制定本国油污法。

(三)《1990年油污法》的出台过程

美国在前期参加1969 CLC和1971 FUND的修订工作时积累了大批立法材料,因此立法部门很快完成了《油污法》初稿,后经美国参议院和众议院的反复讨论,1989年7月26日美国通过了《1990年油污法》(以下简称OPA90),由当时的美国总统老布什签字后,于1989年8月生效。该法生效时距"埃克森·瓦尔迪兹"轮事故发生仅隔十几个月。在美国立法普遍迟缓的大背景下,该部法律如此迅速地出台,表明了美国政府对该法的重视。

---

① 参见王健:《"EXXON_VALDEZ"轮油污案》,载《中国海事》2005年第2期。

② See Gill, D. A., Picou, J. S., & Ritchie, L. A. *The Exxon Valdez and BP Oil Spills: A Comparison of Initial Social and Psychological Impacts*, 56 American Behavioral Scientist 3 (2012).

③ 参见王才良:《埃克森·瓦尔迪兹号事件》,载《石油知识》2004年第6期。

OPA90 规定的油污损害赔偿机制与 1969 CLC 和 1971 FUND 规定的赔偿机制类似，也是由船东和货主共同承担油污损害赔偿责任，只不过 OPA90 对船东责任规定得更严格，要求更高，并且规定美国基金提供更为充分和全面的补充赔偿。

二、OPA90 的主要内容及特点

(一) OPA90 的主要内容

OPA90 自 1990 年生效实施以来历经 1996 年、2002 年、2010 年、2022 年 4 次修订，一共可以分为 4 章 32 条。主要结构及内容如下：

1. 第一章油污责任与赔偿。主要内容包括：

(1)定义(定义该法中出现的"天灾""损害""索赔人"等 44 个名词)；(2)赔偿责任要素(规定船舶或设施造成的油污损害责任方的赔偿范围，除外情形，第三方责任，责任限制的适用等)；(3)免予赔偿的情形(规定责任方免予赔偿的情形，责任方丧失免责的情形)；(4)责任限制(规定责任方的责任限制金额，丧失享受责任限制的情形及责任限制的调整)；(5)利息：索赔的部分支付(规定赔偿利息的计算方法)；(6)自然资源(规定有权提出并接受自然资源损害赔偿的机构，自然资源损害的估量方式及评估规则)；(7)外国索赔人受偿(规定外国索赔人索赔的条件)；(8)负责方的追偿(规定责任方提起追偿的条件和范围)；(9)摊款(规定责任方可以要求其他负有赔偿责任的任何人分摊赔偿)；(10)补偿协议(规定该法不禁止各方签订补偿协议，但不允许转移赔偿责任)；(11)清污行动的协商(规定总统应与相应的受托管理人协商采取清污行动)；(12)基金的用途(规定美国溢油责任信托基金的赔偿范围，免赔情形，使用人，基金代位权利，基金审计规定，向基金索赔的时效等)；(13)索赔程序(规定索赔一般程序及特殊情形)；(14)规定污染事故的通报及公告程序；(15)代位(规定包括基金在内的代位权)；(16)财务责任(规定责任方应具备的财务责任能力)；(17)诉讼、管辖权及审判地点(规定争议的管辖权及索赔损害和清污费用，关于摊款和代位权的诉讼时效)；(18)与其他法律的关系(规定该法与其他法律的优先关系)；(19)州财务责任(规定州可以提供财务责任证明)；(20)脂肪、油和油脂之间的区别。

2. 第二章威廉王子海湾规定。主要包括：

(1)溢油回收研究所(规定研究所的设立、职能以及“威廉王子海湾及其毗连水域”的定义)；(2)码头与油轮的监督和监测(规定设立码头和油轮环境监督及监测实施方案等内容)；(3)布莱礁灯塔(规定安装灯塔并确保其运转的要求)；(4)船舶交通服务系统[规定获取、安装或使用可能需要的辅助设备(可包括雷达、闭路电视、卫星跟踪系统或其他船用监视装置)的要求]；(5)油船和设施反应计划中的设备和人员要求(规定对特定的油船和设施的反应计划的要求,明确对“威廉王子海湾”和“最严重事故排放”的定义)；(6)资金(规定从基金获得及使用拨款的方式)；(7)限制(规定禁止特定船舶在阿拉斯加州威廉王子海湾的可航水域中营运)；(8)北太平洋海洋研究机构[规定机构的建立及职能、评估及审核、雇员的地位(联邦政府雇员)、基金的使用、研究结果的利用]。①

3. 第三章杂项规定。主要包括：

(1)补充规定(规定相互参照、规章的连续性、解释的规则、行为和权力、海商和海事法)；(2)年度拨款(规定年度拨款规定的适用情形)。

4. 第四章油污染研究与开发规划。主要内容为：

(1)规定油污染研究部门间协调委员会的组成；(2)油污染研究和技术计划及其主要内容。

(二)OPA90 的特点

OPA90 是一部集油污责任与综合管理机制为一体的法律。它不仅规定了油污责任与赔偿、油污的预防与清除等一般油污损害赔偿法律常见的民事法律规定,还根据“埃克森·瓦尔迪兹”轮的调查结果,对改进油轮及相关设施设备的监督和监测,设立特定的研究和监督机构,提升航行辅助设施的效果等事务也作出了规定。② 它是一部综合性的治理油污损害的法律。

---

① 参见赵晓楠、张晏瑲、CHEN Jueyu 等:《论我国船舶油污损害赔偿制度的完善——以借鉴美国〈1990 年油污法〉为视角》,载《中华海洋法学评论》2022 年第 4 期。

② 参见欧阳振远:《海上石油钻探油污损害法律适用的对比分析》,载《比较法研究》2012 年第 6 期。

第四节 其他主要航运国的海洋环境中的船舶污染损害赔偿法律体系

一、加拿大船舶油污损害赔偿体系概况

在世界范围内,加拿大属于少数较早建立船舶油污损害赔偿法律体系的国家。加拿大西抵太平洋,东迄大西洋,北至北冰洋,是世界上海岸线最长的国家,也是海洋大国和原油储量大国。由于其地理环境具有特殊性,19 世纪 70 年代重大船舶油污事故的增多为其带来了诸多危害,为保护本国海洋环境,加拿大开始重视船舶油污损害赔偿领域的法律制度建设,通过二十多年的发展,其终于建立了较为完善并独具特色的船舶油污损害赔偿体系。

目前,世界各国船舶油污损害赔偿机制的法律模式主要有三种,分别是国际公约模式、国内立法模式、加入国际公约和国内立法相结合的模式。[①] 在法律制度模式上,加拿大不是完全直接适用国际公约(如德国、法国等),也不是全部通过国内立法(如美国)明确,而是采用了加入相关国际公约、同时进行国内立法的"双轨制"形式,[②]形成了其独具特色的船舶油污损害赔偿责任体系。

在国际公约层面上,早在 1989 年 4 月 24 日,加拿大就已成为国际油轮污染损害赔偿责任体系的一员,不仅加入了 1992 CLC 和 1992 FUND,还加入了《1992 FUND 2003 年议定书》,是目前 32 家补充基金成员方之一。加拿大通过加入这些国际公约解决了油轮的油污损害赔偿问题,而在非油轮的燃油污染损害赔偿方面,该国也于 2009 年 10 月 2 日加入了 2001 BUNKER。

在国内法层面上,加拿大尽量做到与国际公约的接轨和统一,通过制

---

① 参见杨志祥:《船舶油污损害赔偿责任限制的国际立法及对我国之借鉴》,载《北京理工大学学报(社会科学版)》2004 年第 3 期。

② 参见郑克芳、杨晓飞:《浅谈解决我国船舶油污损害索赔的关键问题》,载《海洋开发与管理》2008 年第 6 期。

定本国的《航运法》和《海事责任法》等建立了较为完善的船舶油污损害赔偿国内立法体系,对公约外船舶的法律适用和调整范围进行了明确划分。[①] 2001 年的《海事责任法》全面规定了加拿大的船舶油污损害赔偿制度,其第六部分和第七部分对公约油污污染、非公约油污污染、公约船舶和非公约船舶的损害赔偿、船方的赔偿责任限制基金、国际油污基金和本国的船舶油污基金分别进行了规定。此外,加拿大的《渔业法》、《海上保险法》和《水污染防治法》等法律也零星规定了船舶油污及损害赔偿的制度。这种相对集中和整体分散的特点使船舶油污损害赔偿制度渗透进了加拿大国内立法的方方面面,有利于该项制度的发展。

通过研究加拿大的船舶油污损害赔偿制度,我们可以发现,对于适用公约的船舶,加拿大在船舶油污损害赔偿规定方面完全适用公约;而对于不适用公约的船舶,加拿大也根据其《航运法》和《海事责任法》尽量采用了和国际接轨的做法。对此,笔者归纳了一下,主要表现在以下几个方面:

一是船舶油污损害赔偿的归责原则方面。《海事责任法》第 51 条"污染及其相关费用的责任"中将第一款设置为"严格责任条款",即一般情况下,不论漏油船的船舶所有人是否有过错或过失,只要客观上发生了溢油损害,船舶所有人就应承担油污损害的赔偿责任。一般来说,船舶所有人以被他船碰撞导致漏油等进行抗辩的,此种原因不能成为其免责的理由(除非存在不可抗力等国际公约通认的免责事由)。这和 1992 CLC 第 3 条所确立的赔偿原则相一致。[②]

二是船舶责任限额方面。加拿大虽然要求船东承担严格责任,但也并非无限责任。加拿大《海事责任法》第三部分"海事赔偿责任限制"中对公约外船舶责任限额作出了规定,其责任限额要求基本参照了国际社会在海事责任限制领域适用的最为广泛的公约——HNS 公约,在此不做赘述。对于该公约规定的"小于 300 总吨的船舶可以通过国内法自行规定责任限额",加拿大结合本国实际情况,作出了如下规定:涉及人身伤亡赔偿的,责任限额为 100 万加元;其他任何方面的索赔,责任限额为 50 万

---

① 参见李雯雯、胡正良:《中国船舶油污损害赔偿基金制度的不足与完善》,载《中国海商法研究》2018 年第 3 期。

② 参见许欢:《加拿大、美国船舶油污损害赔偿机制的比较》,载《水运管理》2004 年第 3 期。

加元。这些金额相当于 HNS 公约所调整的 300～2000 总吨船舶的责任限额的 50%。[①]

三是船舶油污损害赔偿责任保险方面。加拿大是积极推崇船舶油污损害赔偿责任强制保险的国家之一。1992 CLC 就是在吸纳了加拿大和美国的建议后，才建立了油轮污染损害赔偿的强制保险制度。该制度要求运量达到 2000 吨以上的船舶所有人应取得油污损害赔偿方面的保险或者其他财务保证，确保事故发生后至少有保险方可以承担赔偿责任。加拿大也加入了 1992 FUND，要求境内航行的大于 1000 总吨的所有船舶必须投保燃油污染损害保险。船舶油污损害赔偿强制保险制度（包括货油、燃油）是加拿大船舶油污损害赔偿体系的重要组成部分。

对于投保上述保险的船舶，该国法律也要求船舶所有人应申请加拿大政府签发相关证书，如果没有该证书证明船舶投有合适的保险，该船舶便不能在加拿大海域航行。同国际油污基金公约一样，加拿大国内法也规定了受害方可以直诉船舶油污损害保险人制度。

四是船舶油污损害的赔偿范围方面。作为 1992 CLC 的缔约方，加拿大对船舶油污损害赔偿范围的规定与该公约大体相同，其《海事责任法》第 51 条、第 77 条等规定了“污染及其相关费用的责任”，主要界定了油污损害赔偿的四个方面：（1）油污损害；（2）污染发生前与污染发生后的清污和预防措施费用；（3）预防措施所带来的进一步损害；（4）采取合理恢复环境损害的费用。此外，该法还规定了与渔业生产有关的内容，将捕捞业、海水养殖业和鱼类加工业等渔业生产的收入损失也纳入油污损害赔偿范围内。但是，根据该法第六部分的规定，收入损失只有在不可恢复的情况下，才可以获得赔偿。此外，一些财产性损害，如渔具、渔网的修理和清洁费用，也都属于可以赔偿的范围。

五是船舶油污损害赔偿基金方面。加拿大作为 1992 FUND 的缔约国，除在其《海事责任法》中接受并承认“国际油污基金”外，还结合实际需求建立了本国船舶油污基金。[②] 关于基金的具体情况，下文将做进一

---

① 加拿大《海事责任法》第三部分。

② 参见宋家慧、劳辉、刘江：《加拿大的船舶油污损害赔偿机制及运行经验》，载《交通环保》1991 年第 4 期。

步介绍。

二、英国船舶油污损害赔偿体系概况

(一)英国船舶油污损害赔偿立法主要内容

1967 年 3 月发生的"Torrey Canyon"轮溢油事故促使英国开始船舶油污立法。英国于 1985 年制定了《商船航运法》(Merchant Shipping Act),该法于 1995 年被修订。这部法律借鉴了 1969 CLC 及 1971 FUND 的有关原则和规定,符合英国的国情。《商船航运法》的主要内容为,适用《商船航运法》的船舶发生污染事故的,船舶所有人承担的责任包括:(1)对发生在英国海域的各种污染损害进行赔偿。(2)污染清除费用。(3)对英国海域造成的任何损失,船舶所有人如果能够证明船舶油污损害是由某人轻率地作为或不作为所导致的,船舶所有人将免责。若船舶原油事故致环境污染威胁,船舶所有人因为船舶泄漏出油类应当支付的赔偿不超过相应的数额。其中"相应的数额"指:(1)载重吨数不超过 5000 吨的船舶,为 451 万以下 SDR;(2)载重吨数超过 5000 吨的船舶,超过 5000 吨的部分每吨增加 631 SDR,但总额不得超过 8977 万 SDR。但是事务大臣在他认为实施责任限制公约所设定的责任限制目的时机成熟时可以对上述第 1 项和第 2 项进行修改。①

《商船航运法》还对强制保险进行了明确的规定:载运 2000 吨以上的散装油船,除非其持有符合英国法律规定的有效证书,并且持有一份符合 1969 CLC 规定的有效保险合同或者其他保证证明,否则不得进入或离开英国港口,也不得抵达或驶离位于英国或其他国家的港口。这项规定对船舶保险起到了保障作用,在发生船舶油污事故后,船舶所有人能够有较为足够的能力承担责任。英国是国际油污损害赔偿基金的缔约方,其缴纳的基金主要来源有:(1)经海上将原油运往英国港口,应向基金组织缴纳摊款,除非仅在英国内港运输。(2)无论是否为油类进口,或是在上一个航次中就相同的油类已缴纳摊款,都应征收。(3)有义务缴纳摊款的

① 参见夏元军:《海事赔偿责任限制权利的扩张与平衡》,载《上海大学学报(社会科学版)》2017 年第 4 期。

人是指:①当油类进口到英国时,指进口商;②否则,指油类的收货人。(4)如果每年进口或收到的油类总量不超过 15 万吨,那么没有缴纳摊款的义务。基金主要用于:①油污受害人不能根据此项法规获得足够的赔偿时,基金应当对在英国发生的油污损害承担责任;②对损害负责任的船舶所有人或其财务保证人不能完全进行赔付;③损害赔偿责任超过了责任限额。

(二)英国船舶油污损害立法的特点

英国的船舶油污损害赔偿制度有其自身的特点,与美国不同,美国单纯依靠国内法;也与加拿大不同,加拿大实行的是加入国际公约与国内立法"双轨制"。英国一方面加入国际公约,另一方面将国际公约国内法化,将 1969 CLC 和 1971 FUND 分别转化为《1971 年防止油污染法案》和《1974 年污染控制法案》,这两项法案之后被 1995 年制定《商船航运法》所取代。英国 1995 年修订的《商船航运法》第 131 条第 1 款和第 137 条第 9 款规定,若是在英国的海船在可航水域排放油类或者油类混合物,船舶所有人为责任主体。这里的船舶所有人是指事故船舶发生事故时的所有人。同时,《商船航运法》还明确规定了不得对其提出污染索赔请求的人员范围。由此可见,英国法对损害赔偿责任主体的界定与 CLC 公约体系基本相同,都是船舶所有人。

英国加入了 1992 FUND。1992 CLC 是第一个层次的赔偿,1992 FUND 是第二个层次的赔偿。第一层次赔偿由船舶所有人和保险人承担。在油污受害人不能获得足额赔偿时,对于没有足额受偿的部分,可以启动第二层次赔偿,这部分款项将由 1992 基金进行赔付。根据《商船航运法》的规定,原油进口商将缴纳 1992 基金摊款。除非仅在英国内河运输,否则但凡是经海运将原油等油类运送至英国港口,均需向基金缴纳一定摊款。但是,如果进口的原油总量不超过 15 万吨/年,则没有缴纳摊款的义务。为确定每年进口的原油总量,航运公司的所有下属单位被视为同一个公司,两个或两个以上航运公司合并为一个公司的,也被视为同一公司。英国事务大臣可以发布公告,要求从事生产、加工、分配或运输油类的人员报送相关信息。事务大臣每年会将摊款义务人的姓名、地址、摊款金额提供给 1992 基金。1992 基金也拥有代位求偿权,即在赔付油污受害人后,代位取得受害人对责任人具有的索赔权利。

三、俄罗斯船舶油污损害赔偿体系概况

俄罗斯在法律制度方面与我国有相似之处,也存在一定的借鉴意义。俄罗斯联邦《1999 年商船航运法典》第 316 条第 2 款第 2 项规定,船舶油污的"受害方可以是公民、法人、国家或国家的任一组成部分",由此明确了国家或国家的任一部分在船舶油污损害中的民事权利主体地位。俄罗斯联邦《2002 年环境保护法》第 5 条、第 6 条、第 7 条规定,俄罗斯联邦国家权力机关、各主体国家权力机关对因违反环境保护立法造成的环境损害,负责提起损害赔偿诉讼,而地方自治机关在环境保护领域的职权,根据联邦法律确定。①

俄罗斯联邦《1999 年商船航运法典》第十八章专章规定了船舶油污损害赔偿责任。其中大部分内容借鉴了 1992 CLC 的规定,包括船舶、船舶所有人、油类、油污损害的定义;船舶所有人的免责情形、责任限制权利的丧失等。与 1992 CLC 有所不同的是,对于责任限制基金的设立,《1999 年商船航运法典》的规定更为灵活宽泛,如第 322 条规定,如果尚未提起诉讼,除了可以向将要提起诉讼的法院设立责任限制基金,也可以向仲裁庭设立;还规定保险人或其他提供财务保证的人有权设立责任限制基金,效力与船舶所有人等效。《1999 年商船航运法典》同样也对责任保险进行了规定,载运 2000 吨以上散装油类货物的船舶所有人必须进行保险或提供其他财务保证,但国家所有的船舶不要求进行保险或取得其他财务保证。其还规定了直诉保险人制度,可直接向保险人或为船舶所有人承担油污损害责任提供财务保证的其他人提出索赔请求。

四、韩国船舶油污损害赔偿体系概况

韩国先后加入了 1969 CLC、1992 CLC、1971 FUND 及 1992 FUND。

---

① 参见魏圣尊:《俄罗斯海洋环境保护法律体系及其规范》,载《浙江海洋大学学报(人文科学版)》2020 年第 6 期。

1991 年，韩国开始修订其商法中有关油类污染损害保障的条款，并根据所加入的上述公约，结合本国实际情况制定了《油类污染损害赔偿法》（以下简称《油污损害赔偿法》）。《油污损害赔偿法》是韩国商法的特别法，该法已于 1997 年 1 月 13 日被修订。借鉴上述公约的有关规定，该法也规定了船舶所有人的严格责任及强制保险义务。2007 年，韩国发生了“河北精神”轮溢油污染事故。为了汲取此次事故赔偿仍然不足的教训，韩国又加入了《1992 FUND 2003 年议定书》。

韩国《油污损害赔偿法》规定的船舶油污损害赔偿责任主体包括船舶所有人及在租用外国船舶时的登记船舶所有人和光船承租人。船舶所有人包括韩国法律规定的登记为船舶所有人的人，以及未实际登记，但实际为油轮的船舶所有人的人。在船舶租用的情形下，船舶所有人和承租人承担连带责任。此外，与 1992 CLC 不同，韩国《油污损害赔偿法》还将船舶所有人的使用人和代理人规定在损害赔偿范围内。①

韩国《油污损害赔偿法》适用于在韩国境内和专属经济区造成的污染损害和预防措施，所采取预防措施不受地域限制。适用的船舶包括油轮、普通货船，以及浮式储油装置。其中，韩国《油污损害赔偿法》中规定的油轮的定义与 1992 CLC 的定义基本一致。普通货船是指油轮和浮式储油装置的其他船舶。浮式储油装置是指《船舶安全法》第 2 条第 1 款规定的浮式的海上建筑物，进行油类存储的船舶。《油污损害赔偿法》仅适用于持续性油类，不包括非持久性油类和有毒有害物质。油污损害赔偿以油污损害行为的发生为前提。《油污损害赔偿法》第 2 条第 7 款对油轮发生的油污损害进行了规定，包括为了防止损害的发生而采取的预防措施所产生的费用。“预防措施”是指事故发生后任何一方或第三方采取的任何合理措施，以防止或减少油污损害。“预防措施造成的进一步损失或损害”指为了防止事态严重发展，油污受害人或者船舶所有人所采取的预防损害继续发生的防治措施，进而导致更加严重的损害的发生所产生的费用。如果两艘或两艘以上船舶碰撞造成污染，且不能确定溢油船舶的，各船船舶所有人应当承担连带责任。

---

① 参见郝会娟：《中韩船舶油污损害赔偿法律制度比较研究》，厦门大学出版社 2019 年版，第 62 页。

第三章　船舶货油污染损害赔偿法——船东责任

目前国际上有两套船舶货油污染损害赔偿制度。一套是以 1969 CLC 及 1992 CLC 等国际公约为代表的国际船舶油污损害赔偿制度。截至 2022 年 12 月 22 日，已有 146 个国家加入了 1992 CLC。另一套是美国油污损害赔偿制度。

第一节　船舶货油污染损害赔偿的国际法——CLC 公约

一、船舶货油污染损害赔偿国际法的历史沿革

1967 年以前，规范船舶油污损害的法律与规范船舶其他侵权的法律几乎没有区别。但 1967 年发生的"Torrey Canyon"轮溢油事故促使国际海洋污染损害赔偿法律制度开始发展，并最终形成了独立的法律体系。

（一）"Torrey Canyon"轮溢油事故介绍

1. "Torrey Canyon"轮溢油事故过程

1967 年，当时世界上最大的船舶之一利比里亚籍油轮"Torrey Canyon"轮从科威特装载了 12 万吨原油，驶向

英国威尔士的米尔福德港(Milford Haven)。英国海域的航线最初是沿锡利群岛(Scilly Isles)以西五英里航行。后来为了节约时间,船长修改了航线,改成沿着锡利群岛靠陆侧航行。

1967年3月18日星期六9时11分,"Torrey Canyon"轮以超过15节的速度,撞上了锡利群岛靠陆侧七石礁中的波拉德岩石(the Pollard Rock)。很快,数千吨原油从破裂的油舱逸出。这起事故成为当时世界上最大规模的油污污染。

同一天晚上,英国皇家海军喷洒消油剂以清除油污。不久,大量专业清污船舶加入了清污作业。3月26日,当四艘拖船试图将难船拖离时,难船断裂,打捞工作随后被放弃。这起事故在当时是全世界最大的沉船事故。

英国政府随后下令从空中轰炸沉船,烧掉船上剩余的约40,000吨原油。这项行动取得了部分成功,但溢出的原油还是污染了英格兰西南部的许多地区,导致成千上万的海鸟死亡,对即将到来的夏季旅游季造成了影响。漂流的原油还污染了海峡群岛(the Channel Islands)和法国布列塔尼(Brittany)的海滩和港口。据估计,清污总费用约300万英镑。

利比里亚政府的事故调查结论是,难船不存在任何机械故障或缺陷,造成事故的唯一原因是船长改变了航线。本起事故也成为迄今为止英国发生的最严重的船舶油污事故。

2."Torrey Canyon"轮溢油事故揭露的法律问题

"Torrey Canyon"轮油污事故暴露了当时许多公法和私法上的问题。公法问题集中于在事故有可能造成严重污染的情况下,国家干预是否合法。当时国际社会上也有声音质疑英国政府炸毁沉船的合法性。

私法问题与船舶油污损害赔偿有关,主要涉及以下四个问题:①

(1)管辖法院和管辖法律问题

"Torrey Canyon"轮在利比里亚注册,由注册在百慕大的公司Barracuda所有,并通过光船租赁的方式租给了加利福尼亚联合石油公司,该公司又是Barracuda公司的母公司。本航次承租给了英国石油公司(BP),本起事故给英国和法国的海域和海岸线造成了严重的油污损害。

---

① 参见张春昌:《水污染责任法与损害评估》,上海浦江教育出版社2021年版,第13页。

因此,"Torrey Canyon"轮油污事故涉及利比里亚、百慕大、美国、英国和法国等多个国家,但当时国际上对于涉及多个国家的污染损害赔偿应由哪国法院管辖,适用哪国法律的问题尚无定论。各国法律规定不一致意味着油污受害人、船舶所有人及其保险人等事故当事人选择不同的国家,适用不同的法律进行诉讼,诉讼结果存在很大差异。

(2)船舶所有人责任限制问题

尽管1968年5月31日生效的《1957年国际海船船东责任限制公约》规定,污染损害赔偿请求可以享受海事赔偿责任限制,若各项索赔总额超出责任限额,则应当按比例分摊责任限制基金。但是,在本案中,英国和法国当时已经加入了《1957年国际海船船东责任限制公约》,美国、百慕大等尚未加入,本案是否适用《1957年国际海船船东责任限制公约》尚不确定,需要根据索赔人对诉讼地、适用法以及诉讼时间的选择结果来确定。此外,本案涉及的国家对责任限制金额和丧失责任限制的情形的规定亦不一致,因此,船舶所有人能否享受责任限制尚未可知,即使可以,责任限额是多少等问题也存在很大的不确定性。船舶所有人及其保险人还面临一个问题:即使其在一国设立了责任限制基金,也仍然可能会在后续诉讼中被要求支付更多的赔偿。

(3)损害赔偿范围问题

索赔人关心其损失是否属于法律规定的可以获得赔偿的损失。当时,许多国家认为,旅馆经营者和渔民的收入损失中的大部分属于"纯经济损失",此类损失与事故无直接因果关系,不可以获得赔偿。政府采取的预防措施和清污费用也属此类。因此,索赔人所遭受的"纯经济损失"以及预防措施和清污费用能否获得赔偿亦取决于索赔人对诉讼地和适用法的选择。即使是同样类型的损失,也可能因索赔人对诉讼地和适用法的选择的不同带来完全不同的赔偿结果。

(4)损害赔偿能力问题

船舶所有人应该承担船舶油污损害赔偿责任。然而"Torrey Canyon"轮的船舶所有人Barracuda公司是一家单船公司,唯一的资产"Torrey Canyon"轮已经断裂沉没,因此该公司的赔偿能力非常有限。尽管"Torrey Canyon"轮已投了责任险,但保险数额远低于损失金额,且当时没有法律规定船舶强制保险制度和直诉保险人制度。受害人能否起诉其他相关方(包括光租人、期租或程租人)或者其母公司,从而得到更多的赔偿,存在很大的不确定性。油污受害人可能获得的赔偿仍在很大程度上限于船舶所有人的赔偿能力。

20 世纪 70 年代初,世界上出现了超过 400,000 载重吨的超大型油轮(ULCC)。1969 年 12 月,壳牌石油公司所有的油轮"Warpessa"轮在西非海岸航行时,机舱发生爆炸,"Warpessa"轮沉没,并成为当时最大的沉船。幸好事故发生时"Warpessa"轮处于空载状态,没有造成严重污染。但是,载重吨是"Torrey Canyon"轮两倍的"Warpessa"轮如果事发时处于载货航次,其造成的污染损害不堪设想。

(二)"Torrey Canyon"轮溢油事故后船舶货油污染损害赔偿国际法的发展

1. 国际组织对船舶货油污染问题的研究①

1967 年 4 月,英国向政府间海事协商组织(IMCO,国际海事组织前身)提议,要求修改国际法中有关原油以及其他有害有毒物质污染责任的规定。政府间海事协商组织理事会同意研究该问题,并将此问题提交给法律委员会。法律委员会成立了两个工作组。第一工作组研究公法问题,特别是沿海国对本国重大污染事件作出反应时在公海采取措施的权利;第二工作组研究污染损害责任和赔偿等私法问题。

国际海事委员会(CMI)随后也对相关私法问题开展了研究。工作组采用报告和问卷调查的形式征求各国对基本问题的意见,并在各国答复的基础上起草了公约初稿。1969 年 3 月至 4 月在日本东京举行的国际海事委员会会议上对公约初稿进行了审议。该草案规定,船舶所有人应赔偿海船载运的散装持久性油类货物的溢出所造成的损失(包括预防措施的费用)。船舶所有人的归责原则是过错责任原则,但举证责任倒置,船舶所有人可以享受责任限制。

东京会议对公约初稿进行了修改,修改稿基本与初稿一致,增加了要求提供财务证明以满足污染赔偿的条款。随后东京会议通过了公约

---

① See Colin Delarue & Charles B. Anderson, *Shipping and the Environment*, Routledge, 2015, p. 12.

草案。

国际海事委员会公约草案被提交给政府间海事协商组织法律委员会1969年5月会议审议。在一些重要问题上,政府间海事协商组织法律委员会仍然存在着分歧,这些问题包括:船舶所有人应承担严格责任还是过错责任;赔偿责任是否应转嫁给船东;财务证明是否应具有强制性;赔偿的管辖权依据;等等。

政府间海事协商组织法律委员会在其公约草案中增加了争议问题的替代条款,并将其与国际海事委员会公约草案一起提交给下届国际法律会议审议。

2. 航运业和石油货主对船舶货油问题的研究及成果①

"Torrey Canyon"轮溢油事故发生后,航运业和石油公司也开始考虑应对之策。七家主要的石油公司讨论了这个问题,这些公司不仅拥有大量的石油货物,还经营着规模庞大的油轮船队。他们签订了《油轮所有人自愿承担油污损害责任的协定》(TOVALOP),并成立了国际油轮船东防污染组织(ITOPF)。

经过多次会议讨论后,1969年1月7日,各方商定了TOVALOP的详细条款。这些条款规定了油轮船东除10个有限例外情况外,原则上在一固定限额内自愿承担严格责任。赔偿责任人是油轮船东及其保险人,赔偿范围包括溢油前后采取的预防措施。然而,首版协议仅规定了赔付政府采取的措施产生的费用,并未对其他方面遭受的损失或损坏赔偿问题作出规定。该协议于1969年10月生效。

3. 1969 CLC的生效

1969年11月,布鲁塞尔举行了一次国际海洋污染损害法律会议。会议的目的是审议解决"Torrey Canyon"轮溢油事故引发的国际公法问题和国际私法问题的两个国际公约草案。此时,TOVALOP已生效。

此次会议通过了《1969年国际干预公海油污事故公约》和1969 CLC。

1969 CLC通过6年后,公约成员方数量达到了公约生效条件。1975年

---

① See Colin Delarue & Charles B. Anderson, *Shipping and the Environment*, Routledge, 2015, p. 13.

6月19日,1969 CLC生效。

1969 CLC的基本原则是,不管油轮所有人是否对油污损害有过错,除几项例外情形外,油轮所有人都应承担严格的赔偿责任。与此同时,船东也享受专用于油污损害赔偿的责任限制,责任限制金额按肇事船舶吨位计算。任何遭受损失或损害(包括因采取"预防措施"而产生的费用)的受害人都可以索赔。1969 CLC还要求船东为其在公约下的潜在赔偿责任投保,并且规定了配套的证书认证及港口国检查等制度。

尽管CLC公约与TOVALOP具有许多相似之处,但两者的法律地位和适用范围不同。作为一项自愿计划,TOVALOP适用于"特定船舶",虽然原则上适用于全世界的油污事故,但前提是船东和相关船舶加入了TOVALOP;而CLC公约作为国际公约,无论船东是否同意,只要在缔约国领土范围管辖范围内,CLC公约均适用。

4. 1969 CLC的修订①

20世纪70年代,全世界经历了高通货膨胀。在此背景下,1969 CLC规定的赔偿责任限额的实际价值下降到了不可接受的低值。1984年4月,国际海事组织在伦敦召开了国际海事组织外交会议,商议提高1969 CLC和1971 FUND的赔偿限额。经过讨论,1969 CLC的赔偿责任限制从每吨133SDR增加到每吨420 SDR,限制总额从1400万SDR提高到5970万SDR。但该议定书最终并没有生效。

5. 1992 CLC的修订②

1991年4月11日,塞浦路斯籍油轮"Haven"轮在热那亚附近停泊时起火,引发了数次爆炸。事故发生时,"Haven"轮载有的144,000吨原油中已有部分原油溢入海中,"Haven"轮断成三截后沉没。法国和意大利的里维埃拉(Rivieras)海岸遭受大范围污染。国际油污基金成员方意大利宣布国家进入紧急状态。受害人共提起约1350起与财产损害或财务损失有关的诉讼,总额约达7650亿里拉(2.94亿英镑)。此外,意大利政府还就海洋环境损害提起了约8800亿里拉(3.4亿英镑)的索赔。尽管

---

① See Colin Delarue & Charles B. Anderson, *Shipping and the Environment*, Routledge, 2015, p. 29.

② See Colin Delarue & Charles B. Anderson, *Shipping and the Environment*, Routledge, 2015, p. 71.

后一项索赔颇具争议,但其他索赔的总额是当时依据 1969 CLC 和 1971 FUND 提起的最大金额的索赔,大大超过了当时公约规定的赔偿总额。

1991 年基金大会上,许多国家都对现有的国际油污损害赔偿体系表达了强有力的支持,并强调鉴于"Haven"轮事故,为保持公约规定的赔偿限额与时俱进,应尽快出台公约议定书。会议决议请求国际海事组织秘书长召开会议,审议议定书草案。

国际海事组织于 1992 年 11 月 10 日在伦敦召开了外交会议。此次会议需要解决的主要问题是,1978 ~ 1991 年,国际油污基金支付的赔偿中,超过 32% 的资金由日本承担。日本认为,在缺少美国先前承诺的支持的情况下,提高赔偿限额给日本石油工业带来的负担不仅非常沉重,还是不公平的。妥协的结果是,在过渡期,任一国家的份额上限是 27.5% 。这一妥协使得 1984 年议定书的主要内容在 1992 议定书即 1992 CLC 和 1992 FUND 中重获确认和体现。1992 CLC 和 1992 FUND 的赔偿限额远高于 1969 CLC 和 1971 FUND。公约的赔偿总额提高到 1. 35 亿 SDR,将来可以扩展到超过 2 亿 SDR。

1992 CLC 大幅增加了船东的限额,与之相配套,1992 CLC 也对船东责任限制的相关条款进行了修改,对剥夺船东责任限制的情形进行了更为严格的规定,以使船东享受责任限制的权利更为安全。1992 CLC 将责任更有效地转移给了船东,从而规避了船舶经营人、管理人或承租人等其他方承担责任。1992 CLC 还将其适用的地域范围扩展到缔约方专属经济区遭受的污染损害;油轮空载航程中造成的污染也适用 1992 CLC。

6. 1969 CLC 和 1992 CLC 的区别

1969 CLC 和 1992 CLC 都规定了船东严格的赔偿责任,船东责任限额,以及船东强制保险制度。1992 CLC 在很大程度上取代了 1969 CLC。两者主要区别如下:

(1)1992 CLC 规定的船东责任限额高于 1969 CLC。

(2)对"纯油污威胁"的规定不同。在事故造成严重和紧迫的油污威胁的情况下,即使未发生溢油,采取避免油污损害的措施也可能产生大量费用。1969 CLC 仅适用于实际发生溢油的情况,但若相关措施成功避免溢油,1992 CLC 亦适用于此种措施费用的索赔。

(3)对"空载航程中的燃油泄漏"的规定不同。在油轮空载航程中发生燃油泄漏事故的情况下，如果受到溢油影响的国家是 1969 CLC 的缔约国，则前述油污责任可能适用 2001 BUNKER；如果受到溢油影响的国家是 1992 CLC 的缔约方，则前述油污责任适用 1992 CLC。

二、船舶货油污染损害赔偿国际法的适用范围

（一）地理范围

1969 CLC 适用于缔约方领土内的任何污染损害，包括该缔约方的领海，也适用于为防止此种损害而采取的预防措施产生的费用。1992 CLC 规定了更广泛的地理适用范围，包括缔约方宣称的专属经济区或类似地区。

（二）定义

即使船舶在 CLC 公约规定的地理范围内造成了溢油损害，但 CLC 公约也只会在其满足各种术语规定的某些标准的情况下适用。如果事故不能归因于船舶所有人，那么索赔人可能无法从船舶所有人处获得赔偿，除非该起事故能适用 CLC 公约的严格责任的规定。

CLC 公约下的“船舶所有人”“船舶”“污染损害”“事故”“油类物质”有着特殊的含义。

1.“船舶所有人”

CLC 公约下的责任人是“船东”，即“登记为船舶所有人的人，如果没有这种登记，则是指拥有该船的人”。但如果船舶为国家所有，并由在该国登记为船舶经营人的公司所经营，“船舶所有人”即指这种公司。

“人”是指任何个人或合伙人或任何公共或私营机构，而不论其是否为法人，包括国家或其任何下属单位。

根据 CLC 公约，船舶所有人除了指实际操作船舶的船舶所有人外，还包括任何登记为船舶所有人的人，包括对船舶只有被动利益的所有人，如财务出租人等。因此，通过售后回租等方式提供融资的贷款机构即使没有参与船舶的管理或运营，亦需要承担 CLC 公约下的责任。

如果污染损害是由一系列事故引起的，CLC 公约规定，责任应由此

系列事故中第一个事故发生时的船舶所有人承担。

2.“船舶”

1969 CLC 和 1992 CLC 对“船舶”的定义有所不同。1969 CLC 将“船舶”定义为“实际载运散装油类物质的任何海船和任何海上航行器”，但 1992 CLC 的“船舶”定义是“为运输散装油类货物而建造或改建的任何类型的海船和海上航行器”。

1969 CLC 和 1992 CLC 一般只适用于油轮，而不适用于干货船、客船或其他非油轮的溢油。将非油轮排除在外的一个重要原因[①]是，CLC 公约旨在与基金公约配套，基金公约规定由接收散装油类物质的国家提供补偿。出于类似的原因，在 1969 年，人们普遍认为不应由石油货主赔偿船舶燃油造成的污染损害，除非事故发生时船舶正运输油类货物。因此，1969 CLC 仅适用于“实际运输散装油类货物”的船舶。然而，1992 CLC 突破了这一限制，其将“船舶”定义拓展到包括在事故当时未载货的油轮造成的溢油事故。

CLC 公约中的“船舶”并未规定船舶的最小吨位，虽然“强制保险”仅适用于“载运 2000 吨以上散装油类货物的船舶”，但小于该吨位的船舶造成的溢油事故仍然适用 CLC 公约的规定，包括油污损害赔偿责任限制数额。

3.“污染损害”

1992 CLC 规定的“污染损害”范围包括：

（1）由于船舶泄漏或排放油类，而在船舶之外因污染而造成的灭失或损害，并包括预防措施的费用以及由于采取预防措施而造成的进一步灭失或损害。不论这种泄漏或排放发生在何处，对环境损害的赔偿，除这种损害所造成的盈利损失外，都应限于已实际采取或将采取的合理复原措施的费用。

（2）预防措施的费用和因预防措施而造成的进一步灭失或损害。

1992 CLC 虽扩大了油污赔偿的范围，增加了经济损失和环境损害的赔偿，但却对环境损害进行了限定，只限于已实际采取或将要采取的合理

---

① See Colin Delarue & Charles B. Anderson, *Shipping and the Environment*, Routledge, 2015, p. 86.

复原措施的费用。对预防措施的定义，1992 CLC 也从仅限于污染事故发生后采取的预防措施扩大到事故发生前，但必须是在“严重而紧迫”的情况下。

4. “事故”

CLC 公约规定“事故”是“造成污染损害的任何一起事件或具有同一起源的一系列事件”。1992 CLC 还规定“事故”包括“产生此种损害的严重和紧迫威胁的任何一起事件或具有同一起源的一系列事件”。

在大多数情况下，船舶溢油是海难或其他类似事故引起的直接后果，此种情况下，人们对于发生“事故”或在事故发生后采取的任何避免或减轻污染损害的措施没有争议。

然而，在某些情况下，最初的事故与溢油之间有一段时间的间隔。此种情况下就需要考虑是否在最初的事故与溢油之间存在充分的因果关系，是否溢油事故是由某种作为或不作为造成的。

5. “油类物质”

CLC 公约只适用于某些种类的石油造成的污染损害。1969 CLC 和 1992 CLC 对“油类物质”的定义大致相同，只是对于鲸油的定义略有不同。1969 CLC 对“油类物质”的定义是“任何持久性油类物质，如原油、燃料油、重柴油、润滑油和鲸油，不论是否作为货物载于船上或载于该船的燃料舱内”。1992 CLC 使用了基本一样的定义，只是省略了鲸油，并将“油类物质”限于任何持久的“碳氢矿物油”。

实践中围绕“油类物质”的定义有三个主要问题：第一，船舶所载的特定等级的油类物质是否被认为是“持久性油类物质”；第二，在装卸作业中发生溢油，或为储存而非运输目的将其储存于船上是否处于“载运”状态；第三，当其他油类物质不属于公约定义的范畴时，溢油是否构成船上货物或燃油的一部分。

三、船舶货油污染损害赔偿国际法的主要制度

船舶油污损害赔偿国际公约是海上石油运输相关各方利益平衡的产物，目的是实现对油污受害人的赔偿。在现行的国际公约体制下，船舶油污损害赔偿机制的主要制度如下。

(一)船舶所有人严格责任制度

CLC 公约下,除非属于免责情形(如战争行为、敌对行为、内战、不可抗拒的自然现象、第三方有意造成损害的行为等),否则船舶所有人对其船舶造成的任何油污损害都要承担责任。船舶所有人严格责任制度在实践中的主要意义在于,索赔人无须承担说明事故原因的责任或证明船东、船员或其他责任人过失的责任。[①]

1990 年 5 月 12 日,“Rosebay”号油轮(118,000 总吨)从波斯湾驶往鹿特丹,途中在英吉利海峡与 25 米长的拖网渔船“Dionne Marie”轮发生了碰撞。碰撞发生前,“Rosebay”号油轮的船长努力避免碰撞,两次改变航线,五次鸣汽笛。然而,拖网渔船没有改变航线,以 20 节的速度撞上了“Rosebay”号油轮,“Rosebay”号油轮 6 号货舱被撞出 1 米长的裂缝,大约有 1 吨原油泄漏。之后,为期 17 天的海上和陆上清污行动耗资超过 100 万英镑。

拖网渔船的大副在承认危害船只人员的罪行后被监禁。在审判中,他声称,碰撞发生时,他正跪着清理舰桥地毯,船舶处于自动驾驶状态。

根据 CLC 公约,由“Rosebay”号油轮船东承担溢油清理费用,但他们有权向拖网渔船所有人追偿溢油清理费用和油轮损害。然而,这些索赔在拖网渔船所有人的赔偿责任限制范围内,因为“Dionne Marie”轮的吨位很小,所以其所有人的赔偿责任也就非常小。

因此,油轮船东在 CLC 公约下承担无过错事故所造成的污染风险被认为是一种可以接受的排他性责任制度的一部分。

(二)船舶所有人责任限制制度

根据 CLC 公约,船舶所有人可以享受油污损害赔偿责任限制,这被视为是对船舶所有人不论是否有过错,都要承担严格赔偿责任的补偿。在适用 1992 CLC 的情况下,这一制度可在航运界和石油货主间根据 1992 CLC 和 1992 FUND 确定的赔偿体系分摊油污损害赔偿时起作用。

---

① See Colin Delarue & Charles B. Anderson, *Shipping and the Environment*, Routledge, 2015, p. 98.

大多数 CLC 公约成员方已经加入了 1992 FUND，即使船舶所有人享受责任限制，通常情况下，索赔人也能通过基金获得足额赔偿。1969 CLC 和 1992 CLC 规定的责任限额如表 3－1 所示。

表 3－1　1969 CLC 和 1992 CLC 规定的责任限额

1969 CLC 规定的责任限额	1992 CLC 规定的责任限额
每吨位 2000 金法郎，但总额不超过 21,000 万金法郎	对于不超过 5000 吨位单位的船舶，451 万为计算单位； 对于超过 5000 吨位单位的船舶，除第(a)项所述者外，每增加 1 吨位单位，另加 631 计算单位，但该合计数额在任何情况下都不得超过 8977 万计算单位

1969 CLC 和 1992 CLC 有关责任限制的规定反映了公约生效时国际主要责任限制公约的内容。1969 CLC 反映的是《1957 年布鲁塞尔责任限制公约》(以下简称 1957 年公约)。1984 年，1992 CLC 首次达成基本一致，其反映的是《1976 年海事索赔责任限制公约》。1957 年公约很大程度上(但不完全)被《1976 年海事索赔责任限制公约》所取代。

《1976 年海事索赔责任限制公约》相对于 1957 年公约的主要变化是：(1)大幅提高了 1957 年公约规定的责任限额；(2)简化了按吨位计算责任限额的方法；(3)大大降低了船舶所有人丧失责任限制的风险。同样，上述变化也在 1969 CLC 和 1992 CLC 中有所反映：1969 CLC 规定的责任限制金额明显较小，1992 CLC 采纳了《1976 年海事索赔责任限制公约》规定的更严格的丧失责任限制的规定。CLC 公约与相应的责任限制公约也存在重要的差异。特别是，责任限制公约适用于各种类型的海事索赔，但 CLC 公约下的责任限制基金只适用于油污损害索赔。

(三)强制保险制度

CLC 公约要求在成员方登记的载运 2000 吨以上散装油类物质的油轮的所有人取得保险或其他财务保证。这些油轮常通过加入提供海上责任保险的船东互保协会来满足 CLC 公约的要求。CLC 公约也允许其他形式的担保，“如银行或国际油污赔偿基金的担保”，但是在实践中，很少有船舶所有人采用其他形式的担保。①

CLC公约要求船舶所有人投保的责任额度等于其船舶在CLC公约下的责任限额,但大多数油轮船东投保的责任额度比CLC公约下的责任限额大得多:因为他们可能会在非CLC公约成员方,特别是美国,面临远超CLC公约责任限额的油污责任风险,即使在CLC公约成员国,船舶所有人也可能因被判有罪而被剥夺责任限制权利,从而须承担无限责任。因此,船舶所有人会按惯例投保船东互保协会提供的顶额油污责任险。从技术上讲,在CLC公约成员方注册的船舶须投保强制保险,然而,实践中,在非CLC公约成员方登记的船舶驶往公约成员国的这些船舶也需要投保。因为所有的CLC公约成员方都行使港口国检查,确保在任何地方注册的载运2000吨以上散装持久性货物的船舶在其国家海域码头或离岸设施停靠时,持有足额的保险或其他担保。

第二节　美国油污法的主要规定与适用

美国的联邦法律和州法律都对船舶油污损害作出了规定。在联邦法律一级,主要法规是OPA90。OPA90的实施并未完全废除先前的法律,较早的立法仍具有持续性。OPA90也没有抢占各个州通过各自立法解决船舶油污问题的权利。州法律规定的责任要比联邦法下产生的责任更为广泛。

一、船舶货油污染损害赔偿法的历史沿革

尽管美国主要基于普通法侵权理论来规范包括油污在内的海上事故的责任,但仍出台了一些法规专门规范船舶油污责任,如1886年的《纽约港法》、1899年的《废物法》(the Refuse Act)和《1924年油污法》等。但

① See Colin Delarue & Charles B. Anderson, *Shipping and the Environment*, Routledge, 2015, p. 125.

是,上述法律主要涉及刑罚,对于民事赔偿方面的规定很有限。

《1924 年油污法》第一次规定了在美国各州通航水域造成船舶溢油事故的责任人须承担的具体法律责任。

1948 年,美国国会通过了第一部《联邦水污染控制法》(Federal Water Pollution Control Act,FWPCA)。该法的目的是“提高水资源的质量和价值,并建立预防、控制和保护水资源的国家政策,减少水污染”,主要重点是加强州和地方的水污染预防计划。1952 年和 1961 年,美国联邦政府进一步修订了《联邦水污染控制法》,随后还出台了《1965 年水质法》(the Water Quality Act of 1965),增强了联邦政府在确定水质标准中的作用。但这些法律都没有专门对船舶污染作出规定。

《1966 年清洁水恢复法案》(the Clean Water Restoration Act of 1966)修正了《1924 年油污法》,并首次规定了清污费用的民事责任。该法案规定,非法向美国通航水域或毗连的海岸线排放油类物质的责任人应清除油污,否则内政部长有权强制清污,并要求责任人支付费用。

“Torrey Canyon”轮油污事故发生后,美国国会批准了《1969 年国际干预公海油污事故公约》,该公约授权沿海国当在其领海以外发生的油污事故产生油污损害威胁时可以采取预防措施。

然而,尽管美国参加了通过 CLC 公约和 FUND 公约的外交会议并签署了公约,但美国参议院拒绝批准公约,而是更倾向于“独自行动”。虽然经常有人说,美国是由于责任限额太低而拒绝批准这些公约,但其他一些因素在美国决定采取单方面行动中也起着重要作用。首先,人们认为油污问题太迫切,以至于等不及国际公约的制定。尽管美国海运业已努力请求在国际公约通过前推迟国内新立法的听证,但美国国务院拒绝支持任何推迟请求。其次,鉴于美国强劲的经济实力,人们普遍认为美国可以独立行动,制订溢油法。最后,接受国际公约可能阻碍各州在其管辖范围内制订规范本州溢油责任和赔偿的法律。这种担忧源于各州在联邦体系内维持自治的需要,其根深蒂固的信念是,各州最有资格确定在环境问题上保护其公民的最有效方法。

1969 年 1 月 28 日,“Torrey Canyon”轮油污事故发生不到 2 年,一石油钻井平台的一次井喷使得 23 万加仑的原油在加利福尼亚的圣塔芭芭拉海峡泄露。从 1969 年 1 月 28 日至 2 月 7 日,控制溢油的努力仅取得了部分成功，日漏油量为21,000加仑/天。溢油事故发生后前4个月，有近4000只鸟因油污而死亡，不仅本地旅游业受到了打击，海滩和一些财产也遭受了污染。

美国国会随后通过了数个《联邦水污染控制法》修正案。1970生效的《联邦水质改善法》(Water Quality Improvement Act of 1970, WQIA)废除了《1924年油污法》，该法是一部禁止向美国水域排放油类物质的全国性法律。该法建立的责任制度框架也为美国后续油污相关法律提供了样板。

此后，美国又通过了《联邦水污染控制法1972年修正案》，规范了土地使用规划，废弃物处置技术，工程许可等事项。但该修正案几乎没有对海洋污染责任领域进行实质性更改，唯一的重大变化是将有害物质纳入现有的溢油法律体系。

随后，1977年的《清洁水法》(CWA)将海船每注册总吨的责任限制和财务责任从100美元提高到150美元，取消了《联邦水质改善法》规定的1400万美元的责任限额，并规定了清污费用的最低责任限额为25万美元。

美国各州也制订了州法律规范油污责任。最早颁布此类法律的州包括缅因州、加利福尼亚州和佛罗里达州，几乎所有其他沿海州都紧随其后。绝大多数的州法律都规定了溢油船应承担绝对责任或严格责任，且不享有责任限制。

在OPA90颁布之前，美国油污责任和赔偿问题至少受四个单独法规的约束。经修订的《联邦水污染控制法》虽然规定了联邦政府支出的清污费用及其遭受的损害可以获得赔偿，但未涉及私人遭受损害的赔偿问题。其他三项法规，《1978年外大陆架法》修正案，《阿拉斯加管道授权法》和《深水港法》分别涉及美国特定地理区域或特定活动框架内的油污损害责任及赔偿问题。每项法规都对责任人或索赔人作出了不同的定义，且都独立规定了赔偿责任限制，设立了独立的赔偿基金。这些法律中的空白领域由海事一般法和州普通法以及《1851年船东责任限制法》来填补。十多年来，美国学者、政治家、法学家和外交官一直就如何改革这个不一致且不完善的法律制度开展辩论，长达15年的立法僵局在1989年3月24日“埃克森·瓦尔迪兹”轮溢油事故发生后才被打破。

二、船舶货油污染损害赔偿法的适用范围

(一)适用的油类范围

OPA90 将原油和石油产品都包括在其调整范围内。其对“油”的定义是:“任何种类或形态的油,包括但不限于石油、燃油、油泥、油渣以及除疏浚物之外的与废物相混合的油,但不包括《综合环境反应、赔偿和责任法》第 101(14)条(A)至(F)小段具体列举或指定为有害物质并受该法约束的石油(包括原油或其馏出物)。”(前述《综合环境反应、赔偿和责任法》条款规定的有害物质包括苯、石油脑、汽油清净剂、柴油、四乙醇、甲苯等)

适用 OPA90 的“油”包括船舶溢出的石油,而无论其是作为货物的持久性油类物质还是非持久性油类物质,以及船舶燃料舱所载的燃油、油渣、废油和石油混合物。

(二)适用的事故范围

“事故”是指“涉及一艘或多艘船舶、设施或其任何组合体的引起漏油或重大漏油威胁的任何事件或同一起源的一系列事件”。

从上述规定可以看出,OPA90 中的“事故”范围不仅包括实际溢油的情况,还包括尚未发生溢油但可能造成重大溢油威胁的情况,其有利于在溢油实际发生前采取措施控制溢油发生,尽可能降低损失。

在对“漏油”的定义中,OPA90 不考虑责任方的主观因素,明确“故意或无意的任何排放(自然渗漏的除外),包括但不限于溢出、逸出、泵出、倒出、释出、流出和倾倒”。但其对于能够向美国油污基金提起的索赔有特殊的规定,即如果事故的发生是由于责任方或者第三方的故意或者不当行为造成的,那么存在主观过错的责任方、第三方不得向美国油污基金申请赔偿或者补偿。

(三)适用的地理范围

OPA90 规定,“尽管有其他法律条款或规则,但是根据本条规定,向

可通航水域或相邻岸线或专属经济区水中或水面排油或造成重大排油威胁的船舶或设施的责任方,应为该事故引起的清污费用和损害负赔偿责任”。

从上述规定可以看出,OPA90 适用的地理范围包括美国可航水域、邻近岸线和专属经济区。参议院报告还明确“法案适用于《联邦水污染控制法》第 311 条所适用的所有水域和资源,包括美国内陆水域、外大陆架和近海 200 英里海域的有生命和无生命资源”。①

相对于国际公约的规定,OPA90 对油污受害人权益的保护更为周全,其实际上包括了美国海洋、海岸和内陆水域在内的所有美国领域内的地表水。此外,其对损害采取结果地的观点是,即使事故未发生在水域,但如果溢油后续污染了美国水域,那么责任人也要对污染水域的损害承担赔偿责任。

(四)适用的“船舶”和“设施”范围

OPA90 所调整的污染源对象是“船舶或设施”,具体来说:

“设施”是指“用于一个或数个以下目的的任何结构、结构组、设备或装置(船舶除外):石油的勘探、钻探、生产、储存、装卸、转运、加工或运输。包括用于一个或数个此类目的的技工车辆、铁路车辆或管道”。

“船舶”是指“任何用来或可以用来从事水上运输的水上船只或其他机械装置,但不包括美国联邦、州或外国所有或光船租赁和经营的公共船舶,从事商业活动的除外”。

由此看来,OPA90 规范的不仅是船舶的溢油(公共船舶除外),还包括各种与石油生产储运相关的设施的溢油。

(五)适用的“污染损害”范围

OPA90 将可以获得赔偿的损害分为“清污费用”和“损害”两大类。“清污费用”是指各级政府部门或根据州法律所付出的一切清污费用以及任何人为其采取的符合国家应急计划的行动所付出的任何清污费用。“损害”是指自然资源的损害、毁灭、损失或使用损失,包括:评估损害的

① 参见徐国平:《船舶油污损害赔偿法律制度研究》,北京大学出版社 2006 年版,第 40 页。

合理费用;不动产或个人财产的损害,或者不动产或个人财产毁灭造成的经济损失;作为维生之道的自然资源损失;由于不动产、个人财产或自然资源损害或毁灭,税收、矿区使用费、服务费、租金或利益份额的净损失;由于不动产、个人财产或自然资源的损害、毁灭或损失造成的利润损失;清污期间或之后为提供清除油污引起的新增或额外的公共服务费用(包括防火、安全或防止发生健康危害)的净费用损害。

三、船舶货油污染损害赔偿法的主要制度

(一)船舶油污损害民事主体制度

OPA90 按照溢油来源的不同对其责任人做出了细致的分类:就船舶而言,指拥有、经营或光船租赁该船的任何人;就岸上设施而言,一般是指拥有或经营该设施的任何人;就近岸设施而言,一般是指设施所在区域的承租人或持照人;就深水港口而言,指许可证接收人;就管道而言,指拥有或经营管道的任何人;就弃置的船舶或上述设施而言,指作为船舶或设施被弃置之前的最后负责的人。

总而言之,OPA90 规定的责任方是实际管理和控制该船舶或设施的人员。就船舶而言,责任方是指船舶所有人、船舶经营人或光船租赁人。责任方的形式可能是个人、公司、合伙、社团或政府机构。

一般而言,船舶所有人和光船租赁人相对比较固定,也容易通过船舶文书确认,但船舶经营人的变更可能会比较频繁。OPA90 将船舶所有人、船舶经营人和光船租赁人作为民事责任人,与 1969 CLC 仅把船舶所有人作为民事责任人相比,OPA90 更能促使实际从事船舶经营活动、管理船舶和船员的船舶经营人和光船租赁人采取措施防范油污风险。

除上述一般规定外,OPA90 还规定:“如果船舶所有人、经营人和光船租赁人证实排放或排放威胁以及引起的清污费用和损害完全由于第三方的行为或不为(或完全是这种行为或不为结合了天灾或战争行为所致的),该第三方应被视为民事责任人。”在这种情况下,该船舶所有人、经营人或光船租赁人应先向索赔人支付清污费用和损害赔偿,然后代位取得索赔者的权利,从第三方或美国油污基金处取得补偿。但前述作为民

事责任人的第三方不包括溢油船舶所有人、经营人或光船租赁人的雇员或代理人,也不包括与前述船舶所有人、经营人或光船租赁人有合同关系的人员。①

这一制度设计不仅避免了因第三方偿付能力不足而使得油污受害人不能获得赔偿的情形,而且通常而言,对于索赔人来说,找到肇事船舶的所有人、经营人或光船租赁人比找到实际造成油污的第三人更容易,从而尽最大可能保护索赔人利益,也使得赔偿体制更为稳定。

(二)民事责任人强制保险制度

OPA90 对民事责任人规定了较严格的赔偿义务。为确保民事责任人的赔付能力充足稳定,同时避免油污损害赔付过多影响其正常运营活动,OPA90 要求在美国管辖的任何水域航行的任何 300 总吨以上的船舶(不运载货油或使用燃油的非自航船除外)以及使用专属经济区水域转运或驳运油类到美国境内的任何船舶,须按照美国海岸警卫队的规定,建立并保有财务责任能力证书,以保证能够在该法规定的责任限额内赔付船舶造成的溢油损害。财务保证的形式可以是保险、担保合同、保证、信用证、自保以及其他财务责任保证等。从实践来看,财务能力保证大多采取保险的形式。

按照 OPA90 的规定,保险人或其他保证人向民事责任人提供了财务责任保证后就成为了保证人,索赔人有权直接向他索赔。

(三)油污赔偿责任限制制度

OPA90 规定,责任人的损害赔偿责任以及其就每起事故造成的或在其名下的任何清污费用的总额应不超过:

(1)3000 总吨以下液货船,每总吨 1200 美元或总数的 200 万美元之取大者;

(2)3000 总吨以上液货船,每总吨 1200 美元或总数为 1000 万美元之取大者;

(3)液货船以外的其他船舶,每总吨 600 美元或总数为 50 万美元之

---

①　参见徐国平:《船舶油污损害赔偿法律制度研究》,北京大学出版社 2006 年版,第 46 页。

取大者;

(4)岸上石油设施的最高责任限制为3.5亿美元;

(5)海上石油设施的最高责任限制为所有实际产生的清污费再加上7500万美元。

上述责任限制范围不包括利息,责任人的利息将在责任范围外支付,这将对责任人造成额外的负担。

根据消费物价指数,上述金额最少每三年调整一次。2022年12月23日,美国海岸警卫队调整了OPA90的赔偿责任限额,见表3-2。该限额自2023年3月23日起生效。①

表3-2　2022年的OPA90的赔偿责任限额

<table>
<tr><th colspan="3">船型</th><th>责任限额</th></tr>
<tr><td colspan="3">非油轮</td><td>每总吨1300美元或总额1,076,000美元,以高者为准</td></tr>
<tr><td rowspan="4">油轮</td><td rowspan="2">单壳油轮</td><td>小于3000登记总吨</td><td>每总吨4000美元或总额8,070,400美元,以高者为准</td></tr>
<tr><td>大于3000登记总吨</td><td>每总吨4000美元或总额29,591,300美元,以高者为准</td></tr>
<tr><td rowspan="2">双壳油轮</td><td>小于3000登记总吨</td><td>每总吨2500美元或总额5,380,300美元,以高者为准</td></tr>
<tr><td>大于3000登记总吨</td><td>每总吨2500美元或总额21,521,300美元,以高者为准</td></tr>
</table>

从上述规定可以看出,OPA90对油污赔偿责任设立了专门的责任限额。其责任限额远远高于现有的1992 CLC和2001 BUNKER的责任限额。其还规定了责任限制金额根据物价消费指数进行调整,有效避免了通货膨胀的影响,从资金来源上保障了油污受害人能够获得合理赔偿。OPA90还明确允许各州可以规定额外责任或要求。

---

① United States Coast Guard, *United States Coast Guard*:"*Consumer Price Index Adjustments of Oil Pollution Act of* 1990 *Limits of Liability—Vessels, Deepwater Ports and Onshore Facilities*", government (Dec. 23, 2022), https://www.regulations.gov/document/USCG-2022-0252-0001.

美国允许各州为本州利益对溢油损害进行立法，对责任方科以比OPA90更重的责任。在国会通过OPA90时，美国有24个州有污染损害赔偿法律，其中有17个州设立了无责任限制的法律。这些地方立法的实质是保护受害人的利益，受害人可以据此提出无责任限制的索赔。[①] 虽然油污事故责任人可以根据OPA90享受责任限制，但该责任人仍可能因事故相关州的法律规定面临额外的索赔。

第三节　我国相关法律的主要规定与适用

一、我国船舶货油污染损害赔偿法律的历史沿革

（一）我国加入的相关国际公约

我国于1980年1月30日加入了1969 CLC，于1999年1月5日加入了1992 CLC，该公约于2000年1月5日对我国生效。

（二）国内相关法律法规和规章发展

近年来，我国积极加强法制建设，陆续制定了一系列与船舶污染有关的法律、行政法规和部门规章，但我国关于船舶油污损害赔偿方面的法律法规分布较为零散，尚没有一部专门的油污损害赔偿方面的民事法律来全面解决船舶油污损害赔偿问题。我国关于船舶油污损害赔偿方面的法律规定和法律适用存在我国加入的前述国际条约与诸多国内法并存适用的局面。与船舶污染损害赔偿有关的法律法规主要集中在《民法典》《海商法》《海洋环境保护法》《防治船舶污染海洋环境管理条例》中；部门规章和规范性文件有《船舶油污损害民事责任保险实施办法》《船舶油污损害赔偿基金征收使用管理办法》等。《船舶油污损害赔偿规定》规范了我国油污损害赔偿纠纷的司法审判实践。

综合上述规定，我国船舶货油污染损害赔偿法律制度主要包括：首

---

① 参见张春昌：《水污染责任法与损害评估》，上海浦江教育出版社2021年版，第145页。

先，船舶油污事故原则上由责任人承担，即泄漏油船舶所有人承担油污损害赔偿责任；其次，实行船舶油污强制责任保险或者财务保证制度，由船舶所有人的油污责任保险人或者财务保证人替代承担油污损害赔偿责任；最后，按照船舶油污损害赔偿责任由船东和货主共同承担风险的原则，建立船舶油污损害赔偿基金，由国家法律和行政法规强制规定接收海运持久性油类货物的货物所有人或者代理人按照接受油类的吨数和规定费率摊款，对因船舶造成的油污损害予以补偿。①

二、我国船舶货油污染损害赔偿法律的适用范围

（一）油污责任

《民法典》、《海洋环境保护法》、CLC 公约均规定了环境污染损害的无过错责任原则，仅在免责、减责事由上略有不同。

关于两艘以上船舶同时泄漏油类如何承担责任的问题。《船舶油污损害赔偿规定》参照 CLC 公约第 4 条的规定，区分污染损害能合理分开与不能合理分开的两种情况，并强调对两船以上造成的油污损害，应尽可能合理分开各自造成的损害，只有在不能合理分开时，才明确规定由各有关船舶所有人对污染损害承担连带责任，同时也对各泄漏油船舶的所有人承担连带责任后的责任划分与追偿作出规定。

CLC 公约仅规定了泄漏油船舶的所有人的责任，不涉及第三人的责任。我国《船舶油污损害赔偿规定》则明确规定了油污受损害人对泄漏油船舶所有人的请求权，按照油污损害无过错责任原则，油污受损害人可以请求泄漏油船舶的所有人承担全部油污损害赔偿责任。

（二）地域范围

《船舶油污损害赔偿规定》调整的地域范围为“中华人民共和国领域和管辖的其他海域”，其中“领域”包括领土、领空。在国际法上，领土包括陆地领土、内水和领海；“管辖的其他海域”包括毗连区、专属经济区、

① 参见刘寿杰、余晓汉：《〈关于审理船舶油污损害赔偿纠纷案件若干问题的规定〉的理解与适用》，载《人民司法》2011 年第 17 期。

大陆架等。而 CLC 公约调整的区域是缔约方领土(包括领海)和专属经济区。相比之下,我国《船舶油污损害赔偿规定》调整的地域范围要宽于 CLC 公约。

(三)船舶

《船舶油污损害赔偿规定》明确规定了"船舶"是指非用于军事或者政府公务的海船和其他海上移动式装置,包括航行国际航线和国内航线的油轮和非油轮。"油轮"是指为运输散装持久性货油而建造或者改建的船舶,实际装载散装持久性货油的其他船舶,与 CLC 公约规定的"船舶"概念一致。

(四)油类范围

《船舶油污损害赔偿规定》所适用的油类仅限于 CLC 公约、2001 BUNKER 规定的三种烃类矿物油类及其残余物,即(1)油轮装载的持久性油类,包括持久性货油和持久性燃油;(2)油轮装载的非持久性燃油;(3)非油轮装载的燃油,即持久性燃油和非持久性燃油。其中,第(1)种油类是 CLC 公约规定的油类。

(五)关于船舶油污事故的界定

《船舶油污损害赔偿规定》界定的船舶油污事故与 1992 CLC 的相关定义一致,包括两类事故:(1)船舶泄漏油类造成污染损害;(2)船舶虽未泄漏油类但已形成严重和紧迫的油污损害威胁的事故,如船舶沉没后虽然暂时没有泄漏油类,但油舱的油类有渗漏危险。应当说明的是,这两类事故既包括发生在我国领域和管辖的其他海域之内的油污事故,又包括虽是发生在我国领域和管辖的其他海域之外的油污事故,但造成了我国领域和管辖的其他海域污染,或者油污事故对我国海域和管辖的其他海域造成严重和紧迫的油污损害威胁。

(六)赔偿范围

《船舶油污损害赔偿规定》第 9 条规定了船舶油污损害赔偿范围,包括:

1. 为防止或者减轻船舶油污损害采取预防措施所发生的费用，以及预防措施造成的进一步灭失或者损害；

2. 船舶油污事故造成该船舶之外的财产损害，以及由此引起的收入损失；

3. 因油污造成环境损害所引起的收入损失；

4. 对受污染的环境已采取或将要采取合理恢复措施的费用。

关于清污等预防措施的费用及损失。在全球船舶油污损害赔偿实践中，清污费用所占比例一直是最高的，也是油污损害赔偿的主要内容之一。《船舶油污损害赔偿规定》结合我国预防油污的实践，借鉴 1992 年国际油污基金组织通过的《1992 年国际油污赔偿基金索赔手册》（以下简称《索赔手册》）（2019 年版）及其国际赔偿实践，规定了划分救助措施费用与预防措施费用的"初始目的（primary purpose）"和"双重目的（dual purpose）"标准。

关于有形财产损害。船舶、渔具、养殖设施等财产受污染是常见的污染损害类型。依照侵权损害赔偿的基本原则，结合国际油污赔偿实践，《船舶油污损害赔偿规定》对清洗、修复、更换受污染财产的合理费用作出了规定，并进一步规定了受污染财产"以新换旧"的条件及其合理扣减的标准。

关于间接经济损失。受损害人因其财产遭受污染不能正常生产所遭受的收入损失属于间接经济损失。常见的情况是，渔船、渔网等渔具、养殖设施受污染后需要一段时间进行清洗、修复或更换，在此期间财产不能正常投入生产，按照一般侵权损害赔偿的原则以及国际油污损害赔偿实践，对这些间接损失的赔偿请求，应予以合理支持，难点在于结合具体案件适当认定"合理期间"。

关于纯经济损失。1992 CLC 规定的环境损害赔偿包括两大项：因环境污染所遭受的利润损失、环境恢复费用。"利润损失"即系单纯因环境污染所遭受的收入损失，不依赖物的损坏而发生，理论上称为纯经济损失。国际上对油污侵权引起的纯经济损失的索赔倾向予以限制。

关于自然资源等环境损害。1992 CLC 规定，对环境损害的赔偿，应限于已实际采取或将要采取的合理恢复措施的费用。

关于收入损失的认定。《船舶油污损害赔偿规定》借鉴 1992 年国际油污基金组织《索赔手册》的相关规定和我国法院处理船舶碰撞等海事案件中认定收入损失的经验,对间接经济损失和纯经济损失中的两类收入损失及其替代费用的认定标准作出了规定。

三、我国船舶货油污染损害赔偿法律的主要制度

(一)船舶货油油污强制保险制度

与国际社会相比,我国船舶油污强制责任保险实施的时间较晚,船舶油污强制责任保险的立法包括国际公约与国内法两个方面,具体情况如下。

1. 立法情况

国际公约包括 1992 CLC;国内法律则包括《海洋环境保护法》、《海商法》及《保险法》等。

2010 年 10 月 1 日,交通运输部颁布《船舶油污损害民事责任保险实施办法》,对船舶油污强制保险进行了进一步细化,规定"在中华人民共和国管辖海域内航行的载运油类物质的船舶……其所有人应当按照本办法的规定投保船舶油污损害民事责任保险或者取得相应的财务担保"。

2. 承保主体

承担船舶油污损害民事责任保险的主体包括商业性保险机构和互助性保险机构。商业性保险机构为我国境内成立的保险公司;互助性保险机构为船东保赔协会,如国际保赔协会集团的成员协会及中国船东互保协会等。

3. 投保主体

根据《防治船舶污染海洋环境管理条例》的规定,船舶所有人为责任主体,适用的船舶类型包括所有油船。

《防治船舶污染海洋环境管理条例》还规定,船舶所有人在投保后还需办理保险证书。保险人在签发船舶油污责任保险保单的同时,还会签发一份保险证明。船舶所有人凭保单和保险证明及有关的船舶证书到船籍港主管机关申办相应的保险证书,以证明该保险确实有效。不同

类型的船舶,其船舶所有人相应应配备的油污损害民事责任保险证书如表3－3所示。

表3－3　船舶所有人相应应配备的油污损害民事责任保险证书

载运物质	吨位	国籍及航区		
		中国籍沿海运输船舶	中国籍国际航行船舶	外国籍船舶
载运持久性油类物质	所有船舶	《油污损害民事责任保险证书》	《油污损害民事责任保险证书》	载运2000吨及以上的,应持有《油污损害民事责任保险证书》
载运非持久性油类物质	1000总吨以上	《燃油保险证书》和《非持久性油类物质污染证书》(保险额度减半)	《燃油保险证书》和《非持久性油类物质污染证书》	《燃油保险证书》和非持久性油类污染民事责任保险单证或其他财务保证证明
	1000总吨以下	《非持久性油类物质污染证书》(保险额度减半)	《非持久性油类物质污染证书》	非持久性油类污染民事责任保险单证或其他财务保证证明

4. 保险额度

国际公约及国内法律法规对船舶所有人投保的油污保险限额均有规定。保险额度一般与船舶所有人的法定责任限额一致,如低于法定责任限额可能会得不到充足保障。我国《防治船舶污染海洋环境管理条例》对需投保的保险的额度进行了原则性规定,具体额度规定如下:

(1)载运持久性油类物质的船舶:赔偿限额依照我国缔结或者参加的有关国际条约的规定执行,也就是按照1992 CLC规定的限额执行。1992 CLC设定的责任限额较高,最低为451万SDR,最高不超过8977万SDR。

(2)载运非持久性油类物质的船舶:适用我国《海商法》的规定。

根据上述分析可知,我国把1000总吨以下载运非持久性油类物质的船舶和载运2000吨以下持久性油类物质的船舶也纳入强制保险的范畴,适用的船舶范围也比公约的规定要宽泛得多。

(二)赔偿责任限额制度

目前,我国对船舶油污损害赔偿责任限制制度采用的是二元立法体制。[①]《防治船舶污染海洋环境管理条例》第50条第1款规定,“船舶污染事故的赔偿限额依照《中华人民共和国海商法》关于海事赔偿责任限制的规定执行。但是,船舶载运的散装持久性油类物质造成中华人民共和国管辖海域污染的,赔偿限额依照中华人民共和国缔结或者参加的有关国际条约的规定执行”。《船舶油污损害赔偿规定》第5条明确“油轮装载的持久性油类造成油污损害的,应依照《防治船舶污染海洋环境管理条例》《1992年国际油污损害民事责任公约》的规定确定赔偿限额。油轮装载的非持久性燃油或者非油轮装载的燃油造成油污损害的,应依照海商法关于海事赔偿责任限制的规定确定赔偿限额”。综上所述,油轮装载的持久性油类责任限额需要适用1992 CLC的规定。

1. 责任限制主体

1992 CLC规定了船舶所有人的无过错责任原则,且“船舶所有人”仅限于船舶登记所有人或者实际所有人。

2. 责任限额

1992 CLC第5条对责任限额作出如下规定:

(1)不超过5000吨位单位的船舶,为451万计算单位;

(2)超过5000吨位单位的船舶,除上述金额外,每增加1吨位单位,另加631计算单位。但该合计数额在任何情况下都不得超过8977万计算单位。

3. 赔偿责任权利的丧失

丧失限制责任权利的情形,指责任主体不得援引责任限制的法律规定限制其赔偿责任的情形。1992 CLC第5条第2款规定了船舶所有人丧失责任限制权利的情形:经证明,油污损害是由于船舶所有人的故意或者明知可能造成此种损害而轻率地作为或者不作为造成的。其强调只有故意或者轻率行为所欲造成的损害与实际发生的损害为同一损害时,船

---

① 参见王玫黎:《中国船舶油污损害赔偿法律制度研究》,中国法制出版社2008年版,第145页。

舶所有人才丧失责任限制权利。

4. 船舶油污损害责任保险人或者财务保证人的抗辩

1992 CLC 规定了油污受损害人可以直接请求船舶油污责任保险人或者财务保证人赔偿,即油污受损害人直诉油污责任保险人或者财务保证人的,油污责任保险人或者财务保证人作为被告可以援引被保险人(船舶所有人)对受损害人的抗辩,但不得援引其对船舶所有人的抗辩,即不得以其与船舶所有人之间的特别约定来对抗油污受损害人。

我国《海事诉讼特别程序法》第 97 条以及最高人民法院《关于适用〈中华人民共和国海事诉讼特别程序法〉若干问题的解释》第 69 条对油污受损害人直诉船舶油污责任保险人或者财务保证人作出了相应的程序性规定。我国法律明确规定受损害人可以直诉责任保险人,但对责任保险人的抗辩却没有作出明确规定。

总之,油污责任保险人或者财务保证人的抗辩仅限于以下三项:(1)船舶所有人对油污受损害人的免责、减责抗辩,如不可抗力、完全第三人故意、完全助航机构的疏忽、完全或部分受损害人过错等;(2)对船舶所有人故意的免责抗辩;(3)任何情况下的责任限制抗辩。除此之外,油污责任保险人或者财务保证人不得对油污受损害人主张其他抗辩,包括油污责任保险人或者财务保证人对船舶所有人除故意以外的抗辩。

5. 责任限制基金的设立

1992 CLC 第 5 条第 4 款规定,所有油污损害应同等按比例从油污损害赔偿责任限制基金中受偿。

第四章　船舶货油污染损害赔偿法——货主责任

第一节　船舶货油污染损害赔偿的国际法

一、船舶货油污染损害赔偿的历史沿革

在早期的海上石油运输中,货油方自备普通干货船并采取桶装方式进行运输,货油方同时也是船东,其对于造成的油污损害承担全部责任。由于当时海上石油运输的规模较小,不会造成很大的油污损害,因此货油方的责任并未引起广泛的关注与重视。随着海上石油运输规模的不断扩大和航海技术的进步,大型油轮开始出现,并且朝着巨型化、专业化的方向发展,货油方开始租用油轮,货主与船东二者的身份得以分离。①

1967 年 3 月,载运 12 万吨石油的“Torrey Canyon”油轮在靠近英国海岸的 Scilly Isles 附近搁浅,大约 8 万吨石油溢出,这起事故激发了油污损害赔偿法制的全面变革。由于“Torrey Canyon”事故,1967 年 4 月,英国代表团向 IMCO(政府间海事协商组织)建议就油污损害责任法律进行变革,政府间海事协商组织理事会接受了该建议,同意开展研究。各成员经讨论一致认为有必要达成油污损

---

①　参见吴煦、韩立新:《内河航运赔偿责任限制的产生、发展和构建》,载《中国海商法研究》2012 年第 1 期。

害的统一性的国际规则,以避免各国各行其是,船东、货主和保险人在不同的国家遭受不同的法律待遇。其中一个议题就是关于船舶所有人、经营人或者货主对油污损害承担连带或者非连带责任的问题。船舶所有人应当承担污染赔偿责任是毋庸置疑的,1969 CLC 确立了船舶所有人承担严格责任的赔偿制度,这样做的目的是确保船舶所有人在石油运输过程中付诸最大限度的谨慎。1992 CLC 继续沿用了该制度,并且提高了船东责任限额,其中第 3 条第 1 款规定,"除本条第 2 款和第 3 款另有规定外,在事故发生时,或在事故是由一系列事件构成的情况下,第一起事件发生时的船东,应当对由其船员引起的作为事故结果的污染损害承担责任"。

但是,1992 CLC 未就货油方的油污责任进行规定,传统的观点认为货油方只进行石油进口的贸易行为,本身并没有任何船舶油污损害的侵权行为,要求其承担侵权赔偿责任于法无据。首先,根据一般侵权法理论,在海上石油运输途中发生船舶油污泄漏事故的,其船舶所有人是侵权行为人,负有对受害人的赔偿责任,货油方也可能因为货物灭失而对船舶所有人享有索赔权。但造成污染的真正原因并不是船舶所有人的船舶,而是船舶所运载的石油,没有货油方买卖石油的行为,也就没有石油的海上运输行为,船舶溢油的事故也就不会发生。因此,货油方作为海上石油运输的最大和最直接的受益者,要求他们承担船舶油污造成的损害的赔偿责任并不违反国际社会认同的环境法"受益者付费"原则。其次,侵权法的功能之一是弥补因侵权行为遭受损失的受害人的损失,船舶油污事故通常会造成巨大的损失,依据相关的国际公约和国内立法,船舶所有人仅是对损失进行限额赔偿,受害人往往不能够得到足额赔偿,这样的结果会对受害人今后的生产和生活造成较大影响。

为了解决船舶所有人因享有责任限额而不能充分赔偿的问题,《基金公约》设立了"国际油污赔偿基金",要求货油方缴纳摊款,用于对油污受害人根据 1992 CLC 无法获得赔偿的部分进行补充赔偿。可见,在民事侵权行为人之外,向货油方按进口石油的数量征收摊款并设立国际油污赔偿基金,在船舶溢油事故的受害人不能得到侵权行为人的足额赔偿时,由国际油污赔偿基金承担第二重赔偿责任,是一种风险分担的方式。这种方式不仅能够使船舶油污的受害人得到完全赔偿,还能够利用这种责任分担的方式,及时进行船舶油污清理工作,减小和预防溢油事件造成的损害，这也是立法者所期望达到的社会效果。

1992 CLC 和《基金公约》所确立的赔偿体系是国际航运界最为成功的赔偿体系之一，现有的赔偿机制在船东利益和石油货主利益之间实现了公平的平衡。① 随着公约的不断发展，赔偿责任限制的大幅提高，其对受害者的保障已经大大地加强了。在国际油污赔偿基金制度建立以后，货油方通过缴纳石油摊款或缴纳环境税费等的方式来预先承担将来可能发生的赔偿责任。但是，值得注意的是，不论以何种方式来承担责任，货油方都不会成为个案中的直接责任主体。

二、船舶货油污染损害赔偿国际法的适用范围

船舶货油污染损害赔偿的国际法主要是《基金公约》和 1992 CLC，两个公约对船舶散装运输持久性油类导致的污染损害赔偿作出了具体的规定，下文将从公约适用的船舶种类、地理范围、赔偿范围等方面展开介绍。

（一）船舶种类

《基金公约》所适用的船舶种类和 1992 CLC 的规定一致，船舶为"实际载运散装油类货物的任何类型的远洋船舶和海上船只"。公约特别强调"散装油品"，意在排除桶装、罐装油品的运输船舶。同时，这里的油轮是指把油类作为货物进行散装运输的油轮，即一般的满载油轮，不包括压载过程中的油轮和空载油轮。

此外，1969 CLC 第 11 条第 1 款规定其不适用于军舰、内河船、国有的公务船舶、输油管道、平台、内湖船和海上石油装置。1992 CLC 和 1992 FUND 所适用的"船舶"同 1969 CLC 和 1971 FUND 并没有过多的差别。但是，1992 CLC 相对于 1969 CLC 来说，扩大了船舶的适用范围，即包括了油轮和实际运输油类作为货物的任何类型的船舶，囊括了所有能够运输散装油类的船舶，在此之前，这两类原本不适用压载或者空载航行的

---

① Masamichi Hasebe (Legal Counsel of the International Oil Pollution Compensation Funds 1971 and 1992), *The Recent Developments of the International Liability and Compensation Regime: The Supplementary Fund and the Possible Review of the 92 Conventions*, www. pcs. gr. jp/doc/esymposium/2004/2004_Hasebe_E. pdf.

船舶。

(二)油品种类

1969 CLC 规定船舶所运输的油类物质为“持久性油类”，如原油、燃料油、重柴油、润滑油及鲸油。同时，这些油类物质不论是作为货物还是作为燃料，都属于公约所规定的油类物质。1992 CLC 将船舶所运输的油类物质进一步限定为“持久性烃类矿物油”，并在相关的列举中排除了“鲸油”，从而与 1971 FUND 及 1992 FUND 中所规定的“原油、燃料油”保持一致。

1992 CLC 和《基金公约》都对船舶油污损害赔偿的适用油类做了持久性与否的区分，其主要原因在于持久性油类和非持久性油类对海洋环境产生的污染和损害结果存在较大差异。在国际石油海洋运输中，大约百分之八十的货物是原油这样一种持久性石油，这种油类货物从船舶溢出后很难自然分解、挥发或减少，会对海洋环境造成相对较为广泛的污染且难以恢复。而非持久性油类因其易挥发的特点，对海洋环境造成的污染和损害相对较小，即使存在不能挥发、散去的情况，其产生的危害也在海洋的自净能力可承受范围之内，因而不会产生像持久性油类那样灾难性的损害后果。因此，两大公约根据油类的特性以及油类对海洋环境的破坏程度对适用油类进行了区分，在具有针对性和可操作性的前提下，上述公约中规定其适用油类主要是持久性油类。

(三)地理范围

《基金公约》适用的地理范围和 1992 CLC 的规定一致。1969 CLC 适用的地理范围仅包括缔约国领土与领海，与船东国籍及油轮的船旗国无关。1992 CLC 在适用的地理区域方面有所扩大，其第 2 条规定：“公约适用的地理范围还包括专属经济区或自一国领海宽度的基线算起，外延不超过 200 海里的区域。”按照 1992 CLC 第 2 条的规定，其适用于在下列区域内造成的污染损害：(1)缔约方的领土，包括领海；(2)缔约方按照国际法设立的专属经济区；(3)如果缔约方未设立此种区域，则为该国按照国际法确立的，在其领海之外并与其领海毗连的，从测量其领海宽度的基线向外延伸不超过 200 海里的区域。

(四)赔偿范围

船舶油污损害赔偿范围指船舶造成油污损害后,受害人可以向油污责任主体索赔损失的范围。这一赔偿范围的大小直接关系到油污责任人与油污受害人的切身利益。1969 CLC 第 1 条第 6 款规定,"污染损害"是指由于船舶溢出或排放油类,在运油船舶本身以外因污染所造成的灭失或者损害,不论此种溢出或排放发生于何处,并包括采取预防措施的费用以及由于采取此种预防措施而造成的进一步灭失或损害。可以看出,1969 CLC 规定的油污损害赔偿范围包括以下三个部分:(1)由于船舶溢出或排放油类而直接造成的财产损失或人身伤害;(2)采取预防措施而支付的费用,预防措施是指"事件发生后为防止或减轻污染损害而由任何人所采取的任何合理措施";(3)由于采取必要的预防措施而进一步造成的损害或者灭失。1992 CLC 与 1969 CLC 的规定大致相同,但赔偿范围有所扩大:一方面体现在明确规定了油污对环境造成的间接损害以及相关的恢复措施的费用应当赔偿;另一方面体现在将预防措施的范围扩张到了有船舶油污损害的紧急危险时所采取的合理有效的预防措施上。

《基金公约》未对油污损害赔偿范围进行具体的规定,其允许赔偿的范围主要是在海滩或海上清理油污行为产生的费用和为阻止污染损害的发生或者减少污染损害的程度而采取的措施所产生的费用。同时,以下三类损害被《基金公约》排除在赔偿范围外:(1)索赔人不能证明损害的来源的;(2)由军舰或者政府公务船引起的油污损害;(3)不可抗力造成的油污损害。另外,如果受害方对油污损害存在过错,加害方可以相应免除部分或全部的赔偿责任。

(五)赔偿限额

1992 CLC 和《基金公约》构建了船舶所有人和石油货主共同分担油污损害赔偿责任的制度,国际油污赔偿基金成为继第一层赔偿主体即船舶所有人之外的第二层赔偿义务人,从而使得油污受害人可以获得更加充分的赔偿。其中,船舶所有人按照 1992 CLC 的规定,可以将其赔偿责任限定为依据船舶总吨位所计算的赔偿额度,最高不超过 8977 万 SDR。国际油污赔偿基金按照《基金公约》的规定将其赔偿责任限定在确定的额度之内,最高不超过2.03亿SDR,对于加入《1992 FUND 2003年议定书》的国家,该限额提高到7.5亿SDR。

三、船舶油污损害赔偿国际法的主要制度

国际上根据1971 FUND的规定,设立了国际油污基金这一全球性的政府间组织。《基金公约》第2条第2款规定,国际油污基金在各缔约方中应被视为在该国国内法下享有权利并承担义务的法人,基金干事长是国际油污基金的法定代表人。国际油污基金目前共拥有121个成员方①,资金来源于对成员方境内石油货主的摊款,每年度摊款的顺利征收是保持其良好运作的基础条件。此外,国际油污基金将每起事故的赔偿额限定在特定水平,据以确定资金规模,避免资金规模过大加重石油行业的负担。

(一)成员方摊款制度

根据《基金公约》的规定,成员方境内年度海上石油运输接收量达到15万吨的石油货主需要缴纳摊款,成员方政府主管当局有义务每年向基金秘书处报告其境内摊款石油货主的运输数量。基金大会负责决定每年的摊款总额,额度限于满足国际油污基金运作的行政成本以及预测的重大溢油事故损害赔偿金额。基金秘书处根据所有成员方报告的上一年度收到的摊款油总量,计算出本年度每吨石油的摊款单价,再将每个有摊款义务的石油货主接收的石油总量乘以每吨摊款单价,从而得出该石油货主应该缴纳的摊款金额。国际油污基金每年赔付的油污损害赔偿金额根据不同的船舶油污事故规模确定,因此石油货主的摊款额每年都不同。国际油污基金历年公布的工作报告显示摊款石油量居前的国家主要集中在石油进口大国,其2021年度摊款石油总量及分布如表4-1所示。②

---

① IOPC FUNDS, *Parties to the International Liability and Compensation Conventions*, iopc funds, https://iopcfunds.org/about-us/membership.

② IOPC FUNDS, International Oil Pollution Compensation Funds: Annual Report, iopc funds (2021), https://iopcfunds.org/wp-content/uploads/2022/03/Annual-Report_2021_e.pdf.

表 4-1　国际油污赔偿基金 2021 年度摊款石油总量分布

成员方	摊款石油总量/吨	所占比例/%
印度	203,779,950	15.30
日本	152,509,343	11.45
韩国	137,006,834	10.29
荷兰	98,276,422	7.38
意大利	92,559,220	6.95
新加坡	78,901,008	5.92
西班牙	60,261,920	4.52
泰国	46,278,921	3.47
英国	43,403,585	3.26
加拿大	43,342,819	3.25
其他 52 个成员方	323,723,134	28.21
总计	1,331,921,968	100

(二)管理机构

国际油污基金负责国际油污赔偿基金的管理和船舶油污事故的理赔工作,其决策性机构由基金大会、基金执行委员会和基金秘书处组成。

基金大会是国际油污基金的最高决策机构,由所有成员方政府的代表组成,其职责包括:决定大会议事规则;制定内部条例;任命基金干事并为其他人员的选任制定选任要求,规定基金干事及其他人员的服务年限和待遇;讨论通过年度预算并确定年度摊款;批准各种索赔赔偿方案。当索赔总额超过基金赔偿限额时,由基金大会决定分配方案,并确定分配的条件和期限,从而作出对各项索赔的临时性赔付,以保证油污损害受害人得到尽可能及时的赔偿;就基金的管理问题,对基金干事和附属机构给予具体指示;监督基金公约及基金大会各项决定的正确实施;执行由基金公约规定的其他任务。

基金执行委员会由基金大会选举产生,共由 15 个成员方组成,负责对油污案件的索赔申请进行审核,并批准赔偿方案。

基金秘书处是国际油污基金的日常办事机构,当涉及基金管理事务时,负责向外部专家咨询关于法律及技术问题的建议;当发生重大船舶油污事故时,联合国际保赔协会成立联合办公室,为油污受害人提供协助并高效率地处理索赔案件。

(三)管理文件

国际油污基金制订了一系列管理文件,主要内容如下。

1. 基金议事程序

基金大会每年召开一次,如需召开特别会议,需提前一个月通知;大会议程由基金干事准备并提交大会主席批准。大会议程应包括上一次大会提出的所有议题,提案,有关基金的预算、账目及财务安排的所有议题。

大会议程的第一项应为议程本身,未能产生决议的提案将留待下一届基金大会继续讨论。会议议程应在大会召开 45 天前由总干事和成员国进行交流,征得大会主席同意后,基金总干事可以在议程已排出后、大会召开前增补新的议题。

基金大会可以根据 FUND 公约的规定组建附属机构,议事程序也同样适用于这些附属机构。

2. 基金内部规章

关于摊款费率、摊款额计算币种、兑换率、摊款缴纳截止日期的规定。

关于签发摊款发票的规定:必须记载应付摊款额及支付币种、摊款的计算依据、缴款日期、银行账号、延期支付利息及其他相关信息。

关于拖欠摊款的规定:基金干事将向拖欠摊款单位所在国当局通告摊款拖欠事宜,未按期交纳摊款将征收利息,利率为同期伦敦票据交换银行利率加 2%。

关于摊款油的报告:基金干事每年不晚于 1 月 15 日通知各成员方提交前一年度摊款油的报告,并通告前一年度 FUND 公约成员方的名单,各成员方应于每年 4 月 30 日前按照规定格式向基金干事提交具体事项。

关于基金介入法律诉讼的规定:当基金干事认为基金可能有责任赔偿因某起事故引起的索赔时,为保护国际油污基金的利益,基金干事可以安排基金作为诉讼一方介入向船东或其保险人提起诉讼;当基金干事认为基金与船东或其保险人间不存在利益冲突时,可以安排基金协同船东或其保险人应对可能面临的诉讼或仲裁。在后一种情况下,基金可以按照有关协定承担部分诉讼费用(如法院或仲裁机构另有裁定的除外),或将费用分摊问题提交仲裁。

关于紧急支援:如果污染损害属于基金赔偿范围,应成员方的要求,基金总干事可以在认为可行并且合理的范围内对成员方予以物资、设备、服务或人员上的支援,以助于成员方预防或者减小污染损害。

关于为预防措施提供财务担保:经成员方申请,在基金可能介入的案件中,基金可以为成员方签订的海外合同及来自海外的资金提供财务担保。

3. 基金财务制度

基金财务年度为每一日历年度,记账货币为英镑,专款专用,结案后如该案账户中仍有资金剩余,基金大会或决定按比例退还给摊款人,或留存各摊款人账户,或转至一般账户。

关于预算的规定:预算应包括管理费用和赔偿款项两部分,基金干事应于基金大会召开前45天提交预算报告,并根据预算中列明的费用项目及资金额度使用资金;不同项目之间允许作适当调剂。

关于基金各分账户:包括一般账户、重大案赔账户和员工福利账户,各账户独立核算收支和利息;各账户间允许借贷,并计算借贷利息。

关于投资的规定:在保证资金安全和流动性的前提下,基金总干事可以对基金资产进行投资。基金总干事必须向基金大会递交投资报告和明细,聘请投资顾问为投资事项提供专家意见。

关于审计的规定:外部审计由某一成员方有资质的总审计员担任,按照国际审计标准及基金大会的要求执行审计工作。

(四)索赔手册

国际油污赔偿基金组织结合其参与“威望”号、“河北精神”轮等全球重大海上船舶油污事故案件的赔偿处理经验,编制成了《索赔指南》、《清污及预防措施索赔指南》、《捕捞业、海水养殖业及水产加工业索赔指南》、《旅游业索赔指南》、《环境损害索赔指南》和《索赔表格示范手册》等文件。《索赔手册》是一份已被所有缔约方接受,用于指导基金的索赔和赔偿的指导性文件,其不仅指导受害人如何进行索赔,还通过解答什么损失可以赔,损失如何计算等问题,指引污染受害人采取适当有效的措施来防范和清除污染以及恢复环境。

1.《索赔手册》的发展变化

《索赔手册》根据形势的发展予以了不断完善。2005 年,基金理事机构对 2000 年出版的 1992 年《索赔手册》进行了较大的修改,不仅内容更加丰富、具体和实用,还列举实例进行说明。2014 年,基金理事机构推出索赔工具包,涵盖清污措施、天然渔业资源损失、旅游业损失等各个版块的索赔分手册。目前,《索赔手册》提供英语、西班牙语、法语三个官方版本。

2017 年,中国船舶油污损害赔偿基金(COPC Fund)经国际油污基金正式授权,对《国际油污损害赔偿基金索赔系列手册》进行翻译,并于 2018 年 6 月印刷出版,同期相关中文手册的电子版本亦可通过国际油污基金官方网站出版物板块进行下载。

2. 对索赔项目的说明

《索赔手册》中所列索赔项目主要包括以下各项:

(1)清污费

基金积极鼓励人们采取措施,减少对环境的污染和破坏。但是,对那些可以预见无效的措施而产生的费用索赔,基金不予受理,即发生的费用与已获得的利益或期待利益之间的关系应该是合理的。

(2)海难救助费用

在某些情况下,救助行动可能含有防御措施的成分。因此,只有初始目的是防止污染损害的海难救助作业才能获得赔偿,救助船舶或货物的费用不予受理。如果从事的活动以防止污染、救助船舶或货物为双重目的,而行动的最初又不能确定时,由此产生的费用将在污染防御和救助活动之间按比例划定。

(3)财产损失

财产的损失可以得到赔偿,但赔偿并不包括更换旧设备的全部费用,应考虑实际使用年限和预期使用年限。

(4)渔业、海水养殖业和渔业加工部门的经济损失

需要特别指出的是,基金赔偿的渔业损失不是指渔业资源的损失,而是指直接依赖于渔业和海水养殖业的业主的经济损失,包括财产遭受污染导致的经济损失(间接损失)和不是财产损坏导致的经济损失(纯经济

损失）。

虽然经济损失是一种推定损失，但评估方法却并不是通过某种模式的计算，而是依据索赔期实际经济状况和前阶段（例如个体索赔人在事故发生前三年内的经审计的账目或纳税申报单）的比较。所作的评估不是基于抽象的预测数字，其遵循的标准是审查索赔人的整体经营情况是否因污染蒙受了经济损失。

（5）旅游部门的经济损失

对于此类经济损失的索赔，只有当其损失或损害是污染所致时才予以受理。例如，直接向旅游者出售货物或提供服务的索赔人可以得到赔偿，而为旅游行业提供货物但不直接与旅游者接触的经营人（如批发商，纪念品和明信片的生产商，旅店的洗衣工等）却不能得到赔偿，因为其所遭受的损失与污染通常不存在足够的因果联系。

（6）环境损害的赔偿

环境损害的赔偿被限定在这种损害引起的利润损失和已采取或即将采取的合理恢复措施费用的范围内。清污行动也被认为是一种主要的恢复环境的措施。

除了清污费以外，对于其他为恢复环境而采取的措施所产生的费用索赔，其只有在满足以下情况时才会被考虑予以受理：

①措施可望明显加快自然恢复进程；

②措施旨在防止事件可能造成的进一步损害；

③措施应尽可能避免导致其他栖息地的退化或对其他自然或经济资源的不良后果；

④采取的措施在技术上是可行的；

⑤采取措施发生的费用应与损害的程度和持续时间以及可能受益的程度成比例。

由环境引起的可量化的经济损失的索赔采用的是与评估其他经济损失一样的方式。对于那些按照理论模式，抽象量化得出的环境损害，并由此提出的索赔，基金不予受理。

（7）研究费用

研究工作通常最适宜在发生重大事故后并显现明显环境损害的情况下进行。基金不支持一般性或纯属科研性质的研究所发生的费用。

(8)评估费用

基金只赔付一份评估费用,因此会尽量避免重复付费,通常由自己的专家或者由基金聘请专家进行评估。

(五)国际油污基金典型赔偿案例

1. NAKHODKA 溢油事故①

(1)溢油事故概况

"NAKHODKA"为俄罗斯籍油轮,总吨 13,159GT。1997 年 2 月 2 日,其装载 19,000T 燃料油,在距离日本 OKI 岛东北方向 100 公里处发生船舶断裂,6200T 燃油泄漏,船尾部分残存燃油约 10,000T,且很快沉没,船首部分残存燃油约 2800T,且向岸边漂移,在距日本 MIKUNI 岸边 200m 处搁浅,又有大量燃油溢出并造成岸线污染。

(2)溢油清除作业

1997 年 2 月,日本当局采取措施清除了残存在船首部分的油污水 $2830m^3$,同时指令修造了一条 175m 长的临时人行道,便于进行驳卸污油水作业。在卸载船首部分残存的油污水过程中,仅通过该路卸载的污油水就达 $380m^3$。

该轮泄漏的大部分溢油虽随风浪自然消散,但仍有数百吨的溢油形成了 1000 公里长的乳化油带。这些油带污染了岸线,特别是船首部分的溢油对岸线造成的污染更为严重。

这起溢油事故的应急反应是由日本海上防灾中心代表当局与船东签订溢油应急反应协议,租用并组织商业船舶和设备,在海上和岸线上同时展开清除作业。在清除行动中,日本石油协会提供了一些清除材料,日本海岸警备队、当地船公司、渔业公司提供了作业船舶,并参加了清除回收作业。同时,新加坡溢油应急响应中心和俄罗斯政府机构也参加了这次溢油清除行动。这次清除行动共回收 40,000 多吨油污垃圾,由日本一家垃圾处理厂负责运输和处理。

---

① IOPC FUNDS, *Incidents Related to the* 1992 *Fund*, iopc funds, https://iopcfunds.org/incidents/incidents-summary-table/#incidentstable_fund92.

(3)索赔处理机构

该起事故是涉及 1971 FUND 和 1992 FUND 两个公约的第一起污染事故,基金执行委员会收到的索赔报告的索赔总额为 1.89 亿英镑,这一索赔额已经超出了 1971 FUND 和 1992 FUND 可以赔偿的最大限额(1.17 亿英镑)。为处理此起事故,基金执行委员会和船东及其英国保赔协会共同在日本的 Kobe 建立了索赔办公室,办公室共有 22 人,办公室的主要职责是收集索赔报告、评估索赔报告。随着索赔报告收集数量和评估工作量的减少,2001 年 1 月 31 日办公室人员只剩下 4 名监督人员和 5 名工作人员。2002 年年初,所有索赔报告评估结束后,该办公室完成了使命。

(4)适用公约情况

1969 CLC 和 1992 FUND 于 1996 年 5 月 30 日对日本生效,因此,处理这起船舶污染事故的索赔依据为 1992 CLC 和 1992 FUND。

"NAKHODKKA"是俄罗斯籍油轮,俄罗斯是 1969 CLC 和 1971 FUND 的缔约方,不是 1992 CLC 和 1992 FUND 的缔约方,故按 1969 CLC 的规定享有船东责任限制。

1997 年,基金执行委员会根据日本和俄罗斯加入的公约情况,在处理该起溢油事故时依据了 1969 CLC、1971 FUND 和 1992 FUND,而 1992 CLC 不适用该起事故的赔偿与索赔。

(5)赔偿情况

2001 年 12 月 31 日,基金组织对所有提出索赔的索赔方做出了处理意见,总赔偿数额为 9150 万英镑,船东和英国保赔协会赔偿数额为 400 万英镑。

按照 1971 FUND 和 1992 FUND 的规定,这次事故的总赔偿数额为 12,100 万英镑。基金组织经过专家评估后认为实际赔偿数额占提出索赔数额的 60%。在日本政府当局的要求下,基金组织将赔偿比例增加到 70%,增加 1200 万英镑,个别私人赔偿的比例占到了 80%。

截至 2002 年 11 月,基金执行委员会将每一索赔报告的赔偿限制在 80% 以下,并与大多数有资格的索赔方达成了协议,使赔偿比例得到了增加,最终获得的赔偿总额达 1.37 亿英镑,是索赔总额的 72%,该起事故的索赔工作全部结案。

2. “ERIKA”溢油事故①

(1)溢油事故概况

1999 年 12 月 12 日,马耳他籍油轮“ERIKA”,总吨 19,666GT,该航次装载 31,000T 的重质燃料油,在航行至比斯凯湾时发生断裂,出事地点距离法国的布瑞塔尼 60 海里,所有船员均获救,溢出重质燃料油约 19,800T,船首沉没于 100m 的水下,船尾沉没于距离船首沉没地点 10 海里处,水深 130m,船首部分残留燃油约 6400T,船尾部分残存燃油约 4700T。

(2)溢油清除情况

按照法国国家应急计划,布瑞塔尼当地的海军负责这次溢油应急反应工作,其动用大量船舶清除回收近岸海面溢油。在这次应急反应过程中,德国、英国、荷兰和西班牙四国提供了溢油回收船舶和器材的支援。据报道,海上回收溢油和污油水共 1100T。

1999 年 12 月 25 日,法国布瑞塔尼大量岸线被溢油污染,约有 400 公里长,当地政府支持“PLAN POLMARTERRE”公司负责岸线清除工作,并动员了当地消防、部队、专业公司和一些志愿者参加岸线清除工作,约有 5000 人。2000 年首先清除旅游沙滩,2001 年 11 月所有被污染的岸线均得到了清除,清除油污垃圾共有 200,000T,并指派一专业公司专门负责运输和处理油污垃圾。

2000 年 6 月 6 日,对沉船残存的燃油的驳载与清除工作开始,至 2000 年 9 月 15 日,残存在船首部分和船尾部分的燃油被全部清除完毕。

(3)溢油的影响

溢油污染了大量的旅游船舶和码头;在溢油应急反应过程中,部分道路被损坏;溢油污染了牡蛎和贻贝养殖场,法国政府的“AFSSA”于 2000 年夏天对被污染的养殖场进行了监测,确定一些水产养殖和贻贝网箱内水体中的碳氢化合物含量超过标准,并禁止该区域的水产养殖销售,2001 年 9 月,禁令解除。溢油影响了当地的盐业,由于产盐沼泽被溢油污染,1992 FUND 执行委员会和船东互保协会指派专家评估后认为在海水水

---

① IOPC FUNDS, *Incidents Related to the* 1992 *Fund*, iopc funds, https://iopcfunds.org/incidents/incidents-summary-table/#incidentstable_fund92.

质恢复以前,盐产量将减少70%。溢油污染了旅游沙滩,2000年的沙滩旅游受到严重影响。

(4)责任限制

"ERIKA"船东在咨询了船东互保协会后发现其享有赔偿责任限制,船东互保协会为船东出具保证,由船东向法国NANTES地区的TRIBUNAL DE COMMERCE法院提起责任限制请求。2000年3月14日,法国当地法院开庭审理责任限制请求,并宣布实施赔偿数额责任限制,限制数额为84,247,733法郎,约合790万英镑。一些索赔人向法庭提出反对接受船东责任限制和保证的意见,应维持一定的现金保证。2001年6月,该法院宣布其不具有这次案件的司法管辖权。

2000年2月,基金执行委员会决定,按照1992 CLC和1992 FUND的规定,其责任限制为13,500万SDR,包括船东和船舶保险人的费用(SDR折算比率按照2000年2月15日的比率,13,500万SDR = 211,966,811法国法郎 = 11,300万英镑)。

法国政府提出在此次污染索赔中,船东及其保险人不具有1992 CLC和1992 FUND的责任限制,否则将会影响清除作业和相应损失的赔偿。基金执行委员会决定,法国可以提出所有索赔,如索赔数额在责任限制数额以内,则全部赔偿。

(5)赔偿处理情况

2000年1月12日,船东互保协会与1992年基金组织在法国Lorient建立了索赔办公室,该办公室共有7名索赔人员,负责聘请有关专家评估索赔报告,并管理日常事务,不参与具体的索赔评估工作。在处理这次索赔工作中,该办公室共聘请了50多名专家,评估了清除作业、渔业损失、养殖损失、旅游损失等方面的索赔报告。在评估旅游损失报告方面,1992年基金组织还专门聘请了法国当地的专家和船东互保协会推荐的专家,并编制了专用的计算机软件帮助专家进行数字分析。

2001年12月31日,索赔办公室对收到的索赔总额91,200万法郎(8500万英镑)、5840份索赔报告进行了评估。其中4705份索赔报告的索赔数额56,500万法郎(5300万英镑)被评估为32,100万法郎(3000万英镑);426份总数为5900万法郎(550万英镑)的索赔报告被取消资格,并被要求重新提供索赔文件。评估决定对3362份索赔报告进行赔偿,赔偿总额为19,000万法郎(1770万英镑),其中由船东互保协会赔偿8400万法郎(780万英镑),1992年基金组织赔偿10,600万法郎(990万英镑)。

法国政府制定了渔业应急赔偿计划,并指派农业渔业部专门负责实施管理,按照1992年基金索赔手册的要求,于2001年12月分别赔偿了渔业损失2730万法郎(250万英镑)和盐业损失1320万法郎(120万英镑)。

(6)赔偿水平

1992年基金执行委员会多方面考虑了"ERIKA"的赔偿情况,也多次召开成员大会评估该事故赔偿中出现的问题。为了控制"ERIKA"油轮污染索赔总数,2000年7月,1992年基金执行委员会组成了评估专家小组,评估认为1992年基金将索赔实际损失的费用限制在提交索赔费用的50%左右。法国政府组织各方面对"ERIKA"污染事故造成的损失进行评估。经过评估,2001年法国方面要求1992年基金执行委员会将部分索赔赔偿比率由50%提高到60%,部分提高到80%。法国经济工业部补充的研究报告认为,经济损失赔偿比率应提高到100%。最后,1992年基金执行委员会决定将赔偿比率增加到80%,并保留进一步评估的权力。

(六)国际油污基金的运行特点

国际油污基金的成功不仅归功于摊款的足额征收,还在于高效合理的组织架构和完备严谨的制度设计①,其运行特点如下。

1. 完善的配套文件规定

国际油污基金通过每年定期召开基金大会的方式保持其机构的正常运转,会期固定在每年的春季和秋季,并通过制定《国际油污赔偿基金议事程序》,对基金大会的形式、内容、审议议题等事项作出明确规定。每届基金大会均会对船舶油污案件的理赔情况、基金财务政策、公约履行情况、基金秘书处行政管理事项、基金年度预算等重大议题进行讨论和决策,并形成会议决议供各成员方参照执行。

---

① 参见帅月新:《国际油污赔偿基金运作机制的借鉴与思考》,载《中国海商法研究》2019年第1期。

此外,国际油污基金还制定了《国际油污赔偿基金内部条例》和《国际油污赔偿基金财务管理制度》,对基金摊款费率、摊款额计算币种、摊款发票签发、摊款油报告、基金赔款支付、基金介入法律诉讼、基金账户管理、基金投资和审计等事项作出规定。其中,国际油污基金对基金赔款支付还作出分级授权,对于属于《基金公约》赔偿范围的索赔申请,授权基金干事长在未获得基金大会事先批准的情况下,可以赔付总额预计不超过 250 万 SDR 的案件,从而提高了小额索赔案件的理赔效率,也为赔款支付的及时性提供了有效的制度保障。

2. 高效的理赔合作机制

为迅速掌握事故相关信息,确保理赔工作的顺利开展,国际油污基金和国际保赔协会集团(IG Clubs)、国际油轮船东防污染组织等机构长期保持着沟通联系,并通过签署合作备忘录的形式形成了对索赔案件进行联合调查评估的合作机制。

当成员方管辖水域内发生船舶油污事故后,在预测可能会需要启动第二层赔偿的情况下,国际油污基金会立即积极介入,与国际保赔协会集团联合调查案件及评估油污损害,并在处理索赔时密切合作,从而有效协调赔偿解决方案。在发生重大船舶油污事故时,国际油污基金和国际保赔协会集团所涉及的船东保赔协会在事故发生后的早期建立联合索赔办公室,双方共同任命国际油轮船东防污染组织的技术顾问与专家前往油污事故现场,一方面保证清污措施的有效性,将油污造成的损害降至最低,另一方面则可以现场收集证据材料,加速索赔的提交和处理,促使后续的赔偿争议纠纷得到及时且友善的解决。

3. 优良的信息服务体系

国际油污基金自成立以来就十分注重公共信息服务,竭力向成员方、关键合作伙伴、利益关联方和更广泛的受众提供最相关和最方便的信息,服务的载体不仅包括传统的出版物、官方网站,还延伸到新兴的社交媒体、微视频,服务的内容涵盖油污损害赔偿所涉及的各个领域,其相关的信息还随着业界形态的发展变化不断进行更新升级,其良好的公共信息服务体系在国际航运界树立了良好的口碑,带来了广泛的影响。

以出版物为例,国际油污基金陆续推出了《索赔手册》《索赔表格示范手册》,为油污受害人提交索赔提供帮助。此外,为促进成员方对公约的统一理解，国际油污基金还针对公约中未明确的关键事项制定了《成员国索赔提交的便利措施指南》《成员方油污事故后渔业水域关闭和控制措施指南》《公约所适用船舶的定义解释指南》等参考性文件。为适应船舶油污损害理赔实践和航运环保法律法规的发展变化，基金大会几乎每年都会对上述出版物的相关内容进行审视，以确保其符合国际航运界的最新规范要求。

4. 详细的战略发展规划

国际油污基金设立的根本目标是确保向船舶油污受害人提供充分的赔偿，但是随着海上石油运输业的不断发展，国际油污损害赔偿制度的格局正逐渐发生变化，国际油污基金注意到近年来大规模的船舶油污事故出现下降趋势，但事故引发的赔偿问题却日益复杂，环境保护在公众舆论上的重要性愈发凸显，索赔人对所有类型的油污损害得到充分赔偿的期望在逐渐提高。为确保在不断变化的环境中继续有效运行并履行使命，国际油污基金制定了详细的战略发展规划，除了传统油污损害赔偿领域的工作任务，其还拓展到促进成员方对油污损害相关国际公约的统一理解和使用上，其更具前瞻性的战略目标是对 HNS 公约生效进程的持续性重点关注。

第二节　美国油污信托基金的主要规定与适用

一、建立背景

美国的溢油责任信托基金（Oil Spill Liability Trust Fund，OSLTF）虽建立于 1986 年，但直到 1989 年埃克森·瓦尔迪兹油污事故发生时，当时的美国总统乔治 H. W. 布什才在次年也就是 1990 年 8 月签署了 OPA90，授权基金的正式启用。

美国溢油责任信托基金和 OPA90 一直紧密地联系在一起，这部油污法的生效除了将基金"一键激活"外，其第 1012 条还单独对基金的赔偿范围、基金的抗辩条件、基金的支付程序、向基金索赔的时效作了具体规定。由于本书中已对这部法案专门安排了章节进行详细介绍，这里不再赘述。

二、基金概况

根据 OPA90 的规定,美国溢油责任信托基金用于支付:海岸警卫队和环保署(EPA)所产生的清污费;州政府的清污行动费用;相关联邦、州立以及印第安部落的受托人开展自然资源损害评估和恢复的费用;未获偿的清污费和损害费用;其他相关费用。

为了便于管理,基金被分为两大部分,分别是基本基金(Principal Fund)和应急基金(Emergency Fund)。

(一)基本基金

基本基金的资金去向分为两大块:

一是索赔款的支付,这也是基金使用中较为重要和复杂的一块,后面会详细说明。

二是国会拨款。美国国会每年都会从溢油责任信托基金中向多家联邦机构拨款,供其支付与 OPA90 相关的行政、运营、人事、执行以及研发费用[见 OPA90 第 1012(a)(5)条]。目前,可以从基金处获得拨款的组织包括:海岸警卫队、环保署、安全及环境执法局(内务部)、管道和危险物质安全管理局、财政部、威廉王子海湾溢油回收研究所等。

根据美国海岸警卫队提交给国会的"溢油责任信托基金 2016 财年使用情况报告"①可知,2016 财年,管道和危险物质安全管理局从基金处收到总计 22,573,000 美元的拨款,内务部的安全及环境执法局收到 14,899,000 美元,环保署收到 18,209,000 美元,海岸警卫队收到 45,000,000 美元。

(二)应急基金

顾名思义,应急基金需要和"应急"有联系。为了确保溢油事故应急响应行动迅速、有效,每年美国总统有权在不通过国会拨款的情况下直接

---

① Congress of the United States, *Congress of the United States: Oil Spill Liability Trust Fund Disbursements for FY* 2016, https://treasurydirect.gov/ftp/dfi/tfmb/dfios0516.pdf.

调用不超过5000万美元的应急基金，用于支付清污费用和启动自然资源损害评估（NRDA）项目。如果5000万美元不够用，则可以根据《2002年海上运输安保法》，授权从基本基金账户中预支最多1亿美元，用于支付清污费用，但目前还没有遇到过需要执行这一条款的情况。

具体来说，应急基金主要用于支付：（1）联邦清污费用；（2）启动自然资源损害评估项目所需的费用。

图4－1简明地给出了基金的主要资金来源、基本基金和应急基金的主要出口。

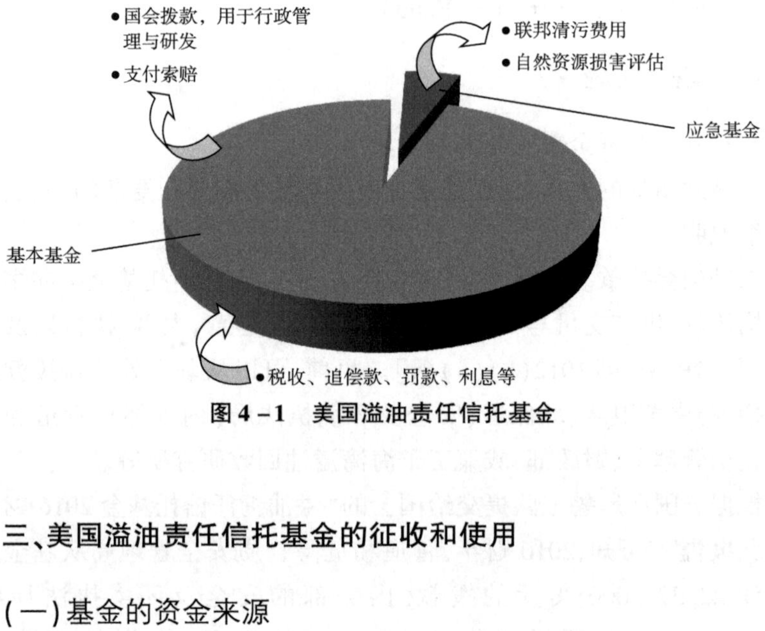

图4－1　美国溢油责任信托基金

三、美国溢油责任信托基金的征收和使用

（一）基金的资金来源

美国溢油责任信托基金的资金主要有以下来源：

第一大来源为石油税（Barrel Tax，美国常用的石油计量单位为桶"Barrel"，一桶为42加伦或159升）。美国对其进口和国内生产的石油以桶为单位收税，税率每年都可能变化，如2016年税率为每桶8美分，2017年为每桶9美分。根据"日落（sunset）条款"，基金资金余额超过10亿美元时，停止征收石油税；低于10亿美元时，则重新开始征收。

第二大来源为从"油污基金"、"近海油污赔偿基金"、"深水港责任基金”及“跨阿拉斯加管道责任基金”等其他原有的污染基金处接收的留存资金,共计5.5亿余美元。此资金来源是一次性的,没有后续资金注入。

第三大来源为其投资的利息收入。美国财政部负责管理基金资金的投资事宜。

除了前面提到的三大资金来源外,还有对事故责任人追偿的费用、损失赔偿的费用,其构成基金第四大资金来源。

最后一项资金来源为罚款。根据《联邦水污染控制法》第311部分,1974年的《深水港法》及《阿拉斯加管道授权法》第207部分的规定处罚的罚款会被交到基金,这部分的收入每年在400万到700万美元。

(二)基金的赔偿范围

OPA90规定,基金的赔偿范围包括从船舶或设施中向美国通航水域,毗邻岸线或专属经济区排放或有实质性排放威胁的油类物质。其规定的索赔类型包括以下项目:

1. 清污费用;
2. 不动产或个人财产损失;
3. 利润和收入的损失;
4. 政府收入损失;
5. 增加的公共服务费用;
6. 生活费用损失;
7. 自然资源损害;
8. 在某些情况下,OPA90还允许责任人就其支付的清除费用和损失向基金提交索赔。

向基金提出索赔的原告可以是个人、公司、合伙企业或协会,也可以是美国政府、联邦、州、外州或印第安部落受托人、哥伦比亚特区、直辖市和州的政府分支机构,以及英联邦的波多黎各、关岛、美属萨摩亚、美国维尔京群岛,北马里亚纳群岛联邦和美国的其他任何领土或领地。此外还包括符合OPA90第1007节(33 U.S.C. 2707)的某些外国申请人,以及根据OPA90第1008节(33 U.S.C. 2708),有权引用保护责任或责任限制的责任人。

(三)基金的管理机构

美国溢油责任信托基金是典型的信托基金,管理方为隶属于美国海岸警卫队的美国国家污染基金中心(National Pollution Funds Center,NPFC)。美国国家污染基金中心主要通过以下五大方面的工作来对这些基金的使用进行管理:

1. 支付清污、防污费用,其中包括联邦现场协调组根据美国《濒危物种保护法》(Endangered Species Act)所赋予其的使命采取清污行动产生的费用;

2. 为开展自然资源损害评估(仅针对油类)提供资金支持;

3. 对遭受符合要求的油污损害的索赔人进行赔偿;

4. 对基金所支付的污染导致的支出和损害费用,向责任方进行追偿;

5. 承担船舶所有人和经营人财务能力证明的发证职责。

美国国家污染基金中心为环保署和海岸警卫队联邦现场协调组执行《联邦水污染控制法》第311(c)条提供资金,联邦现场协调组则负责协调开展政府清污行动,具体的清污单位有些是与联邦、州及当地政府等各个级别的应急响应机构签订了合同的商业清污公司,也有彼此间签有内部协议的政府机构。

四、美国溢油责任信托基金的赔偿要求

(一)油污受害人的索赔基本要求

油污受害人要根据OPA90进行索赔,就必须满足下述条件:

1. 事件(与溢油或溢油威胁有关的事件)必须发生在1990年8月18日或之后。

2. 事件涉及油类物质的实际排放或是具有实质性威胁的排放。(OPA90明确排除了从公共船舶如美国海军舰艇,从受《阿拉斯加管道授权法》规定的沿岸设施,和从联邦、州或当地获得许可的排放情况)。

3. 实际或具有实质性威胁排放的油类物质进入美国的通航水域,毗邻的海岸线或专属经济区。影响或可能影响地下水而不是美国通航水域

的油类物质泄漏不是一个 OPA90 概念下的泄漏。

4. 费用或损失属于 OPA90 规定的费用或损失的类型。

(二)油污受害人的具体索赔程序

同当前国际油污损害赔偿体系的主流做法一样,一般情况下,美国溢油责任信托基金的索赔人:

1. 必须首先向责任人(RP)或其保险人提交索赔;

2. 向责任人提交的索赔应声明是根据 OPA90 第 2713 节第(a)款提交的。除非向责任人提交的发票或账单发票或账单能够清楚地表明其是根据 OPA90 进行索赔的,否则单纯地提交发票或账单是远远不够的。

以下四种情况下,索赔人可以直接向美国国家污染基金中心提交索赔,无须首先向责任人提交索赔:

(1)美国国家污染基金中心公告或通知索赔人直接向其提交索赔。

(2)责任人根据 OPA90 第 1008 款的规定提出索赔(33 U. S. C. 2708)。

(3)某州的州长提出该州所支付的清除费用索赔。

(4)某美国索赔人因外州离岸设施造成的油污而遭受的清除费用或损害。

在向责任人提交索赔后,如果责任人或其保险公司驳回索赔,或在索赔人提交索赔或责任人公告开始(以晚者为准)后 90 天内,责任人不支付赔偿的,索赔人可以向美国国家污染基金中心提交索赔。

(三)需要向美国国家污染基金中心提交的材料

1. 索赔人必须向美国国家污染基金中心提供必需的信息、文件和证据来支持索赔。如果需要更多信息,美国国家污染基金中心会联系索赔人。为加快处理进程,索赔人应提供完整详细的索赔支持材料。索赔材料不完整是延误处理索赔的最常见的原因。

2. 索赔人可以获得 OPA90 规定的合理的清除费用和损害赔偿,包括评估损失的合理费用。例如,为评估商业损失而支付给会计师的费用可以获得赔偿,但是,为协助索赔人准备索赔而支付给会计师的费用,不能获得赔偿。

3. 如果有必要,企业应该明确指出索赔材料中所包含的“机密商业信息”,并提供其认为该信息为机密信息的原因。根据联邦法律,政府可能被要求向公众公布文件。

(四)索赔格式

美国油污责任信托基金对于索赔没有严格的格式要求,但索赔人必须提交证据、信息和文件支持索赔。美国油污责任信托基金索赔指南中给出了供索赔人参考的索赔表格和指导,可帮助索赔人准备索赔材料。

索赔人不需要律师协助索赔。如果索赔人聘请律师协助准备或提交索赔材料,那么其支付的任何律师费用将无法获得赔偿。

索赔必须以书面形式提出,不接受口头索赔。索赔人必须提供以下信息:

1. 每类索赔的损失种类和数量。

2. 索赔总额。

3. 索赔人的全名、街道和邮寄地址,索赔人住址和办公电话。

4. 溢油事故的时间、日期和地理位置;确认受影响的通航水域;对油类物质如何污染水域的解释。

5. 确定造成或涉嫌造成溢油事故的船舶、设施或人,如果可能的话,包括怀疑该船舶、设施或人造成溢油事故的理由。

6. 溢油事故影响的总体描述,包括按类别索赔的清除费用或损害。

7. 损害如何发生的解释,损害发生的地点、日期和时间(可能与溢油事故发生的地点、日期或时间一致/不一致)。

8. 采取的减轻或避免损失的行动的描述。

9. 评估损害的成本(不包括协助准备或提交索赔的律师费用或其他费用)。

10. 任何证人的名称、街道和邮寄地址和电话号码,证人了解的情况的简要描述。

11. 与责任人的书面通信和口头交流内容的副本,包括向责任人提交的任何索赔。

12. 任何试图向应承担油污事故责任的个人或公司提交索赔的信息。

13. 索赔清除费用或损害的任何保险信息。

14. 索赔人收到的溢油事故造成的清除费用和损害的任何赔偿。

15. 未采取法律行动的声明,若已采取法律行动,未决案件状态的声明。

16. 就已知的情况和信息,保证索赔信息准确性的声明。

17. 索赔人的签名,如果适用的话,索赔机构法定代表人的签名。

必要时,美国国家污染基金中心可能要求索赔人提供额外信息。

(五)向基金索赔的限制

索赔时效限制:就污染损害的索赔而言,索赔人必须在损害发生且其与溢油事故间的联系可被合理发现之日起三年内提出索赔①;清污费用的索赔必须在完成事故所有清污作业之日起六年内提出。但自然资源损害索赔的情况有所不同:如果索赔人根据损害评估相关规定进行了评估,则其必须自评估完成之日起三年内提出索赔。

赔偿金额限制:单起事故赔偿金额不超过 10 亿美元;如基金余额低于 10 亿美元,则不超过基金余额。

自然资源损害评估费用限额:单起事故不超过 5 亿美元。

(六)基金的评估过程

美国国家污染基金中心按照收到的索赔的顺序处理索赔。

美国国家污染基金中心首先会查阅索赔材料以确定是否已包含所有的信息。如果需要补充信息,美国国家污染基金中心会要求索赔人提供。如果未能在 90 日内收到需要补充的信息,美国国家污染基金中心将根据已有信息对索赔进行评估,这种情况有可能会导致赔偿金额的减少或索赔被驳回。

一旦美国国家污染基金中心将赔偿决定发送给索赔人,索赔人就必须在 60 日内作出接受或拒绝的决定,即决定:

1. 如果接受,必须签署豁免证明。

2. 如果在 60 天内不采取行动,赔偿决定将失效,索赔关闭。

3. 如果拒绝,索赔人可以提供更多信息,并请求美国国家污染基金中心重新评估索赔。这可能会开始一个全新的审查过程。重新审查结束

---

① 美国国家污染基金中心认为"提交"索赔的日期为收到索赔的日期。

后,美国国家污染基金中心会作出另一份赔偿决定,该赔偿决定是终局决定。"复议"不是"谈判"。

按照批准的顺序支付赔偿,通常在美国国家污染基金中心收到索赔人签字的豁免证明后30天支付赔偿。

(七)事故责任方不承担责任或者责任方不明的情况

如果事故责任方不服从指令、其责任与OPA90规定不符或者责任方不明,那么美国国家污染基金中心会承担赔偿责任。

美国国家污染基金中心确认承担赔偿责任后,会针对事故赔偿进行公告、接受索赔申请、评估及赔付,同时会向索赔人公布免费拨打的联系电话号码。

如果涉及重大事故,美国国家污染基金中心可能会在受事故影响最大的地方设立一个或者多个索赔办公室。

如果索赔人向责任方索赔,但责任方没有在收到索赔的90天内解决问题,或者责任方否认索赔,索赔人也可以向美国国家污染基金中心提出索赔。

五、美国溢油责任信托基金的历史支出情况

(一)国会拨款

2012～2016财年[①]间基金的拨款情况如表4－2所示。

表4－2　2012～2016财年间基金的拨款情况

单位:美元

年份	管道和危险物质安全管理局	安全及环境执法局	环保署	海岸警卫队	年度小计
2012	18,573,000	14,023,000	18,274,000	45,000,000	95,870,000
2013	17,602,000	14,899,000	18,209,000	45,000,000	95,710,000

① 美国联邦政府的财年为每年的10月1日至次年的9月30日。

续表

年份	管道和危险物质安全管理局	安全及环境执法局	环保署	海岸警卫队	年度小计
2014	18, 573, 000	14, 899, 000	18, 209, 000	45, 000, 000	96, 681, 000
2015	18, 573, 000	14, 899, 000	18, 209, 000	45, 000, 000	96, 681, 000
2016	22, 573, 000	14, 899, 000	302, 314. 70	45, 000, 000	82, 774, 315
合计	95, 894, 000	73, 619, 000	73, 203, 315	225, 000, 000	467, 716, 315

资料来源：数据来自美国海岸警卫队提交美国国会的 2012、2013、2014、2015、2016 这五个财年的支出报告。

(二)基金用于污染事故的支出

美国溢油责任信托基金用于污染事故的支出被分成两大块：一块主要用于联邦政府机构清污费的支付以及启动自然资源损害评估项目。这项支出每年的额度为5000 万美元，也就是前面提到的应急基金这个“篮子”里的钱。这笔钱每年划拨，当年未支出的款项可以结转累计，由基金中心负责管理(见表4－3)。

表4－3　基金用于清污费用的支出

单位：美元

年份	清污费用支出(仅统计大于25 万美元的支出项目)
2012	144, 030, 428. 06
2013	58, 534, 293. 78
2014	42, 048, 458. 01
2015	41, 934, 031. 72
2016	26, 641, 461. 17
合计	313, 188, 672. 74

另一大块就是索赔的赔付。根据海岸警卫队提交给美国国会的2012、2013、2014、2015、2016 这5 个财年的支出报告，基金用于索赔赔付的大于或等于25 万美元的支出情况统计如表4－4 所示。

表 4－4　基金用于索赔款项的支出

单位:美元

年份	索赔款项支出(仅统计大于 25 万美元的支出项目)
2012	185, 270, 140. 16
2013	82, 237, 429. 43
2014	145, 813, 095. 54
2015	126, 377, 746. 72
2016	5, 173, 330. 45
合计	544, 871, 742. 30

六、美国溢油责任信托基金的典型赔付案例

当地时间 2010 年 4 月 20 日 22 点,美国路易斯安那州墨西哥湾上近海一处名叫"深水地平线"(Deepwater Horizon)的钻井平台发生爆炸,致使 11 人失踪,17 人受伤,且自 4 月 20 日到 7 月 15 日共 87 天的时间中,共计约 319 万桶(1. 34 亿加仑)的原油泄漏至墨西哥湾。① 美国政府证实,该事故超过了 1989 年阿拉斯加埃克森公司瓦尔迪兹油轮的泄漏事故,是美国历史上最严重的溢油事故和环境灾难。环境科学家们还认为,清污过程中使用的化学分散剂和原油形成了有毒混合物,数以千计的当地人和 47, 000 名参与了清污工作的人员因此患病。

当时,"深水地平线"钻井平台的租赁方为英国石油公司(以下简称 BP 公司),灾难发生后,BP 公司支付了大量罚款、赔偿金以及医疗和解金等款项,总金额高达数百亿美元。2012 年 11 月,BP 公司与美国达成和解,接受 12. 56 亿美元的刑事罚款,另外提供 23. 94 亿美元给野生动物基金会,用于环境补救行动,另提供 3. 5 亿美元给美国国家科学院。此外,其还会在未来 3 年向美国证交会支付 5. 25 亿美元。2012 年,BP 公司与美国达成了一项金额高达 78 亿美元的医疗和解协议,每位受害者最多可

① NOAA,*National Oceanic and Atmospheric Administration*:"*Deepwater Horizon oil spill settlements*: *Where the money went*", NOAA(Apr. 20, 2017), https://www. noaa. gov/explainers/deepwater-horizon-oil-spill-settlements-where-money-went.

获赔 60, 700 美元，并可以在出现严重健康问题时进一步索赔。2015 年美国司法部宣布 BP 公司将以 208 亿美元的代价与美国政府和解，彻底解决此次漏油事故索赔赔偿问题，该款项包括几百个地方政府的求偿、美国清水法案罚款及天然资源损害赔偿在内的所有政府相关求偿内容。

美国溢油责任信托基金也为该事故支付了大量的清污费用。从事故发生日起到 2012 财年结束，基金共为该事故支出了 6. 12 亿美元的清污费用，2013 财年至 2016 财年间，美国溢油责任信托基金在清污方面又支出了 61, 083, 086. 9 美元。[①] 各相关联邦政府机构会先行支付这些费用，之后再从基金获得拨款。

针对该事故所提出的大量索赔，基金在 2012 财年到 2016 财年间所赔付的单笔不低于 250, 000 美元的赔款累计共 426, 955, 672. 85 美元。

七、美国溢油责任信托基金的特点

美国溢油责任信托基金启用于“埃克森 · 瓦尔迪兹”轮溢油事故发生后，出于环境保护的目的，其对于溢油污染的及时清除和有效预防非常重视，不仅在赔偿限额上相当之大手笔——单起事故赔偿限额高达 10 亿美元，还对油污发生的地域限制（可航水域[②]、与可航水域相连的海岸带、专属经济区）、污染源的限制（船舶、其他设施、未知来源污染）、事故[③]的定义的规定都相对宽松，以此确保溢油能够及时被清除，溢油威胁能够及时得到防范。[④]

美国溢油责任信托基金还有一个特别之处，就是在特定情况下，油污事故的责任人也可以向基金索赔其支出的清污费和遭受的损害。其需要满足的具体条件在 OPA90 第 2708 条中有规定：（1）责任方根据 OPA90 第 2703 条的规定享有责任限制；（2）没有适用的责任限制例外条款。

---

① Congress of the United States, *Congress of the United States*: *Oil Spill Liability Trust Fund* (*OSLTF*) 2012 – 2016 *Financial Report*, uscg, https://www.uscg.mil/Mariners/National-Pollution-Funds-Center/About_NPFC/OSLTF/.

② OPA90 第 1001（21）条将“可航水域”解释为“包括领海在内的所有美国水域”。

③ OPA90 中的“事故”不仅限于已经发生的事故，还包括潜在的油污事故，即第 1001 条的“重大漏油威胁”。

④ 参见王婷婷：《中美油污损害赔偿基金之立法比较》，载《人民司法》2014 年第 17 期。

第三节　加拿大船舶油污基金的主要规定与适用

一、建立背景

1970 年 2 月 4 日,一艘载运了 16,000 吨船用燃料油的利比里亚籍油轮“ARROW”号在加拿大新斯科舍省海域触礁,船体断裂成两截,溢出的油多达 82,500 桶量。当时正值隆冬季节,水温极低,湾内及入口处到处漂浮着厚重的燃料油,加拿大组织了一个多学科的溢油清除工作组来回收和清除溢油,清污费用超过 400 万加元。

“ARROW”号事故发生不久后,同年 7 月,另一艘载运燃料油的“Irving Whale”号驳船在爱德华王子岛北路海区沉没,该事故也给加拿大沿海造成了严重的海洋污染。一年内发生两次重大船舶油污事故使得加拿大政府高度关注油污损害及赔偿问题,加快了加拿大《航运法》的修订。根据加拿大运输部长的建议,1971 年 6 月 30 日实施的修订后的《航运法》增加了关于溢油责任的篇章,其成为了西方国家最早的有关溢油责任的国家综合法规。加拿大在这次修订中建立了一个海上污染赔偿基金。

除加入国际油污基金外,在《航运法》的又一次修改中,加拿大又以新的船舶油污基金替代了海上污染赔偿基金,正式建立了加拿大船舶油污基金,全称为“Ship-Source Oil Pollution Fund”,以期通过国内基金的形式弥补其加入的国际油污基金的一些不足之处。《海事责任法》曾被多次修改,目前,加拿大油污基金的主要法律依据出自 2009 年修订的《海事责任法》第 7 部分。①

二、基金概况

加拿大《海事责任法》规定“在加拿大账户上设立一个公认的船舶来

---

① 本句是根据《2017 年加拿大基金年报财务报告》第 7 页的内容整理的。

源油污基金",与国际油污基金一样,该基金的资金来源于通过船舶运输持久性油类的石油货主的摊款。1990 年时加拿大船舶油污基金的摊款为每吨 0.3 加元,下一年度的所缴费用等于应缴税费和对应消费物价指数之间比例的乘积。①

加拿大船舶油污基金可赔偿发生在加拿大全境,包括在加拿大专属经济区内水域发生的船舶溢油污染损害。不同于国际油污基金只针对持久性油类泄漏的事故,加拿大船舶油污基金可赔偿船舶泄漏持久性油类、非持久性油类造成的油污事故,不管这种油是货油还是燃油。

加拿大船舶油污基金虽主要是向超过国际公约(油轮和燃油)规定的赔偿责任限额的油污损害提供额外赔偿,但也可向不明船舶溢油等国际公约不覆盖的油污损害提供赔偿。但是需要注意的是,加拿大船舶油污基金仅赔偿船舶造成的溢油损害,所以又被称为船源油污基金,对于非船源的油污损害,如海上从事勘探或者开发活动的钻井平台或者浮动储存单元发生的油污泄漏导致的损害,该基金不予赔偿。② 此外,对于加拿大每年要向国际油污基金缴纳的摊款,也从加拿大船舶油污基金资金中支出,不再另行向加拿大的石油货主征收摊款。因为国际油污基金每年的摊款需根据索赔案件的数量和摊款国石油货主接受海上船舶运输油类的吨数综合确定,所以每年加拿大需要承担的摊款金额并没有固定数额,例如 2016 ~ 2017 财政年内,加拿大船舶油污基金向国际油污基金缴纳了 87 万余美元的摊款,而前一财政年内,加拿大船舶油污基金向国际油污基金缴纳的摊款为 27 万美元左右。从 1989 年到 2016 年的 28 年内,加拿大船舶油污基金已累计向国际油污基金缴纳了共计 55, 284, 538. 68 美元的摊款,可谓是国际油污基金的摊款大户之一。③

为什么加拿大在加入国际油污基金之外,还要建立本国的油污基金?会有所重复吗?从性质上来看,加拿大国内法建立的加拿大船舶油污基金与 1992 FUND 所建立的国际油污基金是相对应的基金制度,两者并不

① 参见韩立新:《船舶污染损害赔偿法律制度研究》,法律出版社 2007 年版,第 349 页。

② 参见 ship-source oil pollution fund the administrator's annual report (2017 年加拿大油污基金年报)第一部分综述。

③ 参见《加拿大船舶油污基金索赔手册》2014 版(Ship-Source Oil Pollution Fund Claims Manul 2014)第一部分、第三部分。

完全相同。双重基金制度在具体使用上各有特点,又互为补充。加拿大对国际油污基金的摊款均来自加拿大船舶油污基金,而加拿大船舶油污基金在损害赔偿时主要起补充作用,对于船舶燃油、非持久性油类泄漏造成的污染损害、不明油污污染等不属于国际油污基金赔偿范围内的船舶油污损害,加拿大船舶油污基金可以予以赔付;而对于油轮载运的持久性油类泄漏事故,主要还是依靠国际油污基金予以赔付,加拿大船舶油污基金仅在油污受害人向国际油污基金索赔不成功的前提下予以赔付。加拿大船舶油污基金和国际油污基金也并非完全独立的两套基金系统,对于既可向加拿大船舶油污基金索赔又可向国际油污基金索赔的案件,加拿大船舶油污基金会协调国际油污基金处理索赔事宜,不需要索赔人重复索赔,两个基金也不会进行重复审核。

三、加拿大船舶油污基金的征收和使用

(一)基金的资金来源

加拿大船舶油污基金的资金均存放在加拿大政府的特定用途综合账户内,资金的管理人为加拿大公共事务和政府服务部(Public Works and Government Services Canada)。加拿大船舶油污基金的资金主要来源于在加拿大海域进行散装运输的持久性油类的石油货主,如果该船载运的持久性油类数量超过 300 吨,货主须对超过的吨数乘以每吨的摊款金额缴纳基金。考虑到通货膨胀等因素,每吨的摊款金额并非固定,1990 年为每吨 30 美分,后续每年须按照加拿大统计局公布的年度消费价格指数予以调整,如 2016 年每吨摊款油的摊款金额应为 50.59 美分,2017 年则应为 51.50 美分。但是由于早期加拿大船舶油污基金征收到的资金数额远远大于其多年来赔付案件的赔款金额,目前账户的存量资金较多,据该基金 2017 年年报记载截至 2017 年 3 月底,加拿大船舶油污基金账上尚有 404,702,173 美元的余款,因此从 1976 年以来,该基金就暂停征收至今。

依据《海事责任法》,该账户内的资金可以享有利息,利率为加拿大政府 5 年期债券利率,年利率在 0.52% 至 1.13%。加拿大船舶油污基金

2017 年年报披露的数据显示,2017 年加拿大船舶油污基金资金的利率为 0.79%,产生了 321 万余美元的利息。这些利息也是加拿大船舶油污基金资金来源的重要组成部分。此外,加拿大船舶油污基金还具有追偿的职责,其追偿到的资金也构成加拿大船舶油污基金的资金来源之一。

(二)基金的赔偿范围

根据《海事责任法》第七部分第 91 条的规定,加拿大船舶油污基金的资金主要用于索赔案件的赔款及利息、开展案件调查评估的有关费用、基金管理人的行政费用及劳务报酬、法院判决基金应承担的相关费用等。该基金在对船舶油污损害案件的赔偿范围上与加拿大加入的国际公约、国内相关法律规定的油污损害赔偿范围基本一致,主要可用于清污和预防措施的赔偿、渔业收入损失的赔偿。① 根据《海事责任法》第七部分第 101 条的规定,加拿大船舶油污基金大致可赔偿受害人面临这些情况下的油污损害费用:

1. 受害人已根据法律要求,采取了一切合理措施向肇事船舶所有人追讨赔偿金,但是索赔未成功的;
2. 特定情况下,船舶所有人依法不需要承担油污损害赔偿责任的;
3. 船舶所有人享有赔偿责任限额且已尽其法定赔偿责任的;
4. 船舶所有人在财力上确实无法承担其应尽的赔偿责任的;
5. 油污损害的原因不明,加拿大船舶油污基金管理方也无法证明油污不是船舶造成的;
6. 加拿大船舶油污基金管理人同意的油污损害费用赔偿。

正如国际油污基金等同类基金都有对单起事故的赔偿限额一样,加拿大船舶油污基金对任一起船舶油污事故的损害赔偿金额也有封顶。其《海事责任法》第 110 条规定,基金对 1990 年发生的任一事故的赔偿责任为 1 亿美元,但这 1 亿美元的限额今后应和摊款一样,须根据每年度的加拿大消费价格指数予以调整。为此,加拿大交通运输部应在加拿大公报上公布每年调整后的加拿大船舶油污基金责任限额。2017 财政年度内,

---

① 上述内容根据加拿大《海事责任法》第七部分第 91 条、第 108 条、第 116 条、第 117 条整理。

该基金将任一起船舶油污事故的损害费用赔偿责任限额已经动态调整到最高为 171, 692, 521 美元,比最初的限额高了 70% 多。加拿大船舶油污基金的赔偿责任限额还是非常高的,接近国际油污基金的赔偿责任限额,且每年还在不断增长,足以应对较大规模的船舶油污事故损害。

(三)基金的赔偿管理机构

由于上述情况下的赔偿事宜涉及法律、海事等专业知识,为做好加拿大船舶油污基金赔偿相关事宜,该国设立了以加拿大船舶油污基金的管理人(the Administrator of the SOPF)为首的管理团队。加拿大船舶油污基金的管理人、副管理人的任期一般不超过五年,由加拿大总督任命,期满可续任。管理人可代表基金作为独立的一方参与油污受害人针对肇事船舶所有人、油污保险及加拿大船舶油污基金的诉讼活动;有权代表加拿大船舶油污基金提出和解、签署和解协议、根据和解情况支付加拿大船舶油污基金的赔款;有权基于理赔要求开展调查工作,传唤证人等;在加拿大船舶油污基金作为第一层赔偿角色,先行赔付的情况下有责任开展追偿工作,将追偿到的款项上缴至加拿大船舶油污基金账户。

(四)基金的赔款情况

加拿大船舶油污基金的资金较为充裕,截至 2017 年 3 月底,加拿大船舶油污基金账上尚有 404, 702, 173 美元的余款,而且自 1976 年以来,该基金就暂停征收至今。

在该基金还是海洋污染基金时,其赔付的第一个船舶油污事故损害费用是 1979 年 3 月英国籍油轮"Kurdistan"号事故。经过一系列的评估调查和谈判磋商,加拿大政府和船舶所有人达成协议,将该事故的船舶油污损害费用确定为427 余万加元,其中船舶所有人承担 45% ,加拿大油污基金承担 55% 。

目前,该基金正在处理的重大索赔案件发生在 2014 年 12 月 26 日,一艘装有 22 吨燃料油的拖船"Chaulk Determination"轮在魁北克省 Trois-Rivieres 港沉没,燃油泄漏至圣劳伦斯河。由于在重冰和低温下,相关应急工作持续了八周之久。事故发生后该轮船舶所有人表示未购买相关保险,也无能力支付油污损害赔偿。加拿大海岸警卫队、加拿大运输部、环境部和港务局等参与了有关清污、抽油和打捞等工作。2015 年 8 月，该船被拆解。

此次事故引发的油污损害索赔是加拿大船舶油污基金建立以来的第二大索赔案件。2016 年 12 月，加拿大海岸警卫队向加拿大船舶油污基金提出了 4,585,963.68 美元的索赔金额。目前该案索赔金额还在调查评估中。

根据加拿大船舶油污基金近几年的年度报告，近几年其赔付的案件数量总体不算多，金额也不高。例如，2016～2017 财政年度，加拿大船舶油污基金收到了 16 个船舶油污损害索赔申请，累计索赔近 543 万美元，其中最小的一起索赔金额为 2137 美元，最大的一起索赔即为"Chaulk Determination"轮索赔案，金额为 458 余万美元。

2016～2017 财政年度，加拿大船舶油污基金支付了 31 起索赔，赔款共计 316 余万美元，平均每起案件的赔款为 10.2 万美元，几乎是近十年加拿大船舶油污基金平均每起案件赔款的 3 倍。

通过众多的索赔案件可以发现加拿大海岸警卫队是加拿大船舶油污基金的主要索赔方，多年的索赔实践使得他们与加拿大船舶油污基金管理方有着良好的关系。加拿大海岸警卫队的清污处置措施和提出的索赔金额较为合理，历史数据表明，其索赔金额的 95% 以上被加拿大船舶油污基金管理方所认可和接受。

四、加拿大船舶油污基金的赔偿要求

（一）油污受害人索赔途径

载运持久性油类的油轮污染损害的受害人应按照加拿大加入的国际公约来索赔油污损害费用，其途径简单归纳起来便是向肇事船的船舶所有人、保险人和国际油污基金索赔。

如果是非油轮污染损害的受害人，加拿大《海事责任法》就船舶造成的油污损害赋予了他们可以通过以下两种途径索赔的权利：

第一种途径最为常见，按照"谁污染、谁赔偿"的原则，受害人首先应该向肇事船的船舶所有人索赔，加拿大船舶油污基金仅在受害人无法从船舶所有人处获得足额赔偿的情况下承担赔偿责任。这种情况可能是由于油污损害费用超过了船舶所有人在《海事责任法》下应承担的赔偿责任限额,也可能是由于船舶所有人没有购买保险又濒临破产,没有赔偿能力。在这种方式中,加拿大船舶油污基金扮演着“最后赔偿者”的角色。

第二种途径较为有特色,如果遭受船舶油污损害的受害人需要,加拿大船舶油污基金也可以扮演“第一赔偿者”的角色。受害人可以直接向加拿大船舶油污基金管理方申请评估和支付赔偿,如果加拿大船舶油污基金管理方认为索赔成立,其会评估出一个合理的金额,如果受害人接受,就可从加拿大船舶油污基金处先获得赔偿。考虑到肇事船的船舶所有人才是真正的责任方,加拿大船舶油污基金管理方赔付后,在他们赔偿的金额范围内,其可以代为行使受害人向肇事船所有人索赔的权利。

在向加拿大船舶油污基金索赔的案件中,第二种情况占据多数。例如,2016～2017 年度中,加拿大船舶油污基金收到的 16 起索赔中,15 起索赔是受害人直接向加拿大船舶油污基金管理方申请评估和支付赔偿,但这类索赔案件的特点是金额较小,一些金额较大的案件,如该年度中索赔金额最高的“Chaulk Determination”索赔案件,其索赔金额超过 450 万美元,加拿大船舶油污基金还扮演着“最后赔偿者”的角色。

(二)油污受害人的索赔基本要求

根据加拿大《油污基金索赔指南》(SOPF-Claims-Manual),加拿大境内遭受与船舶溢油污染有关的损失、损害或者费用支出的任何人,包括公司、政府等都可向加拿大船舶油污基金提交索赔。加拿大船舶油污基金可以赔付合理的应急清污措施费用,包括清理岸线、处置含油废弃物等费用,渔业、海水养殖业和鱼类加工业因船舶溢油而产生的收入损失。加拿大船舶油污基金在赔付方面颇具特色的是其赔付“无主油污”事故的损害费用。具体而言,由于种种原因,实践中的有些油污事故可能无法确定造成油污损害的船舶具体是哪一条,有的事故甚至都没有办法肯定海面的油污是否是船舶泄漏的。在这种情况下,索赔人并不需要向加拿大船舶油污基金管理方证明油污是船舶造成的,而是由相关加拿大船舶油污基金管理方去调查核实该污染是否是由非船舶造成的,只要没有其他证据证明油污来源于岸源等,加拿大船舶油污基金就应当将其推定为“无主油污”事故予以赔付。

(三)基金的索赔体系

受害人拟向加拿大船舶油污基金索赔时须把索赔申请和充分的证据材料(加拿大《油污基金索赔指南》中对每项索赔的大致证据材料作了举例介绍)提交给加拿大船舶油污基金管理方。加拿大船舶油污基金管理方收到索赔申请和相关证据材料后,将根据个案情况审查每项索赔及证据的真实性和合理性。为做好审查工作,他们拥有召唤和询问证人、要求提供文件等众多的调查权利;他们也可能委托检验师、技术顾问等专业人员来开展调查。

调查评估工作结束后,加拿大船舶油污基金管理方将出具赔偿方案。如果索赔人表示接受赔偿方案,加拿大船舶油污基金管理方将直接从加拿大船舶油污基金资金中支付赔偿。如果索赔人不接受赔偿方案,他们也拥有救济权,根据规定,索赔人如有异议,可以在收到赔偿方案的 60 天内向加拿大联邦法院的海事法庭提出诉讼。但自加拿大船舶油污基金建立以来,这种索赔人起诉加拿大船舶油污基金的情况几乎没有发生过。[①]

在加拿大船舶油污基金以“第一赔偿者”的角色支付赔偿金的情况下,在将赔偿金支付给索赔方后,其还应履行追偿义务,必须用尽各种合理措施向肇事船的船舶所有人索赔。

由于加拿大船舶油污基金可以扮演“第一赔偿者”的角色,很多船舶油污受害人便直接向加拿大船舶油污基金索赔,由加拿大船舶油污基金赔付后再向责任方追偿,这一制度虽便利了船舶油污受害人,但也使加拿大船舶油污基金每年有多起追偿案件须处理。2016 ~ 2017 财政年度,加拿大船舶油污基金还有 21 起追偿案件在不同处理阶段。如果这些案件都能被成功处理,加拿大船舶油污基金管理方将追回 102 余万美元的赔款资金。

(四)索赔手册介绍

为指导索赔人向加拿大油污基金提起索赔,加拿大船舶油污基金管

---

① 该结论来源于 2017 年加拿大船舶油污基金年报第 4 页。

理方制定了《加拿大船舶油污基金索赔手册》,目前在使用的是 2014 年版,在加拿大船舶油污基金的官方网站可以下载该手册。

该手册用语较为简洁、内容不多,其第一部分、第二部分对加拿大船舶油污损害赔偿责任的法律框架、国际上关于油轮造成的污染损害赔偿责任体系进行了简单描述。第三部分重点就可以索赔的油污损害类型及其索赔支持文件(证据材料)方面应包括的具体信息、索赔的主要流程等进行了介绍,并对加拿大船舶油污基金管理方的联系方式等予以了公布。

五、加拿大船舶油污基金的典型赔付案例

(一)基金赔付的第一起案件——"Kurdistan"号事故赔偿

1979 年 3 月 15 日,英国籍油轮"Kurdistan"号在卡波特海峡南部发生碰撞,因船体断裂造成了严重的油污事故。根据加拿大当时新修订的《航运法》和 1992 CLC 的相关规定,加拿大要求该轮船舶所有人在责任限额内赔偿累计约 1050 万加元的损害费用及清污费用。然而由于当时加拿大政府曾用军舰将断裂的船首击沉,该轮船舶所有人及石油货主反诉加拿大政府,要求 2 万加元的补偿费用。同时,船舶所有人还在英国提起诉讼,认为英国的修船厂没有尽到职责,对损失的扩大应承担赔偿责任。

最终经过一系列的评估调查和谈判磋商,加拿大政府和船舶所有人达成协议,将船舶油污损害费用确定为 427 余万加元,其中船舶所有人承担 45%,加拿大船舶油污基金承担 55%。另外,法院驳回了船舶所有人和石油货主对加拿大政府的反诉。这次油污事故的处理适用的是加拿大法律,也是加拿大船舶油污基金制度建立以来的首次运作。

(二)基金的追偿案件——"Mistann"轮事故赔偿

2011 年 10 月 14 日,一艘长度为 37 英尺的玻璃钢船"Mistann"轮在鲁伯特王子湾的游艇俱乐部沉没。加拿大海岸警卫队、海洋和渔业管理部门在 2012 年向加拿大船舶油污基金提交了他们的索赔,加拿大船舶油污基金支付了 103,425.74 美元的油污损害赔款及利息。2014 年 1 月 29

日,虽然该船的船舶所有人拒不出庭,但温哥华联邦法院仍出具了对其的判决。2016 年,加拿大船舶油污基金管理人决定对该船的船舶所有人采取法律行动,扣押其财产以追回加拿大船舶油污基金支付的本应由该船舶所有人承担的费用赔偿。2017 年 2 月,英国哥伦比亚省的法警扣押和出售了该船所有人的三艘船舶和其他财产。加拿大船舶油污基金从中收回了 18,080.42 美元的部分追偿款。截至 2017 年 3 月底,此案尚未全部结案。

(三)基金赔付的不明油污案件

2013 年 7 月 14 日,加拿大海岸警卫队接到举报,举报称在 the Sainte-Anne-De-Bellevue 运河的船闸区域发生了溢油事故。2015 年 6 月,加拿大海岸警卫队向加拿大船舶油污基金索赔清污费用。2016 年 7 月 21 日,加拿大船舶油污基金管理人完成了对该神秘溢油事故中加拿大海岸警卫队等的赔款支付,共计为 15,857 美元。

由于无法确定责任方及溢油船舶,这起事故被确定为"不明油污(Mystery Spill)",在采取了各种可行的措施但仍然无法确定肇事船舶及其所有人的情况下,加拿大船舶油污基金管理人宣布于 2017 年 8 月 8 日终止该案,不存在追偿。

六、加拿大船舶油污基金的特点总结

在接受了国际油污基金模式的基础上,加拿大通过建立加拿大船舶油污基金,在某些方面弥补了国际油污基金解决不了的加拿大国内船舶油污赔偿问题,扩大基金赔偿范围和运行机制的灵活性,向环境和油污损害方倾斜,在一定程度上弥补了国际油污基金模式偏重于保护航运业的弱点,同时与美国基金模式相比,加拿大船舶油污基金在保护环境和油污损害方利益方面显得没有那么极端。加拿大独具特色的船舶油污损害赔偿责任体系和船舶油污损害赔偿基金制度值得我国在完善船舶油污损害赔偿制度和船舶油污损害赔偿基金时学习借鉴。

第四节　我国船舶油污损害赔偿基金的主要规定与适用

一、简介

我国于1999年1月加入1992 FUND，但仅适用于我国香港特别行政区。在我国内地发生的船舶油污损害不能获得国际油污基金的补充赔偿，只能获得我国油污基金的补充赔偿。

如此做的原因是考虑到若全国适用1992 FUND，将会缴纳较多的摊款，而可获得的赔偿低于缴纳的摊款，会加重船东及货主的负担，因此我国未将1992 FUND适用于全国，而是建立了我国自有的船舶油污损害赔偿基金体系。①

（一）基金沿革

我国既是航运大国，又是原油消费大国。随着国民经济的快速发展，我国对石油的需求量持续增长，2022年中国原油运输进口量达到5.08亿吨②，已超过美国成为全球最大的原油进口国。由于大部分进口原油依赖海上船舶运输，随着油品运量的增加和油轮尺度的增大，船舶发生溢油污染事故的风险也不断增加。

船舶溢油污染事故往往造成巨大的经济损失，1995年图瓦卢籍“檀家”号油轮在靠泊广州港时撞击码头，造成200吨原油溢出，损失较大。此时，国际上已经建立由油轮船东强制保险加上建立石油货主摊款的油污基金的赔偿机制，这一通行做法确保了污染受害人能够得到足够的赔偿。相较于国际上较为成熟的船舶污染损害双重赔偿机制，我国当时并没有建立国内油污损害赔偿机制。由此，原交通部安监局第一次正式提出借鉴国际船舶油污赔偿基金的思路，解决我国船舶油污损害赔偿问题，

---

① 参见郑克芳、杨晓飞：《浅谈解决我国船舶油污损害索赔的关键问题》，载《海洋开发与管理》2008年第6期。

② 国家统计局：《2022年12月份能源生产情况》，载国家统计局网，http://www.stats.gov.cn/sj/zxfb/202302/t20230203_1901714.html。

提高我国应对重大船舶溢油事故的处理能力。[①] 同年,原交通部正式立项开展对建立我国船舶油污赔偿机制的探索性宏观对策研究。

自 1996 年起,我国积极推动建立我国油污损害赔偿机制的各项研究,通过大量的调查研究和科学测算,证明了在我国实施船东、货主共同承担船舶油污损害赔偿的机制是可行的。

2000 年 4 月 1 日实施的《海洋环境保护法》第 66 条第 1 款规定“国家完善并实施船舶油污损害民事赔偿责任制度;按照船舶油污损害赔偿责任由船东和货主共同承担风险的原则,建立船舶油污保险、油污损害赔偿基金制度”,首次为建立国内油污基金提供了法律依据。

2010 年实施的《防治船舶污染海洋环境管理条例》第 56 条规定,“在中华人民共和国管辖水域接收海上运输的持久性油类物质货物的货物所有人或者代理人应当缴纳船舶油污损害赔偿基金。船舶油污损害赔偿基金征收、使用和管理的具体办法由国务院财政部门会同国务院交通运输主管部门制定。国家设立船舶油污损害赔偿基金管理委员会,负责处理船舶油污损害赔偿基金的赔偿等事务。船舶油污损害赔偿基金管理委员会由有关行政机关和缴纳船舶油污损害赔偿基金的主要货主组成”。该条进一步明确了我国油污基金的建设框架,明确规定了我国船舶油污损害赔偿基金缴纳的条件,征收、使用和管理办法的制定权,基金管理委员会的职责及成员组成等内容。

2012 年 5 月 11 日,财政部、交通运输部正式印发《船舶油污损害赔偿基金征收使用管理办法》。根据《船舶油污损害赔偿基金征收使用管理办法》的相关规定,自 2012 年 7 月 1 日起,由交通运输部所属海事管理机构向货物所有人或其代理人征收船舶油污损害赔偿基金。《船舶油污损害赔偿基金征收使用管理办法》的发布及实施标志着我国船舶油污损害赔偿基金正式建立。

此外,为规范基金的征收管理工作,规范征收行为,2012 年 6 月 30 日,交通运输部海事局印发了《船舶油污损害赔偿基金征收管理工作规程(试行)》,在《船舶油污损害赔偿基金征收使用管理办法》的基础上进一

① 《中国船舶油污损害赔偿基金创建大事记》,载中国船舶油污损害赔偿基金网 2017 年 5 月 9 日,https://www.sh.msa.gov.cn/lcsj/88134.jhtml。

步细化了基金征收及监管工作。

2014 年 4 月 28 日,交通运输部、财政部联合印发了《船舶油污损害赔偿基金征收使用管理办法实施细则》,对基金征收与使用中的实际操作问题作了进一步明确。

同年 11 月,中央机构编制委员会办公室批复成立中国船舶油污损害理赔事务中心的申请,同意设立理赔事务中心。

2015 年 6 月 18 日,中国船舶油污损害赔偿基金管理委员会成立会议在京召开,会上审议通过《船舶油污损害赔偿基金管理委员会章程》,并为中国船舶油污损害理赔事务中心成立揭牌。至此,我国船舶油污损害赔偿制度正式开始运行。

2016 年 6 月 16 日,船舶油污损害赔偿基金管理委员会第二次会议召开。会议审议通过两起索赔案件的理赔决定,首次向船舶油污受害人进行赔付,这标志着我国船舶油污损害赔偿基金真正踏上了用之于民、惠及民生之路。

为规范指导船舶油污损害赔偿基金的索赔与理赔工作,根据《船舶油污损害赔偿基金征收使用管理办法实施细则》的规定,交通运输部于 2016 年 7 月发文正式对外发布《船舶油污损害赔偿基金索赔指南(试行版)》及《船舶油污损害赔偿基金理赔导则(试行版)》。

(二)资金来源

我国油污基金资金来源于在我国管辖水域内接收从海上运输持久性油类物质的石油货主。依照财政部、交通运输部联合颁布的《船舶油污损害赔偿基金征收使用管理办法》,船舶油污损害赔偿基金自 2012 年 7 月 1 日开始在全国范围内征收,石油货主需要依照其运输数量缴纳船舶油污损害赔偿基金。

(三)性质

从财政管理角度看,油污基金属于纳入财政预算管理的政府性基金,在政府性基金预算层次划分中其又属于中央基金预算收入,即属于中央政府的收入。我国油污基金是向特定群体无偿征收的具有专项用途的一种非税收入,采用收支两条线,收入缴入国库,先收后支,专款专用的原则,与金融投资类的基金及美国油污基金不同,我国油污基金不做投资,不产生收益。

从社会效应角度看,油污基金具有公益环保性质。污染损害赔偿通常遵循“污染者付费”的原则,油污基金并非油污事故的责任方,但在油污受害者无法获得或者无法足额获得污染损害赔偿的情形下,油污基金出于社会公益目的对其进行补充赔偿,极大程度上避免了“谁受损谁倒霉,谁清污谁吃亏”,可以调动污染损害清除单位开展油污损害善后工作的积极性,帮助油污受害者及时恢复生产,使受损海洋环境及时得到修复,避免激化社会矛盾维护社会稳定,同时也可避免国家重复为制造污染者买单的现象。所以,无论是对海洋生态的保护和恢复,还是对沿岸人民群众的生产、生活和经济发展,油污基金都是更好的保障。

二、基金的征收

(一)征收内容

1. 征收范围

凡在中华人民共和国管辖水域内接收从海上运输持久性油类物质(包括原油、燃料油、重柴油、润滑油等持久性烃类矿物油)的货物所有人或其代理人,都应当按照《船舶油污损害赔偿基金征收使用管理办法》的规定缴纳船舶油污损害赔偿基金。

2. 征收标准

船舶油污损害赔偿基金征收标准为每吨持久性油类物质0.3元。财政部可依据船舶油污损害赔偿需求、持久性油类物质的货物到港量以及积累的船舶油污损害赔偿基金规模等因素,并充分考虑货物所有人的承受能力,会同交通运输部确定、调整征收标准或者暂停征收。

3. 征收路径

海事管理机构征收基金后,需将船舶油污损害赔偿基金收入全额就地上缴中央国库。此外,除国务院外,任何地方、部门和单位不得改变船舶油污损害赔偿基金的征收对象和征收范围。

（二）征收机构

各级海事管理机构按照石油进口数量征收船舶油污损害赔偿基金，具体征收部门多为海事管理机构的政务受理部门。

三、基金的使用

（一）管理机构

我国油污基金本身不是独立法人，基金的使用涉及三级管理机构。

1. 船舶油污损害赔偿基金管理委员会

船舶油污损害赔偿基金管理委员会负责处理船舶油污损害赔偿基金的具体赔偿或者补偿事务，船舶油污损害赔偿基金管理委员会是基金使用决策机构，但不是常设机构。

船舶油污损害赔偿基金管理委员会由交通运输部、财政部、农业农村部、生态环境部、自然资源部、文化和旅游部以及中国石油天然气集团公司、中国石油化工集团总公司、中国海洋石油总公司等九家成员单位组成。

船舶油污损害赔偿基金管理委员会会议每年召开，各成员单位参会并审议基金事务及基金理赔案件的赔付。

2. 基金秘书处

船舶油污损害赔偿基金管理委员会下设秘书处，负责具体赔偿、补偿等日常事务，秘书处设在交通运输部海事局，基金秘书处即交通运输部海事局虽然是独立法人，但它作为秘书处主要承担协调职责。

3. 中国船舶油污损害理赔事务中心

船舶油污损害赔偿基金管理委员会的具体办事机构是中国船舶油污损害理赔事务中心，理赔事务中心是2014年中央机构编制委员会办公室批复设立的独立的事业单位法人，在基金秘书处的领导下开展船舶油污损害赔偿、补偿等具体日常事务以及相关的技术服务和支持保障工作。

（二）基金的赔偿

1. 适用范围

凡是船舶造成的油污损害均可向基金申请赔偿或者补偿，但从油污源头来看,其排除了输油管线、陆源等非船舶造成的油污损害。

(1)船舶类型上,适用任何类型的船舶,不区分国籍、航线、船型、吨位大小等。需要注意的是,政府用于非商业目的的船舶、军事船舶、渔船、海上石油平台以及未登记为船舶的浮式储油装置造成的油污损害不属于基金赔偿或者补偿的范围。

(2)地域范围上,适用于船舶油污事故造成或者可能造成中华人民共和国内水、领海、毗连区、专属经济区、大陆架以及中华人民共和国管辖的其他海域油污损害及相关费用申请基金赔偿或者补偿。其中,内水为我国领海基线向内陆一侧的所有海域,包括沿海港口水域。

我国内河水域遭受的船舶油污损害及相关费用不属于基金赔偿或补偿的范围。但是,如能够证明内河水域的清污工作是为了防止或减轻海域污染,此部分的费用也可以申请基金赔偿。

(3)时间范围上,北京时间 2012 年 7 月 1 日零点以后因船舶油污事故引起的油污损害及相关费用可以申请基金的赔偿或者补偿。

(4)油污种类上,适用于船舶在航行、停泊及其有关作业活动中,因发生油污事故造成或者可能造成海域油污损害的申请基金赔偿或者补偿。

船舶油污事故是指船舶泄漏持久性货油、非持久性货油、燃油等,及其残余物(如油泥、含油混合物、油污水等)造成的油污损害,或者虽未泄漏但形成严重和紧迫油污损害威胁的一个或者一系列事件。一系列事件因同一原因而发生的,视为同一事故。

持久性货油是指作为货物在船上运输,在自然条件下比较难以挥发或降解的任何持久性烃类矿物油,如原油、燃料油、重柴油、润滑油等。

非持久性货油是指作为货物在船上运输,在自然条件下较易挥发或降解的石油或石油制品,如汽油、轻柴油、石脑油及煤油等。

实践中较常见的船舶油污事故,如船舶因碰撞、搁浅、沉没、船体老化或者操作性事故导致船上货油或燃油等油类物质溢出而造成的油污损害,属于基金赔偿或者补偿的范围。

2. 适用情形

(1)同一事故造成的部分或者全部船舶油污损害及相关费用,经法院、仲裁机构等认定超过《防治船舶污染海洋环境管理条例》规定的赔偿责任限额的。

(2)经法院、仲裁机构认定，船舶所有人虽根据《海洋环境保护法》、1992 CLC、《防治船舶污染海洋环境管理条例》的规定被免除赔偿责任，但不属于《船舶油污损害赔偿基金征收使用管理办法》所规定的免赔情形的。

(3)法院裁判认定船舶所有人及其油污责任保险人或者财务保证人在财力上不能履行其部分或者全部义务，或者船舶所有人及保险人不具备履行其部分或者全部义务的偿付能力的，例如法院出具的本次执行中止文书等。

(4)经交通运输部海事局下属直属海事管理机构或者省级以上船舶污染事故调查处理机构调查，排除陆源、渔船、石油平台、军事船舶污染的可能性，确认油污损害由不明商业运输船舶造成，但无法找到该船舶或者其船舶所有人的。

此外，因以下情形之一产生的船舶油污损害，船舶油污受害人不得从船舶油污损害赔偿基金处获得赔偿或者补偿：

①油污损害是由战争、敌对行为造成的或者是由政府用于非商业目的的船舶、军事船舶、渔船排放油类物质造成的；

②油污受害人不能证明油污损害是船舶造成的；

③因油污受害人过错造成的全部或部分油污损害。

3. 赔偿范围

在一起船舶油污事故中，并非所有类型的油污损害及相关费用都可以从船舶油污损害赔偿基金处获得赔偿或者补偿。基金仅用于赔偿和补偿《船舶油污损害赔偿基金征收使用管理办法》中规定的油污损害及相关费用。具体的赔偿或者补偿范围和顺序如下：

(1)应急处置费用：为防止或者减少船舶油污损害，按照国务院或者经国务院授权的国务院交通运输主管部门，有关省、自治区、直辖市人民政府会同海事管理机构，或有关设区的市级人民政府会同海事管理机构成立的船舶油污事故应急指挥机构的指令，采取的应急处置措施所产生的费用。

(2)控制或者清除污染措施费用：为防止或者减少船舶油污损害而采取的合理的预防、控制或者清除污染措施所产生的费用。例如，遭受油污污染的游艇的所有人、遭受油污影响的水产养殖户或遭受油污污染的对外开放的旅游景点的所有人或经营人自行采取的预防或清除油污的行动所产生的费用。

(3)渔业、旅游业等直接经济损失:渔业、旅游业等单位或者个人遭受的、与船舶油污事故有直接因果关系的财产价值的实际损失。例如,海滨浴场或对外开放的旅游景点受到污染后,在清除污染措施结束后恢复景观的费用;渔民的渔船、渔网、渔具等捕捞或者养殖设施在清除污染措施结束后采取的恢复、维修或者更换费用。

需要注意的是,渔业、旅游业等单位或个人因油污污染而遭受的间接经济损失,可以从船舶所有人及保险人处获得赔偿,但不能从基金处获得赔偿或者补偿。例如,网具遭受油污污染的渔民在清洗或更换网具前因无法捕鱼而遭受的收入损失、海滨浴场或旅游景区因油污污染而遭受的门票损失,这些经济损失均不属于基金赔偿或者补偿的范围。

在特定情况下,财产没有受到油污污染的财产所有人因油污事故而遭受的收入损失也不可以从基金处获得赔偿或者补偿。例如,某渔民的网具虽然未受到油污损害,但该渔民因经常去捕捞的海域已被油污污染而不能捕鱼,该渔民也不能到其他地点捕鱼而造成的损失;旅馆或餐馆经营人因其经营处所离受油污污染的海滩很近,在遭受油污污染影响期间,游客人数下降而蒙受的损失,这些经济损失也不属于基金赔偿或者补偿的范围。

(4)恢复海洋生态和天然渔业资源措施的费用:已实际采取的合理恢复海洋生态和天然渔业资源等措施所产生的费用。此类措施通常由政府部门组织实施,例如海洋或渔业主管部门已经实际采取的滩涂植被补种等物理、化学或生物的方法,使损害的生物栖息地环境加快恢复到受损前的功能而支出的生态修复费用,或采用人工放流等方法使受损的某些生物种群加快恢复到受损前的水平而支出的种群恢复费用。

需要注意的是,基金只赔偿或者补偿实际已采取的成熟、有效的生态修复措施所发生的合理费用,包括合理的监测、评估和研究费用。计划采取的生态修复措施费用和种群修复措施费用不属于基金赔偿或者补偿的范围。

(三)索赔主体

遭受船舶油污损害的受害人可以向油污基金提起索赔。索赔人可以是自然人、合伙人,也可以是单位、组织、法人等。例如,遭受船舶油污损害的水产养殖户、渔民、旅游业经营者,参与应急处置工作的船舶污染清除单位和其他单位等。在一些情况下,政府部门也可以向油污基金提起索赔。例如,实施海洋生态和渔业资源恢复措施的各级地方人民政府、渔政、海洋部门,动用国家溢油应急设备库资源进行清污行动的海事部门等相关政府管理部门等。

(四)索赔流程

符合索赔条件的油污受害人可以向油污基金的事务性机构——理赔事务中心提交索赔申请,并提交相应证据材料。申请被受理后,理赔事务中心将根据理赔案件的实际情况,发布索赔登记公告,敦促同案油污受害人提出索赔,工作人员还会对案情及损害情况进行调查核实,并制作理赔报告,按照案件等级递交船舶油污损害赔偿基金管理委员会审议。

审议完成后,针对审议结果,理赔事务中心对索赔人作出理赔决定并送达通知书。索赔人如对理赔决定有异议,可向理赔事务中心提出复核申请。

因为基金不是油污损害责任方,一旦油污损害责任人具有赔付能力或确定污染损害责任人,理赔事务中心将向污染损害责任人追偿已赔付的款项。

为使索赔人清晰快速地了解索赔流程,便利油污受害人向基金索赔,交通运输部海事局于2016年7月发布了指导船舶油污受害人向基金申请赔偿或者补偿的操作手册——《船舶油污损害赔偿基金索赔指南(试行版)》,该指南根据理赔实践的变动适时修订更新。2022年11月,交通运输部海事局对外发布了《船舶油污损害赔偿基金索赔指南(2022年修订版)》。

四、我国油污基金与国际、美国、加拿大油污基金的区别[①]

(一)基金来源不同

国际油污基金的各成员方按照规定,由每一石油货主摊款人或由国家统一向基金缴纳摊款;美国油污基金的来源包括政府拨款、向接收水上运输石油的货主征收摊款、向造成污染的肇事船舶收取罚款、基金运作的正当收益;加拿大油污基金来源于石油运输货主缴纳的摊款以及政府税收。

(二)运作机制及管理机构不同

国际油污基金的管理机构主要包括基金大会和基金执行委员会,基金大会由所有成员方政府的代表组成,基金执行委员会负责审议索赔申请及赔付水平等相关事宜。美国国家油污基金中心是美国油污基金的管理机构,隶属美国海岸警卫队,负责为联邦清除油污工作支付资金、监控资金的来源和使用情况、审核提交美国油污基金的索赔、就美国油污基金已经支付的费用和损害从责任方处追偿。加拿大油污基金一方面管理国内基金,作为事故发生或清污费和赔偿的第一支付手段,保证清污作业顺利进行,为受害者提供快捷的赔偿;另一方面,统一与国际基金组织联系,如缴纳摊款及向船舶所有人和国际油污基金提出索赔等。

(三)赔付范围不同

1. 赔付损害类型不同

可以从国际油污基金获得赔偿的污染损害类型包括:油船泄漏持久性油类污染造成的清污和预防措施、财产损失、间接损失、纯经济损失、环境损害和聘请顾问的费用。美国油污基金索赔指南规定赔付的损害类型包括各类油污污染造成的清污费用、不动产或个人财产损失、利润和收入的损失、政府收入损失、增加的公共服务费用、生活费用损失、自然资源损害。在某些情况下,OPA90 还允许责任人就其支付的清除费用和损失向

---

① 参见朱羿峄、冀文颖:《借鉴国际经验,完善我国船舶油污损害赔偿基金》,载《水运管理》2017 年第 9 期。

美国油污基金中心提交索赔。加拿大油污基金主要负责各类船舶溢油的应急处置费用，超出国际油污基金赔偿范围的油污损害赔偿，加拿大捕鱼区内的渔业收入损失的损害赔偿。

2. 赔付地域范围不同

国际油污基金赔付适用于在缔约方的领土、领海和专属经济区或同等区域内造成的污染损害。美国油污基金赔付适用于油污损害发生在"美国的通航水域，毗邻的海岸线或专属经济区"。加拿大油污基金赔付适用于油污损害发生在"海上和加拿大管辖的内陆水域"。

五、基金理赔案例

（一）"山宏 12"轮沉没溢油案

1. 船舶油污概况

2012 年 12 月，"山宏 12"轮在长江常熟段沉没，船上所装的废油全部溢出，沿长江扩散至上海崇明岛，致使崇明岛沿线长江水域及滩涂，以及崇明岛本岛内河水域被严重污染。据专业部门测算，受污染岸线长达 20 公里，被污染的长江沿线滩涂面积约 2592.84 亩。崇明岛地处长江口，是中国第三大岛，是上海重要的生态屏障。事发后，沿线的上海市民饮用水水库一度受到污染威胁。

2. 索赔情况

2012 年 12 月末，上海三家单位受上海市崇明县政府等的指派，参与了"山宏 12"轮沉没溢油导致的崇明岛沿线水域和滩涂被污染的油污清理等工作。

事后，三家单位就清污产生的费用分别向上海海事法院提起了诉讼，要求肇事船东予以赔偿。法院出具了相应判决，认可三家单位索赔的费用真实合理。但因船东无任何可执行财产，也未投保船舶油污保险，法院强制执行未果，只得出具了执行中止裁定书。三家索赔单位认为，在肇事船东不具备赔付能力的情况下，应由油污基金赔付费用损失。2017 年 1 月，这三家单位分别向中国船舶油污损害理赔事务中心提交了索赔材料，申请油污基金赔付清污应急处置费用。

崇明海塘所等三家单位索赔的这些费用主要为清污工作所产生的费用。其中两家清污单位索赔的费用为清污船舶费、清污人员劳务费、清污器材和设备的使用费、消耗材料费,以及一些管理费用、利息损失等。海塘管理所索赔的费用金额最高,其中包括自身清污产生的人员费用、物资消耗费用、三个外包清污工程费用和芦苇补种费用等。

3. 理赔情况

理赔事务中心对三家索赔单位的费用进行了核算,剔除了内河水域的污染损害费用、多项间接经济损失费用等不属于基金赔付范围的不合理费用。

这是我国油污基金首次理赔“有主”船舶油污损害案件,标志着我国油污基金工作取得新的突破。

(二)河北唐山地区不明油污索赔案

1. 船舶油污概况

2017 年 2 月,河北海事局下属唐山海事局辖区水域发现不规则油污带。唐山海事局指令唐山港集团股份有限公司、河北海正船舶服务集团有限公司进行清污处置,并因此产生相应清污费用损失。

对于油污的来源,唐山海事局对不明来源油污及附近嫌疑船舶进行了取样送检,并对可能存在排污及溢油的陆源、渔船、公务船及附近油田进行了排查,排除了陆上港区码头排污口污染、渔船、公务船、军事船、油田及附近船舶污染的可能,对事故原因做出了认定,认定此次污染事故肇事者系公务船、渔船、军事船舶之外的船舶所致,但无法找到肇事船舶。

2. 索赔情况

因无法找到油污责任方,2017 年 12 月,唐山港集团股份有限公司、河北海正船舶服务集团有限公司就其所遭受的油污损害及产生的相关船舶使用费、消耗材料费、人员费等费用向理赔事务中心提出索赔申请。

3. 理赔情况

理赔事务中心通过调查核实,发现两家索赔单位的索赔项目及费用是真实存在的,但对因为船舶计费时间、船舶燃油消耗量、消耗物品单价等计算不合理造成的索赔费用部分合理问题,按照《船舶油污损害赔偿基金理赔导则(试行版)》的相应规定及市场价进行了核算或剔除。

第五章　船舶货油污染损害的自愿责任公约

第一节　船舶货油污染损害的自愿责任公约的历史沿革

随着全球工业水平的迅速发展,石油需求量在世界各地与日俱增,大多数石油是通过海上运输进行贸易进出口,以致石油污染海洋环境的事件层出不穷。船舶是海上运输最普遍的运输方式,船舶搁浅等事故往往会导致油类泄漏,对海洋环境造成不同程度的破坏。1967 年的“Torrey Canyon”号油船是当时世界上最大的油船之一,该油轮在途经锡利群岛时触礁导致几千吨原油溢出,对大西洋及其沿岸国家造成了严重污染,并成为史上最大的油污事件。最终,英法两国政府以和解的形式和船舶所有人达成协议。该事件引起了国际社会的普遍关注,焦点在于海事侵权法对船舶油污损害赔偿没有良好的救济途径。除此之外,海上勘探开发钻井船、平台机舱和机器在作业中排放的含油污水及输油管道在运送过程中因为漏油引起的海洋环境的污染等有关问题也已经受到航运界和法律界的重视。

“Torrey Canyon”号油船溢油事件所引发的经济纠纷,无论是恢复海洋生态环境的清污费还是直接受害个体的损失赔偿,都需要一套较为成熟的赔偿机制来确保足额赔偿。国际海事组织是专门处理海上事务的国际组织，此次重大溢油事故发生后，国际海事组织在布鲁塞尔召开了海上污染国际法律会议并于1969年通过了1969 CLC（船舶在海上造成油污污染损害后的民事赔偿责任认定和承担方式，[1]是船舶货油污染损害赔偿机制的一块基石）。船舶货油污染损害的责任公约主要表现为TOVALOP与《1971年油轮油污损害责任的暂行补充协议》（CRISTAL）。1969年"Torrey Canyon"号油船溢油污染事件爆发，在各国政府积极寻求国际公约的同时，在公众舆论与政治担忧的刺激下，航运业与石油企业迫于压力，形成了行业自愿赔偿协议。七个英美大型石油公司针对"Torrey Canyon"号油船溢油事件展开讨论，这些公司不仅拥有很大比例的石油货物，而且大部分世界油轮船队是由他们经营的。为了更好地解决类似的油污问题，七大公司的油轮所有人订立了TOVALOP，此协定是一种民间行业协议，由油船船东对船舶油污损害承担赔偿责任。因为该协定是在1969 CLC未生效时形成的油污损害的赔偿机制，且人们也意识到该协议减轻了各国政府单方面解决问题的压力，所以一经提出就获得了各国的广泛认同。

后由于TOVALOP与1969 CLC有些冲突，修订后形成了《油轮所有人永久协议》。1971年，在一些大型石油集团的倡议下，缔约方签订了《1971年油轮油污损害责任的临时补充协议》。该协议主要是对TOVALOP进行了补充，由各石油公司分摊缴付的基金对根据国际公约或协定已获得赔偿者且认为不足的索赔进行二次补偿。为了与《1971年油轮油污损害责任的临时补充协议》保持一致，修正形成了《油轮油污暂行补充协议》。后由于石油行业对1984年的议定书不满，1986年12月石油公司与国际独立油轮所有人协会达成一致，对《油轮所有人永久协议》与《油轮油污暂行补充协议》进行了修订，形成了《〈油轮所有人永久协议〉补充协议》与《油轮油污暂行补充协议》，后又发展为STOPIA 2006和TOPIA 2006。

从"Torrey Canyon"号油船溢油事件的初始到后面针对船舶油污损害赔偿协定的订立与修改，船舶货油污染损害的自愿责任公约也形成了

---

[1] 参见Pham Van Tan（范文新）：《国际、中国、韩国与越南船舶油污损害民事责任法律制度比较研究》，大连海事大学2018年博士学位论文。

一套较为成熟的基本体系,各国再遇到类似船舶货油污染相关问题的解决以及对自愿责任公约的研究时也就更加清晰了。

第二节　船舶货油污染损害的自愿责任公约的基本体系

一、《1968 年油轮所有人自愿承担油污损害责任的协定》(船东协定)

TOVALOP 是一项非官方的民间协定,TOVALOP 是 Tanker Owners 关于油污责任自愿协议的首字母缩写,由英国和美国七家最大的邮轮公司发起和签订,超过 99% 的油轮的船主是当事人。适用 TOVALOP 的"油轮"是指任何自行式的油罐船,其设计和建造用于海上散装运输无论是否为运营中的原油和碳氢燃料及其衍生的油(不包括液化石油气和液化天然气)。该协定在序言中强调,其反映的是签署方的意见,即传统海事法并不总是提供适当的手段来补偿国家政府或油轮船东,这些国家政府或油轮船东为避免或减轻因海上伤亡而排放的石油对"海岸线"造成的"污染损害",或补偿因海难事故而产生损害的油轮船东,或鼓励政府与油轮船东共同采取缓解措施。它的序言部分代表了油轮船东的一种自愿努力,以确立他们对政府支付此类清理费用的责任。为了确保油轮船东有能力履行这一责任,并以其他方式缓解局势,该协定主要约定,参加协定的船东所属邮轮或其租用的光船游轮,无论在任何海港或港口发生油污事件而污染了任何国家的海域或港口,都应主动承担因此而产生的损害赔偿责任,其中包括负担为排除油污威胁所采取的任何合理措施的费用。TOVALOP 规定,每个油轮所有人都必须做到以下两件事的其中一件:要么清除疏忽导致的持久性石油泄漏或者排放的油轮所造成海岸线的污染损害,要么偿还给合理地承担消除此类泄漏费用的国家政府相关费用。当这种泄漏虽然没有实际排放但存在严重且迫在眉睫的危险时,油轮所有者承担消除威胁或偿还国民政府合理的拆除费用。TOVALOP 对于溢出或威胁必须发生的位置没有限制,只要导致或造成海岸线污染损害,就适用该协议。但是,如果 CLC 公约适用于损害,

TOVALOP 将不再适用。TOVALOP 规定的污染损害是指任何国家的领土或领海污染造成的损害,包括"预防措施",即一旦发生泄漏,就应合理采取措施防止此类损害,这里的"污染损害"是指物理污染损害,不包括火灾、爆炸或生态破坏。

虽然对油轮的疏忽是政府从 TOVALOP 一方获得补偿的权利的一个基本组成部分,但规定发生漏油或受到漏油威胁的油轮船东有责任证明不受疏忽的影响。该协定还支持补偿船东因采取合理措施避免漏油事故进一步扩大而产生的费用。根据规定,每艘事故的油轮所有人的最高赔偿金额的责任限额提高到每吨 160 美元,封顶为 1680 万美元;如果政府和油轮船主都花钱拆除,总支出超过上限,则其支出根据上述限额按比例计算。此协定由国际油轮船东污染联合会有限公司管理,其所有缔约方均为其协会的成员。根据 TOVALOP,联合会要求缔约方确定其财务能力,以履行协定规定的义务。迄今为止,联合会已接受由传统保护和赔偿俱乐部、国际油轮赔偿协会(通常称为"ITIA")、由该协定的一些赞助者建立的相互保险协会和其他责任保险公司承保的 TOVALOP 风险保险。这些承保人不仅提供 TOVALOP 风险保险,还提供其他石油污染风险保险,后者通常被称为"法律责任"。

TOVALOP 规定,政府的索赔必须在其威胁解除或发生后一年内提出,收到一方向 TOVALOP 付款的政府必须解除因该事件引起的对该方的所有索赔。如果政府与 TOVALOP 的一方发生争议,可根据国际商会的程序将该事项提交仲裁,并有两年诉讼时效的限制。此协定自生效以来已经多次修订:原油、燃料油、重柴油和润滑油中的"油"的定义被扩大为"原油及其残留物(包括但不限于沥青、燃料油和重柴油)和润滑油"。政府的定义最初仅指一个国家政府,现已作了修改,目的是将该国民政府愿意代表其行事的某一特定国民政府管辖范围内的地方政府或政府机构包括在内,从而使地方政府能够根据 TOVALOP 收回搬迁费。最初,TOVALOP 仅适用于实际排放所产生损害的情形,修订后的范围扩大到即使没有实际的油污排放,为了防止污染损害所实施的行为可能造成的费用也可以适用该协定。

随着 TOVALOP 的生效,世界各大石油公司开始采取行动,联合抵制租用未参加协定的油轮,因此给各国油轮船东造成了商业上的巨大压力。

不过，从整体上来看，船东自愿主动承担油污损害赔偿责任，在没有国际公约的统一调整和约束的情况下，对油污受害人来讲是个不错的行业协定。CLC 公约于 1969 年通过并于 1975 年生效。从理论上来讲，它可以取代 TOVALOP 的位置。然而 CLC 公约中对于邮轮的规定只局限于 2000 吨以上的载货邮轮，以至于 2000 吨以下的邮轮和所有空放压载邮轮所造成的油污损害无法得到赔偿。受污染损害的国家并非都是 CLC 公约的成员方，因而无法通过该公约提出索赔依据。其实，CLC 公约的出台并没有使得 TOVALOP 失效，反而通过新协议予以补充，以致参加协定的船东越来越多。他们通常通过在船东互保协会投保 TOVALOP 责任险来转嫁赔偿责任。

TOVALOP 所规定的是绝对责任限额，船东有无实际过失、是否知情，对赔偿责任并无影响。若索赔金额超出限额，赔偿则必须按比例消减。1986 年基金大会决定提高赔偿限额后，TOVALOP 也随之再一次提高了赔偿限额。

TOVALOP 的管理机构是设在伦敦的国际邮轮船东防污染组织，是当前国际上处理油污事务的专家组织。

二、TOVALOP 与 CLC 公约

TOVALOP 与 CLC 公约之间的基本区别在于，TOVALOP 的赔偿范围仅限于政府采取的清污费用，CLC 公约则承担包括政府在内的各方在实际排放中恢复污染损害的费用。此外，二者之间的货币限制也不同，TOVALOP 的限额较低，每 GRT 100 美元或 10,000,000 美元，以较低者为准，而 CLC 公约限额为每限量 2000 美元的 Poincare 法郎（160 美元）或 210,000,000 Poincare 法郎（1680 万美元），以较少者为准。此外，TOVALOP 对“污染损害”的定义更为精确，并且比 CLC 公约中的“污染损害”的定义狭窄。就 TOVALOP 而言，“污染损害”是指因排放石油而对“海岸线”造成的物理污染，不包括火灾或爆炸造成的损害，间接损害或生态损害。CLC 公约中的“污染损害”的定义虽然仅限于污染造成的损害和防止其发生的合理措施的成本加上此类措施造成的损害，但并未包含 TOVALOP 中规定的明确排除。在某些方面，TOVALOP 和

CLC公约的规定至少在原则上是合理的。如前所述,TOVALOP规定联邦管理部门采取措施鼓励油轮业主自愿清理,不论疏忽如何,都保证他们将获得清理费用的报销,实际上是通过保险来实现的,从而保护和赔偿油轮所有人或其他承销商。此外,当索赔超过TOVALOP限制时,允许TOVALOP油轮所有者按比例分配他自己的搬迁费用以防止政府搬迁。CLC公约同样规定了负债的保险和担保范围,并试图通过允许所有者抵消其责任限额抵消污染损害最小化所产生的费用来鼓励所有者进行清理。

TOVALOP和CLC公约的责任基础与实际问题并无太大不同,尽管条款本身存在实质性差异。CLC公约包括船东的抗辩,战争行为,特殊的自然现象,意图造成第三者损害的行为或不作为,被控维持航行辅助的政府的疏忽或不法行为,以及不法行为或遗漏受损方包括其疏忽的。在TOVALOP中,除非疏忽导致的泄漏,否则油轮船东不承担责任,但是船东在这个问题上有举证责任,必须确定泄漏不是他的过失造成的。TOVALOP中的"油轮"和CLC公约中的"船舶"的定义存在差异。一方面,在TOVALOP中,"油轮"是指为海上运输原油和碳氢燃料以及石油衍生物(不包括液化石油气和液化天然气)而设计的任何油轮,无论该船是否实际在海上作业。在CLC公约中,"船舶"被定义为任何海上船舶和任何实际运输散装油作为货物的海运船舶。这种定义差异最重要的后果可能是TOVALOP涵盖了镇流器中油轮的泄漏,但CLC公约不承保。另一方面,CLC公约可以适用于在深水舱中装载油作为货物的普通货船,TOVALOP则不适用于此类船舶。CLC公约中的"油"的定义在技术上比TOVALOP中的"油"的定义更广泛,因为CLC公约中包含鲸油而TOVALOP中却不包括。但如果除去鲸油,TOVALOP的定义可能更广泛,因为它意味着"原油及其残留物(包括但不限于沥青、燃料油、重柴油)和润滑油",比CLC公约中的任何持久性石油,如原油、燃料油、重柴油、润滑油,都更为广泛。TOVALOP中的"油轮所有者"的定义是所有权持有人,或者当油轮在光船租赁范围内时,光船承租人有资格成为协议的缔约方,如上所述,一旦这样的所有者成为缔约方,其所有的符合条件的油轮都必须遵守协议。根据CLC公约,"所有人"是指注册为船舶所有人的人,或者在没有登记的情况下拥有船舶的人,且适用于由一国拥有并由公司经营的船舶的特殊规定。若一国在该国注册为船舶经营人,在这种情况下,"所有人"是指该公司。遗憾的是,CLC 公约未涵盖光船承租人,换句话说,在 CLC 公约生效后,光船承租人的责任不受 CLC 公约的影响。

三、《1971 年油轮油污损害责任的暂行补充协议》

《1971 年油轮油污损害责任的暂行补充协议》的作用主要是弥补 TOVALOP 赔偿后的不足额,其最初被认为是补充油轮所有者对污染损害和补充 TOVALOP 或 CLC 公约的资金的责任,等待准备和批准建立国际基金的合适公约对污染损害的补充补偿。它是石油公司作为持久性石油货物的"所有者"和石油公司海洋污染赔偿有限公司之间建立的一项基金,所有缔约方均为其股东。此项基金的补充额度是有限制的,它的最高限额是每一事故 3000 万美元。《1971 年油轮油污损害责任的暂行补充协议》于 1971 年 1 月 14 日签署,那时基金公约尚未准备好,后来被改为提供污染损害的补充补偿,鼓励油轮业主通过报销部分业主的清理费用进行清理活动。签署后不到三个月,该协议生效,目前世界上 90% 以上的原油和燃料油货物的接收者是《1971 年油轮油污损害责任的暂行补充协议》的缔约方。根据该协议规定,石油公司缔约方承诺向研究所缴纳维持的基金缴纳会费,研究所承诺从该基金中支付款项,以偿还油轮所有者发生的某些清理费用,并赔偿受油污染损害的地区和国家。《1971 年油轮油污损害责任的暂行补充协议》依据 CLC 公约中的一些定义规定了一些基本定义,因此,其"油轮"("船舶")、"所有者"、"污染损害"、"预防措施"和"事件"的定义要么与 CLC 公约中规定的相同,要么非常相似。与 TOVALOP 的不同之处在于,《1971 年油轮油污损害责任的暂行补充协议》仅在油轮实际携带持久油的情况下发挥作用,不适用于压载运行。

在研究所有根据《1971 年油轮油污损害责任的暂行补充协议》支付油轮所有者的清理费用或其他人因排放油而造成的污染损害之前,必须满足三个基本条件。首先,船舶所携带的石油必须在事件发生时由"船舶所有者"的一方"拥有"。这项条件对"所有权"的定义范围非常广泛:缔约方在拥有所有权的同时必须拥有一批石油；在事件发生之前，已将所有权转让给非缔约方，但仍然选择被视为所有人，已向研究所提出转让通知；如果所有权属于非缔约方，则在事件发生之前签订合同将货物转让给缔约方。其次，在 CLC 公约生效之前，该油轮必须加入了 TOVALOP。最后，如果事故发生时 CLC 公约已经生效，油轮船东只有在本应对由此造成的污染损害承担责任的情况下才会发生逃逸事件。CLC 公约生效后，这一条件就被该公约规定的实际责任要求所取代了。如果油轮所有者承担清理费用，补偿协议将偿还因泄漏而产生的费用。换句话说，《1971 年油轮油污损害责任的暂行补充协议》将偿还油轮所有者的某些“超额”清理费用，显然，这项规定旨在鼓励油轮业主在迅速清理泄漏物时避免或减轻污染损害。研究所对此超出部分的责任限制如下：如果涉及污染损害的人（除了业主的清理），只要遭受损失的人已经尽职尽责地恢复损失，并达到规定的限额，他们就会得到相应的赔偿。因此，研究所将偿还业主的清理费包括补贴在内的总额限制在 30，000，000 美元，同时通过补贴，实际将油轮所有者（包括油轮光船承租人）对船舶油污受害人的赔偿限制在 125 美元/船舶吨位，最高不超过 1000 万美元（以较小者为准）的范围内。就持续污染损害的人而言，研究所将他们每次事故报销的最高额限定为 30，000，000 美元，并减去：（1）所有者清理费用的数额（或研究所判断的应该具有的数额），若其数额高达 $ 125 perGRT 或者 10，000，000 美元，以较少者为准；（2）上述所有者清理费用由研究所支付的任何补偿；（3）所有者对 TOVALOP 政府的责任金额（假设政府选择采用 TOVALOP）；（4）可从其他来源合理收回的任何金额。对于造成污染损害的人，预计将尽职尽责地从造成泄漏的油轮所有者和法规规定的任何当地基金的损害中恢复，以补偿污染损害。如果索赔额超过可用数额，则按比例分配。

对研究所提出的索赔必须在事故发生之日起一年内提出，研究所有权制定有关《1971 年油轮油污损害责任的暂行补充协议》条款解释的规则和指令。《1971 年油轮油污损害责任的暂行补充协议》受英格兰法律管辖，英格兰法院对由此产生的任何争议拥有管辖权，这样选择可能是由于英国法院对海事事务的熟悉程度。《1971 年油轮油污损害责任的暂行补充协议》中还包含许多关于筹集基金的条款，研究所将从中支付款项，有关于石油公司缔约方在码头和其他设施的原油和燃油收据数量,研究所的规则详细说明了计算此类收据的详细信息。

四、《1971 年油轮油污损害责任的暂行补充协议》与 FUND 公约

《1971 年油轮油污损害责任的暂行补充协议》设立以后,世界上多次发生重大油污事故,船东和石油公司担心出现对其不利或比起现有公约对其规定更为严格的国际立法。因而积极主动地提出修改 TOVALOP 和《1971 年油轮油污损害责任的暂行补充协议》的建议,要求提高油污清理费用和责任分担。TOVALOP 的赔偿限额被再次提高之后,《1971 年油轮油污损害责任的暂行补充协议》的限额也跟着被提升了,油污损害索赔超过 TOVALOP 最高限额的部分,由《1971 年油轮油污损害责任的暂行补充协议》按照新的限额予以补偿。FUND 公约和《1971 年油轮油污损害责任的暂行补充协议》之间的相似之处很明显:首先,两者都旨在补偿污染损害的受害者;其次,两者都为污染损害事件中的油轮业主提供援助。

《1971 年油轮油污损害责任的暂行补充协议》鼓励油轮所有者通过赔偿他所支付的清理费用进行清理,该费用超过总注册每吨 125 美元或 1000 万美元(以较低者为准),高达 3000 万美元。FUND 公约通过赔偿油轮所有者 CLC 公约下每吨 1500 加仑法郎(120 美元)或 1. 25 亿加元法郎(1000 万美元)(以较少者为准)和 2000 加仑法郎(160 美元)/吨或 2. 1 亿庞加莱法郎(1680 万美元),并将油轮所有者采取的预防措施的合理费用视为第三方污染损害,即使 CLC 公约规定的责任限额已经用尽,油轮所有者也可以从基金中收回赔偿金,即使事故发生在油轮所有者的相互关系和过错。对于《1971 年油轮油污损害责任的暂行补充协议》的利弊也是众说纷纭:一方面,批评者们认为,《1971 年油轮油污损害责任的暂行补充协议》基金可能在污染损害的受害者遭遇破坏之前就已经耗尽基金,因此它将油轮所有者作为一类受欢迎的索赔角色;另一方面,《1971 年油轮油污损害责任的暂行补充协议》方法的倡导者们指出,避免和减少污染损害的最佳方法是鼓励及时清理,且油轮所有者真的应该开始清理。《1971 年油轮油污损害责任的暂行补充协议》提供的清理费用报销保证

可能是刺激油轮业主迅速采取行动,消除或预防污染损害的最佳方式。他们断言油轮所有者耗尽可用资金的机会可能只是理论上的。虽然FUND公约设立的基金也通过向船东的CLC责任的一部分提供赔偿并允许船东将其清理费用视为对其的索赔来鼓励油轮船东进行清理,但是污染损害基金,无论他的疏忽是否可能导致排放,《1971年油轮油污损害责任的暂行补充协议》中的业主清理费用的首选地位都是刺激业主行动的更有效的方式。《1971年油轮油污损害责任的暂行补充协议》适用于业主在FUND公约未涵盖的一个领域的清理费用——泄漏的威胁。最后,他们认为《1971年油轮油污损害责任的暂行补充协议》关于油轮所有者清理的规定比FUND公约更为直接。

除了油轮所有者清理费用外,《1971年油轮油污损害责任的暂行补充协议》和FUND公约还为污染损害的受害者提供补偿。但《1971年油轮油污损害责任的暂行补充协议》坚持认为,索赔人首先应用尽其他任何可用补偿来源的补救措施,并对其已经由研究所作为业主的清理费用报销的金额30,000,000美元的基金给予适当的补贴,用于业主应该用于清洁的金额为每个GRT最高125美元,以及政府负有的责任金额。FUND公约规定,基金提供的补充补偿将在CLC补偿之上生效,并且由于某种原因CLC不提供回收,它可能降至1美元。

《1971年油轮油污损害责任的暂行补充协议》对FUND公约中未发现的第三方的责任有某些限制。正如我们所看到的那样,有关油轮必须加入TOVALOP,而且情况必须如此,如果适用CLC公约,油轮所有人实际上应根据该公约承担责任;在CLC公约生效后,必须有实际的CLC责任。船舶的货物必须由《1971年油轮油污损害责任的暂行补充协议》的一方拥有,尽管所有权的定义是广泛的,目的是让其可以获得《1971年油轮油污损害责任的暂行补充协议》保护。

根据FUND公约,污染损害受害者的国家必须是CLC公约与FUND公约中的一方,正如只有船旗国是两个公约的缔约方,船东才能获得赔偿一样。但CLC公约规定的责任只是在根据第5条的规定向船东提供赔偿的情况下支付的先决条件。

TOVALOP和《1971年油轮油污损害责任的暂行补充协议》的关系类似于CLC公约与FUND公约的关系。它们的不同之处在于:一个是民间协定，另一个是政府间的国际公约；前者两个协定的结算货币为美元，两个公约所规定的限额以 SDR 为计算单位。[①] FUND 公约中规定，当三个缔约方在前一日历年度收到的摊额油总量达到或超过 6 亿吨时，限额将进一步提高为 2 亿 SDR，而《1971 年油轮油污损害责任的暂行补充协议》无此规定。这两个民间协定在实践中产生了积极影响，对油污损害赔偿的国际立法具有一定的推动作用。但我们也可以看到，民间协定只是当事人之间的合约，不具备政府间协定所具有的直接法律效力，因此在一定程度上妨碍了国际社会就船舶油污污染赔偿达成更高的标准，减损了 CLC 公约与 FUND 公约的普遍适用性和影响力。

五、《1985 年油轮所有人油污损害赔偿责任协定》

国际石油集团认为 CLC 公约与 FUND 公约及《1984 年议定书》并没有让船东责任不以吨位的方式计算赔偿限额，这两项议定书也未有让船东承担赔偿责任的相关规定，且在议定书上签字的国家也较少，导致这两项议定书在当时近期生效的可能性不大。与此同时，国际石油集团还认为 TOVALOP 与《1971 年油轮油污损害责任的暂行补充协议》所规定的赔偿限额太低，不能使受害人得到充分的补偿。因此，国际石油集团发起制定了新的民间协定——《1985 年油轮所有人油污损害赔偿责任协定》（PLATO）。

该协定签订后受到了多方船东协会的反对，他们认为该协定极大地增加了船东的赔偿责任和经济负担，油船船东的责任比例占一大部分而石油公司仅分担一小部分的赔偿责任。船东们还认为该协定的实施将影响到 CLC 公约与 FUND 公约的生效，扰乱了现行的赔偿制度。由于船东们的强烈反对，PLATO 在 1986 年就失效了。

六、STOPIA 2006 和 TOPIA 2006

2003 年补充赔偿基金的建立打破了 CLC 公约和 FUND 公约所构建

① 参见吴焕宁：《海商法学》（第 2 版），法律出版社 2002 年版，第 239 页。

的对于船东和石油进口人相对公平的油污损害赔偿机制(船舶所有人和基金),使得石油进口人不满承担较重的赔偿责任,在船东们的支持下,国际船东互保协会签订了 STOPIA 2006 和 TOPIA 2006,以此来维护船东与石油进口人之间的油污损害赔偿责任的平衡。这两个具有合同约束力的协定于 2006 年 2 月 20 日生效实施,且规定在这两个协定实施 10 年后,根据 2006 年至 2016 年 10 年间油污损害索赔的实践对其进行修改,以后每 5 年进行一次修改,以便更好地平衡船舶所有人与石油接受方之间经济利益。① STOPIA 2006 在 1992 CLC 所规定的对于低于 5000 总吨的船舶的赔偿限额是 451 万 SDR(约 700 万美元)的基础上,②对基金成员方中 29,548 总吨以下的船舶责任限额进行了扩大,在自愿的情况下,可增加 2000 万 SDR(约 3000 万美元)。③ 对于 1992 FUND 中规定的赔偿受害者达到限额的情形,STOPIA 2006 则分成两种赔偿方式供受害者选择:第一,补足限额和受害者在诉讼中所接受的赔偿总额;第二,补足 2000 万 SDR 的差额。TOPIA 2006 协定也对补充基金议定书中所保留的赔偿受害者义务进行了调整,其规定补充基金有权获得差额,该差额由船舶所有者或者保赔协会进行赔付,如果事故涉及的船舶属于该协定管辖的范围,补充基金支付给申请人赔偿数额的 50% 。④

第三节　船舶货油污染损害的自愿责任公约的主要制度

一、石油

《油轮所有人永久协议》中的石油指任何持久性烃类矿物油。⑤《油轮油污暂行补充协议》中的“石油”指任何持久性的,不论是否作为货物

---

① 参见周学锋:《海商法》,海洋出版社 2016 年版,第 231 页。

② 1992 CLC 第 5 条第 1 款。

③ See STOPIA 2006, art. Ⅳ (c) (i).

④ See TOPIA 2006, explanatory note.

⑤ See TOVALOP Standing Agreement Clause I (f).

载运的碳氢矿物油类，例如原油、燃料油、重柴油以及润滑油。[①]

二、船舶

《油轮所有人永久协议》中的船舶指为了载运散装货油而设计和建造的任何远洋船舶和任何类型的海运船艇，而不论是否在油污事件发生时实际运输石油。[②] 因此，无论是货油溢出造成的污染损害还是燃料舱燃油溢出造成的污染损害，都属于《油轮所有人永久协议》中的船舶的范围。《油轮油污暂行补充协议》将船舶定义为：为了载运散装石油货物而设计和建造，并且实际载运石油的任何远洋船舶和任何类型的海运船艇。[③] 相较之下，《油轮油污暂行补充协议》限定了船舶的范围，仅限于实际运输石油时货油、燃料舱燃油溢出造成的污染。

三、事件

《油轮所有人永久协议》中的"事件"是指造成污染损害或产生溢油危险的任何事故，或同一原因引起的一系列事故。[④] 这与《油轮油污暂行补充协议》中的"事件"的规定是相同的。《油轮所有人永久协议》还进一步限定，在油污损害发生时，加入《油轮所有人永久协议》的油轮所运载的石油货物必须属于《油轮油污暂行补充协议》的成员。[⑤] 例如：1976 年 3 月，载有 25 万吨石油的"奥林匹克勇敢"号油轮在法国海岸处遭暴风袭击，船身断为两截，船上原油全部倾泻入海；1978 年 3 月，利比里亚油轮"阿莫柯·卡迪兹"号满载原油从波斯湾驶往荷兰鹿特丹港时在法国布列塔尼外海触礁搁浅，船体破损，造成溢油 22.5 万吨，形成近 2000 平方海里的黑油层，致使无数鱼类、海鸟死亡，贝类水产的繁殖海床被毁坏，海滨浴场全部被污染，海洋环境遭受巨大破坏。

---

① See Revised CRISTAL 1978, Clause (F).
② See TOVALOP Standing Agreement, Clause I (m).
③ See Revised CRISTAL 1978, Clause (m).
④ See TOVALOP Standing Agreement, Clause I (d).
⑤ See TOVALOP Supplement, Clause 1 (1)(A).

四、污染损害

《油轮所有人永久协议》将污染损害定义为：不论泄漏或排放发生于何处，只要是油轮泄漏或排放石油在油轮之外对任何国家的领土包括领海造成的损失或损害，包括不论在何处采取的防止污染措施所支出的费用，以及防止污染措施所造成的进一步损失或损害，但不包括原因或推定损失或损害，或者不是因石油泄漏或排放直接造成的损失或损害，就都为污染损害的范围。[①] 这与《油轮油污暂行补充协议》中所作的规定相同。按其规定，油轮泄漏或排放石油在油轮以外造成污染所引起的物理损失或损害，包括防污措施造成的这种损失或损害。作为上述原因的直接后果，经证实实际遭受经济损失，包括防污措施所支出的费用，而不论是否伴有物理损害；作为公约所适用的"事件"的直接后果，采取合理和必要措施恢复或替代自然资源所产生的实际费用，但不包括其他任何环境损害的，可以获得赔偿。

五、责任主体

责任主体主要包括以下几类：(1)船舶所有人。一般情况下，船舶碰撞造成的油污损害的责任主体为船舶所有人。这样做的好处是可以避免重复保险和多重诉讼。如果存在多个责任主体，比如期租承租人、光船承租人、营运人等，那么由于油污损害的高额赔偿必然要求有可能成为责任主体的各方采取保险等方式来规避风险，一个油污损害事件可能会有多方进行保险，这实际上加重了航运业的成本和负担，不利于航运业的发展。(2)光船租船人。利用船舶从事运输的往往不是真正的船舶所有人在实际操纵船舶，船舶往往被以期租和程租的方式租给其他人进行运输。国际上对这个问题的处理比较统一，基本排除了期租和程租承租人作为油污损害的责任主体的可能性。(3)应负责任的第三方。如果油污事件完全、排他性地是由第三方的行为或疏忽造成的，第三方则被视为责任

---

① See TOVALOP Standing Agreement, Clause I (k).

方。实践中较为常见的第三方是碰撞船舶的船舶所有人,而CLC公约规定的是只有在油污事故完全是由第三方的有意不当作为或不作为引起时,才由该第三方负责赔偿。(4)责任保险人。船舶污染所造成的损害后果往往非常大,由此带来的索赔数额往往并非船舶所有人能够承担的。因此,受害人可直接对责任保险人提起诉讼。

六、赔偿范围

赔偿范围指船舶溢出或者排放油类、燃油等油类物质造成海洋环境污染后,受害人可以向油污责任人索赔损失的范围。关于赔偿范围的划分并不是一成不变的,公约在后来的适用中由于出现新的问题,于1978年在之前一致的问题上进行了修改。赔偿的适用范围适用于油船,即为载运散装油货物而设计与建造的海船或船艇,而不论其是否载有油类,鲸油除外。

七、赔偿责任与免责

油船所有人(包括光船租赁时的光船承租人)对其油船在事件中溢出或排放的油类所造成的油污损害,以及他人因该事件而采取的排除威胁措施所支出的费用负赔偿责任。[①] 针对两艘及两艘以上的油轮造成的油污损害,除非相关缔约人存在免责情形可不负赔偿责任,否则都应该对全部损害负连带责任。免责事由包括:(1)在世界各地造成的油污损害,如果其中任何部分按CLC公约的规定须赔偿责任;(2)因战争行为、敌对行为、内战或武装暴动、或特殊的、不可避免的和不可抗拒性质的自然现象而被引起的损害;(3)完全是由于第三者有意造成损害行为或不作为所引起的损害;(4)完全是由于负责灯塔或其他助航设备的政府或其他主管当局在执行其职责时的疏忽或其他过失行为所造成的损害;(5)如果油污损害或引起排除威胁措施的局面完全或者部分是由于遭受损害人的疏忽,或者是由于他采取了排除威胁的措施所造成的,则缔约油轮所有人

① 参见罗忆松主编:《海商法》,中国法制出版社2000年版,第360页。

即可全部或部分免除对该人所负的责任。[1]

关于索赔的通知,必须以书面的形式,在油污事件发生之日起1年内送达油船所有人。如果双方或多方就油污赔偿问题不能通过和解或调解达成一致协议的,须在油污事件发生之日起2年内提请国际商会仲裁,纠纷的解决原则上适用英国法。

八、责任限额

缔约油轮所有人对每一事件的最高责任限额为该事件所涉及的每一油轮每吨160美元或1680万美元,在两者之间选择较少的部分进行限制。如果索赔总额超过上述限额,缔约所有人对每一索赔的给付应为该一索赔在全部已确立的索赔总数中所占比例之按上述最高限额计算的部分。在缔约所有人未履行全部责任之前,如果缔约所有人或任何向其提供保险或其他财务保证的任何人员因所述事件而支付了油污损害或排除威胁措施费用的赔款,则上述人员在其支付数额范围内代位获得受偿的人所应享有的权利。如果享有代位行使权利的缔约所有人有证据证明其可能在以后被强制支付根据《油轮所有人永久协议》所确定的部分或全部赔偿金额,其可在赔偿时暂时留出一个足够的数额,以便他在赔付按《油轮所有人永久协议》而拥有有效索赔权的请求人的索赔后,能够进行其他相应的支付。为了更好地确定缔约人的责任限度,就缔约所有人主动采取的预防措施而提出的索赔,以及缔约所有人主动采取排除威胁措施所支出的费用,在确定所有人责任直至之前所确定的限额时,将被视同缔约所有人以外的任何人的索赔。

九、地理范围

《油轮所有人永久协议》适用于在任何国家领土、领海发生的污染损害,[2]《油轮油污暂行补充协议》的规定与其相同。

---

① 参见贾林青主编:《海商法》,中国人民大学出版社2000年版,第223页。

② See TOVALOP Standing Agreement, Clause I (k).

十、责任协定

责任协定主要包括任何缔约方陆续订立的实施《油轮所有人永久协议》的法律或规则:

(1)TOVALOP;

(2)CRISTAL;

(3)PLATO;

(4)STOPIA 2006 和 TOPIA 2006。

十一、费用

费用指合理的费用,理论界经过长时间的探讨逐渐达成了基本共识。费用具体包括:清污费用、财产损失、相继经济损失、纯经济损失、海洋环境损害、研究费用以及聘请索赔代理的费用。

第六章　船舶燃油污染损害赔偿法

第一节　船舶燃油污染损害赔偿国际法

一、船舶燃油污染损害赔偿国际立法的历史沿革

1969 CLC 和 1971 FUND 的实施奠定了船舶污染损害赔偿的基本框架，在确定油污损害赔偿责任、保护受害人合法权益方面发挥了重大作用。但随着时间的推移，这套公约建立的机制也暴露出一些问题，主要是污染损害赔偿责任机制的适用范围过窄，仅适用于载运持久性油类的油船造成的污染损害。然而，海上航行的油船毕竟只占少数。船舶造成海洋污染的来源不仅仅是油轮，其他船舶使用的燃油、垃圾、生活污水等也会给海洋带来污染。其中，为船舶提供动力来源的燃油存在的高污染风险被人们所关注，原因在于：一是海船使用的燃料以重质燃料油为主，这些油主要由将石油提炼后剩下的重质成分组成，其黏度高，在海上能够持续较长时间，不易挥发或消失，相对于轻质油品，如汽油、柴油，对环境的污染危害性更大；二是随着船舶大型化发展，一些远洋散货船和集装箱班轮的燃油多达万吨，远比千吨级及以下的油轮载运的货油多，这些船舶的燃油舱一旦破损，其污染危害不小于小型油轮的污染。

全球范围内的船舶因燃油泄漏造成的海洋污染事故其实不在少数，一些国家的相关机构陆续意识到了这一

问题。据英国保赔协会统计,燃油污染索赔事故占全部污染事故的二分之一以上。另外,加拿大代表提交给国际海事组织法律委员会的一份材料显示,燃油污染具有多发性质,已占全球油污的35%左右。[①] 澳大利亚对其1975～1996年的船舶油污事故做过统计,约有83%的油污事故是非油轮造成的,但由于缺乏责任和赔偿规定,非油轮船舶燃油事故的处理更加困难。

关于燃油污染的问题,国际海事组织早在1969年制定1969 CLC时就有所考虑,但当时因急于建立针对"Torry Canyon"事故的油污损害赔偿责任体系,一些国家的代表认为将燃油污染问题纳入CLC公约会导致问题的复杂化,而且油污损害赔偿采用的是两层赔偿体系,即在CLC公约外辅以FUND公约,由船东及保险人承担第一层赔偿责任,由石油货主承担补充赔偿责任,所以石油公司的意见相当重要。当时,石油公司们普遍认为,他们只能对货油污染和运送货油的船舶造成的燃油污染负责。由此,该提案被搁置下来,直到1994年国际海事组织海洋环境保护分委会第36次会议上,澳大利亚提出了有关燃油污染损害赔偿体系的具体提案。

国际海事组织第73届法委会会议将制定燃油污染的公约列为以后会议的最优先议题。在第74届法委会会议上,澳大利亚、英国、爱尔兰、荷兰、挪威、芬兰、瑞典、南非等国家起草了公约草案,但是在制定该公约的必要性,以及是制定一个新的公约还是制定一个1992 CLC的议定书问题上,法委会之间进行了长时间争论。

关于制订公约的必要性方面,赞成制订公约的一方认为,全世界范围内已经发生的一些船舶燃油污染事故表明,重大燃油污染事故时有发生,现有的1992 CLC不能解决各类船舶的燃油污染问题,并且由于没有实施普遍强制保险,燃油污染的索赔上存在着很多困难,因此制订燃油污染公约是非常必要的。反对制订公约的一方认为,船舶携带燃油的数量相对货油要少得多,而且船上的燃油柜是相互分隔的,造成重大燃油污染事故的可能性比较低。据国际保赔协会集团的统计,世界上90%的国际航线船舶已加入了保赔协会,另有5%的船舶采取了其他担保方式,在这种

---

① 参见司玉琢主编:《海商法》,法律出版社2018年版,第317页。

情况下,制定 2001 BUNKER 的必要性不大。在随后几届法委会会议上,有关国家提供的一系列案例表明,重大燃油污染事故是存在的,有必要制定相应的法律文件,填补国际公约在这方面的空白。

关于文件的形式,法委会的不同国家代表的意见也曾不一,讨论中有两个方案:一是制定一个独立的新公约;二是起草一个 1992 CLC 的新议定书,扩大 CLC 公约的适用范围,将燃油污染纳入 1992 CLC 的法律框架内。在随后的几次会议讨论中,大多数国家均认为,文件形式是个技术性问题,应在起草过程中解决。如果纳入 1992 CLC 的法律框架不存在立法障碍,可以制定 1992 CLC 的议定书;如果难以并入 1992 CLC 的机制,则应制定一个单独的公约来规定燃油污染的民事责任问题。随后的立法过程表明,燃油污染的处理有其特殊性,难以完全纳入 1992 CLC 的框架中。单独制定一个船舶燃油公约,逐步成为了各国代表团的共识。

自 1996 年 10 月的第 74 届国际海事组织法律委员会会议开始,到 2000 年 10 月的第 82 届法委会为止,在连续 4 年的 9 次法委会会议上,参与制定燃油公约的各国代表团就燃油公约的主要条款内容、发布形式等进行了反复协商,终于在法委会第 82 届会议上将此次会议的草案确定为最后文本。

2001 年 3 月,国际海事组织主持的"2001 年船舶燃油污染损害责任与赔偿外交大会"在英国伦敦召开,2001 BUNKER 在此次大会上获得正式通过,64 个国家的代表在会议最后文件上签字。该外交大会主要讨论决定的事项有:小型船舶的强制保险豁免问题、燃油污染公约的生效条件、受害人对强制保险人的直诉制度等。

二、2001 BUNKER 的适用范围

截至 2022 年 12 月 17 日,根据国际海事组织网站发布的数据,全球已有 105 个国际和地区加入了 2001 BUNKER。我国也于 2008 年加入该公约。根据 2001 BUNKER 的规定,其适用范围主要如下。

(一)适用的船舶范围

2001 BUNKER 规定其适用的船舶是任何类型的海船和其他海上航

行器,但不适用于军舰、海军辅助船舶或者其他为国家所有或者营运的并在当时仅用于政府非商业服务的其他船舶。该规定不同于 1992 CLC 中只适用于油船的规定,其将适用范围几乎扩大到了所有船舶,这也是制定该部公约的主要原因。

(二)适用的船舶所有人范围

2001 BUNKER 规定其适用的船舶所有人包括船舶登记所有人、光船承租人、船舶经营人和管理人等。其中,船舶登记所有人是指登记为船舶所有人的人;如果没有登记,则是指拥有船舶的人。不同于 1992 CLC 将船舶所有人仅限于船舶登记所有人的规定,2001 BUNKER 将船舶所有人也就是燃油污染损害赔偿的责任主体扩大到了船舶登记所有人、光船承租人、船舶经营人和管理人四类人,这也是 2001 BUNKER 的显著特点之一。[①]

(三)适用的油污范围

2001 BUNKER 规定其适用的油类是燃油,具体是指任何用于或者准备用于操作和推进船舶的烃类矿物油,包括润滑油,以及这些油的任何残余物。由此可见,只要是船舶泄漏入海的燃油,不管是持久性的油类还是非持久性油类,其造成的油污损害都属于该公约调整的范围。

(四)适用的区域范围

与 1992 CLC 一致,2001 BUNKER 适用于缔约方区域内造成的污染损害,缔约方的区域包括该国领海和专属经济区。但是,在一些特殊情况下,如公海上发生的燃油污染损害,由于油污扩散等导致缔约方领海和专属经济区被污染的,2001 BUNKER 规定不论是在何处采取的用于防止或者减少缔约方的领海和专属经济区的污染损害的预防措施,都适用于 2001 BUNKER,比如在公海上清污的目的是防止油污扩散到该国专属经济区。

---

① 参见司玉琢主编:《海商法》,法律出版社 2018 年版,第 317 页。

三、2001 BUNKER 的主要制度

(一)油污损害的含义

2001 BUNKER 规定的油污损害含义基本与 1992 CLC 类似,公约适用的油污损害是指:(1)无论船舶溢出或者排放发生在何处,由于溢出或排放的油类,而在船舶之外因污染而造成的损失和损害。其中,对环境损害的赔偿应限于已实际采取或者将要采取的合理恢复措施的费用,利润损失除外。(2)预防措施的费用和因预防措施而造成的进一步损失或者损害。其中,预防措施是指在事件发生后,为防止或减轻污染损害而由任何人所采取的任何合理措施。

关于损害发生的原因,1992 CLC 和 2001 BUNKER 都规定必须是由相应油类"溢出或排放"引起的污染损害,至于其他原因,如爆炸、火灾等引起的污染损害不受公约调整。

(二)燃油污染损害强制保险制度

燃油公约规定了一项与 1992 CLC 强制保险制度类似的制度,其针对的是燃油而非货油,公约规定已登记的船舶所有人在一缔约方内登记拥有 1000 总吨以上船舶的,必须进行保险或者取得其他财务保证,以便按其适用的国内法律或者国际公约的责任限制制度承担对其油污损害所应负的责任,但是在任何情况下不得超过 1996 年海事赔偿责任限制公约中规定的责任限额。同时,缔约方的主管当局在确认强制保险的要求已经得到满足的情况下,应向每艘船舶颁发一份证明保险或其他财务保证根据本公约的规定属于有效的证书。

2001 BUNKER 在制定过程中曾经考虑按船舶总吨或者船舶燃油柜的容积来确定强制投保的划分标准,最终由于采用船舶总吨作为确定船舶实施强制保险的标准比使用船舶燃油柜的容积更便于操作,"2001 年船舶燃油污染损害责任与赔偿外交大会"决定按照船舶总吨来确定小型船舶的强制保险豁免问题,并确定 1000 总吨是划分界限。

(三)燃油污染损害直接诉讼制度

燃油污染损害直接诉讼制度也是一项与 1992 CLC 中的制度相类似的制度,2001 BUNKER 规定受害方对污染损害的任何索赔,可向燃油污染的保险人或财务保证人直接提出,在这种情况下,被告可援引船舶所有人本可援用的抗辩,其中包括船舶所有人应有的责任限制。同时,即使根据法院地法,被告人也无权援引责任限制。除此之外,被告人还可以提出抗辩,说明油污损害是船舶所有人故意的不当行为造成的,从而拒绝作出赔偿,但不得援用他在船舶所有人向他提出的诉讼中可能有权援引的其他抗辩。在任何情况下,被告都有权要求船舶所有人参加诉讼。[①] 该规定明确了 2001 BUNKER 中受害方对保险人或者财务保证人直接诉讼的权利,与 1992 CLC 对直接诉讼的规定基本相同。这表明 2001 BUNKER 与 1992 CLC 一样,为了对油污受损害人提供更加稳定、可预期的保护而明确规定了有别于各国一般国内法的强制责任保险、财务保证制度,即油污受损害人直诉油污责任保险人或者财务保证人的,油污责任保险人或者财务保证人作为被告可以援引被保险人(船舶所有人)对受损害人的抗辩,但不得援引其对船舶所有人的抗辩,即不得以其与船舶所有人之间的特别约定来对抗油污受损害人,这也是油污强制责任保险与一般责任保险的重要区别。[②]

鉴于国际保险业普遍将被保险人故意造成的损害列入保险除外责任,且国际上没有保险公司愿意承保被保险人故意造成的损害,公约兼顾这一实际,对油污责任保险人或者财务保证人给予了适度保护,在规定油污责任保险人或者财务保证人原则上不得对受损害人主张其对船舶所有人抗辩的同时也规定了一项例外:污染损害是所有人的故意不当行为造成的,即船舶所有人故意造成油污损害的,油污责任保险人或者财务保证人可以不承担责任。

---

① 参见郭萍、武利海:《论船舶油污强制责任保险中第三人直接请求权的行使》,载《法学杂志》2012 年第 9 期。

② 参见马骁、王恒斯:《论中国油污损害赔偿中的直接诉讼制度》,载《中国海商法研究》2013 年第 3 期。

四、2001 BUNKER 的主要特点

(一)扩大了责任归属范围

1992 CLC 和 HNS 公约都将污染损害赔偿责任限定在登记的船舶所有人身上,即船舶所有人的定义是狭义的,仅指船舶的登记所有人,并规定"除非依据本公约,不得对船舶所有人提起任何污染损害赔偿"①。同时,上述公约还规定,除非有公约规定的特定情况,否则免除船舶管理人、经营人、租船人、救助人以及这些人和船舶所有人的雇员、代理人等根据公约或者其他法律产生的对受害人的燃油污染责任。这些规定将污染责任的索赔途径限定成单一途径,即受害人只能向船舶登记所有人索赔,不能向除此之外的其他人提出损害赔偿。

2001 BUNKER 则不然,它明确扩大了船舶所有人的定义,将船舶登记所有人、光船承租人、船舶管理人、经营人等纳入船舶所有人的范畴,规定了其承担严格责任,并规定相互之间承担连带责任。在 2001 BUNKER 的规定下,污染损害的直接索赔和追偿途径更加广泛,也更为复杂。2001 BUNKER 这样规定的目的是最大限度地方便受害人索赔,保护受害人的合法权益。

2001 BUNKER 作出这种不同于 CLC 公约的规定的原因主要源于美国和欧盟一些国家的建议,也借鉴了美国油污法律制度中多重责任方式的规定。这些国家认为既然船舶所有人、光船承租人、船舶经营人和管理人可以参加到船舶的驾驶中去,让他们承担责任可以使他们谨慎驾驶以防泄漏,从而减小损害和潜在的由燃油泄漏引发的责任,同时也提高了受害者获得赔偿的可能性。燃油泄漏引发的污染损害与船舶驾驶者直接相关,因而由每天从事船舶驾驶的一方(也就是光船租赁人、船舶经营人和管理人)来承担责任更为合适。

(二)2001 BUNKER 没有单独的责任限制制度

2001 BUNKER 不同于以往的类似公约,没有设定单独的赔偿责任限

① 1992 CLC 第 4 条第 4 款。

制制度，只是在第6条中规定“本公约不影响船舶所有人或者提供保险或者其他财务保证的人，根据适用的国内或者国际法律制度，如1976年海事赔偿责任限制公约及其修正案，享受责任限制的权利”。2001 BUNKER的这一规定无疑也是折中的产物，但也在一定程度上反映了国际社会希望避免出现过多的责任限制制度，影响海事赔偿责任限制公约的广泛适用的态度。同时，其也带来了如何处理公约与其他责任限制规定的关系问题。①

（三）没有由货主分担的第二层次赔偿机制作为补充

1992 CLC和HNS公约都设有货主分担费用而建立的船舶污染损害赔偿基金，用于补偿油污受害人因船舶享受责任限制而未能得到充分补偿的部分损失，以及在船舶所有人无力提供相应补偿或者船舶所有人根本找不到的情况下，向受害人提供赔偿。2001 BUNKER则不同，其认为燃油不是货物，而是船舶营运所需的物料，因此燃油造成的污染损害难以要求货主来承担赔偿责任，无法设立类似于油污或者有毒有害物质基金等的补充赔偿基金，故没有由货主分担的第二层次赔偿机制作为补充。

（四）2001 BUNKER没有固定的强制保险金额

1992 CLC和HNS公约规定的强制保险金额都与其特定的责任限制金额挂钩，就具体的船舶而言，保险的金额是固定的。而2001 BUNKER没有单独的责任限制制度，因此也没有一个确定的最低保险额度的要求。其最低保险额度是与其适用的有关公约或者国内法确定的赔偿责任限额挂钩的，但在任何情况下，都不得超过《1976年海事索赔责任限制公约》及其议定书规定的金额。②

---

①　参见司玉琢：《海事赔偿责任限制优先适用原则研究——兼论海事赔偿责任限制权利之属性》，载《中国海商法年刊》2011年第2期。

②　参见司玉琢：《海商法》，法律出版社2018年版，第318页。

第二节　我国关于船舶燃油污染损害赔偿的规定和案例剖析

一、我国加入 2001 BUNKER 的情况

我国是航海大国,沿海非油轮数量庞大,船舶溢油的风险也较大,但投保油污保险的船舶数量较少。燃油事故清理难、费用高、时间长、范围广,且长期以来我国在非油轮污染赔偿方面尚无统一的调整机制,一旦发生燃油污染事故,污染受害方将面临巨大风险。可以说,我国加入 2001 BUNKER 是势在必行的。

2001 BUNKER 生效后,我国政府便果断行动,于 2008 年 11 月 17 日批准加入 2001 BUNKER,并在 2008 年 12 月 9 日正式向国际海事组织交存了加入公约的批准书,成为了 2001 BUNKER 的缔约方。但加入 2001 BUNKER 时,我国在批准书里也做了一些特别声明,如 2001 BUNKER 的第 7 条不适用于只航行于中国内水的船舶,该公约也适用于澳门特别行政区,但暂不适用于香港特别行政区等。

2009 年 3 月 9 日起,2001 BUNKER 对我国生效。我国加入 2001 BUNKER,及时与国际接轨,意味着我国非油轮燃油污染损害赔偿的法律空白得到了弥补,非油轮燃油污染损害赔偿将有法可依。

二、我国燃油污染强制保险方面的管理规定

为履行 2001 BUNKER 等规定,同时鉴于我国在加入 2001 BUNKER 时声明该公约的第 7 条不适用于只航行于中国内水的船舶,为进一步明确燃油污染损害赔偿方面的规定,2009 年国务院颁布的《防治船舶污染海洋环境管理条例》增加了"船舶油污损害赔偿责任与赔偿"章节,设定了船舶强制油污保险以及建立国内油污损害赔偿基金的条款,包括如何投保油污责任险、如何取得船舶油污损害民事责任保险证书或者财务保证证书以及油污损害赔偿基金管理机构的组成,从而形成了一套有中国

特色的船舶油污(包括燃油)损害赔偿机制。

该条例规定对1000总吨以下非载运油类物质的船舶不强制要求投保油污民事责任保险,除此之外的船舶都必须强制投保油污民事责任保险。考虑到1000总吨以下航行于我国管辖海域内的非载运油类物质的船舶数量较少,且其所携带的燃油量也较少,即使发生燃油泄漏,其可能造成的污染损害也不会很大,一般不会超过船东所能承受的范围。因此,对于此类船舶参照2001 BUNKER的规定,目前不实施强制油污保险。

2010年交通运输部出台的部令《船舶油污损害民事责任保险实施办法》(已于2013年修正)作为《防治船舶污染海洋环境管理条例》的配套规章,在燃油污染强制保险方面,将适用船舶范围明确为"在我国管辖海域内航行的1000总吨以上载运非油类物质的船舶"①。最高人民法院于2011年出台了《船舶油污损害赔偿规定》,该规定明确《防治船舶污染海洋环境管理条例》关于赔偿责任限额和强制责任保险或者财务保证等规定,统一适用于我国境内的国际和国内航线船舶。

2001 BUNKER未直接规定船舶的责任限额,允许船舶根据适用的国内法确定责任限额,为此《防治船舶污染海洋环境管理条例》对这一问题进行了明确。其规定除载运持久性油类物质船舶的责任限额依照我国缔结或者参加的有关国际公约的规定执行外,对其他船舶的责任限额按照《海商法》的规定执行,也就是适用2001 BUNKER的船舶,其燃油污染的赔偿责任限额依据《海商法》的海事赔偿责任限额确定。

2001 BUNKER规定船舶应持有燃油油污损害民事责任保险或其他财务保证证书,为了履行好公约,《船舶油污损害民事责任保险实施办法》要求中国籍船舶投保船舶油污损害民事责任保险或者取得其他财务保证之后,应向船籍港所在地的直属海事管理机构申请办理相应船舶油污损害民事责任保险证书,投保了燃油污染保险的船舶应办理燃油污染损害民事责任保险或其他财务保证证书。

---

① 《船舶油污损害民事责任保险实施办法》第2条。

三、我国燃油污染损害赔偿方面的管理规定

我国在燃油污染损害赔偿法律制度的适用方面，存在我国加入的2001 BUNKER 等相关国际条约与《海洋环境保护法》《海商法》《海事诉讼特别程序法》《防治船舶污染海洋环境管理条例》等诸多国内法并存的局面，因此海事司法实践急需对诸多法律问题进行系统研究，解决油污损害赔偿的法律适用问题。为此最高人民法院于 2011 年出台了《船舶油污损害赔偿规定》。该规定所调整的船舶包括航行于国际航线和国内航线的油轮和非油轮，与《防治船舶污染海洋环境管理条例》的规定相一致。

该规定对 2001 BUNKER 规定的损害赔偿责任限制基金的非专属性及其相关的非限制性债权作出了规定，除此之外，其余主要条文（第 2 条、第 21 条至第 30 条）仅适用于 1992 CLC 规定的油污损害。因为 1992 CLC、2001 BUNKER 在油污损害的归责原则、赔偿范围、强制保险或经济担保方面的规定基本一致，司法解释可以在这些方面作出相应的规定。但两公约在责任限制制度方面有根本不同。该两公约在责任限制制度上的根本区别是责任限制制度的独立性与非独立性以及赔偿责任限制基金的专属性与非专属性方面。①

2001 BUNKER 没有建立自成一体的责任限制制度和专属的燃油污染损害赔偿责任基金，而是对责任限制问题作出引导性规定，即指向适用《1976 年海事索赔责任限制公约》或者根据公约参加国的国内法。② 我国没有加入《1976 年海事索赔责任限制公约》，只是在《海商法》第十一章中吸收了该公约的基本规定。2001 BUNKER 下的污染损害赔偿责任限制在性质上属于一般海事赔偿责任限制。按照“一次事故，一次限额”的原则，燃油污染损害赔偿请求必须与同一事故引起的其他财产损害赔偿请求共同享有同一海事赔偿责任限制基金。2001 BUNKER 下的污染损害

---

① 参见刘寿杰、余晓汉：《〈关于审理船舶油污损害赔偿纠纷案件若干问题的规定〉的理解与适用》，载《人民司法》2011 年第 17 期。

② 参见张丽、王云凤：《海事赔偿责任限制权利的行使》，载《世界海运》2022 年第 9 期。

赔偿的责任限制及其案件管辖应被统一纳入一般海事赔偿责任限制制度中进行整体考量,适用《海商法》、《海事诉讼特别程序法》及其相关司法解释的规定。

四、我国燃油污染损害赔偿实践中的主要争议和实例剖析

两条船舶在航行中互有过失发生碰撞,造成其中一条船舶的燃油泄漏污染了海域的,除了漏油船外,没有发生漏油的那条涉事船舶是否要对事故导致的油污泄漏承担油污赔偿责任,在我国海商事司法实践领域一直是一个争议话题。实践中具有代表性的案件观点有两种:一种观点认为应仅由漏油船承担赔偿责任。例如:2013 年 3 月"舟山"轮与"达飞佛罗里达"轮碰撞造成"达飞佛罗里达"轮漏油事故,宁波海事法院审查认为,"达飞佛罗里达"轮作为漏油船舶造成了油污损害,其船东及光船承租人应承担清防污费用。"舟山"轮并非漏油船,其船东对清防污费用不应承担连带赔偿责任。[①] 另一种观点认为,应按碰撞责任比例承担赔偿责任。例如:2007 年 5 月"金玫瑰"轮与"金盛"轮碰撞溢油事故,青岛海事法院基于两船在事故中的碰撞责任比例,判定两条船的船东应当按照碰撞责任比例承担清防污费用。[②] 下文将以"舟山"轮与"达飞佛罗里达"轮碰撞漏油事故引发的纠纷的一审、二审和再审判决为例,对实践中存在的这一问题做一剖析。

案例回顾:2013 年 3 月 19 日,"达飞佛罗里达"轮在距长江口灯船东北约 124 海里处东海专属经济区与"舟山"轮发生碰撞,导致"达飞佛罗里达"轮船体结构严重损坏,共计 613.278 吨燃料油泄漏。事发后,上海海事局组织指挥上海打捞局、东海救助局等 11 家应急处置单位对涉案事故采取了救助、清防污作业,产生了大量应急处置费用。经过长达五年多的诉讼,虽已有生效判决认定涉案两船应对本次事故各承担 50% 的碰撞过失责任,但对于应急处置费用的赔偿问题,在宁波海事法院一审、浙江省高级人民法院二审后,当事各方仍未能达成一致意见。2018 年,洋山

① 宁波海事法院民事判决书,(2015)甬海法初字第 451 号。

② 青岛海事法院民事判决书,(2008)青海法海事初字第 15 号。

港海事局、交通运输部上海打捞局、上海鑫安船务有限公司、上海晟敏投资集团有限公司分别向最高人民法院申请再审。2019 年 9 月，最高人民法院再审后先后下达了四份再审判决书，该案终于画上了句号。本案涉及诸多焦点问题，其中的核心问题之一在于非漏油船舶是否要承担油污责任。

一审意见：宁波海事法院一审认为，应急处置单位根据行政主管机关的协调参与防污清污应急行动，本案应当适用 2001 BUNKER、最高人民法院《船舶油污损害赔偿规定》。根据上述公约第 1 条第 3 款、第 2 条、第 3 条第 1 款以及上述司法解释第 4 条的规定，就"达飞佛罗里达"轮作为漏油船舶造成的油污损害，普罗旺斯公司作为该轮所有人、达飞公司作为该轮登记的光船承租人，理应赔偿合理的防污清污费。罗克韦尔公司系"舟山"轮所有人，该轮并非漏油船舶，各应急处置单位等诉请罗克韦尔公司承担赔偿责任，无事实与法律依据。

二审意见：浙江省高院认为，船舶油污损害是特殊侵权，根据特别法优于普通法适用的原则，本案并不适用《民法通则》或者《侵权责任法》。一审法院适用《海商法》以及最高人民法院《船舶油污损害赔偿规定》正确。该司法解释相关规定体现了对油污损害赔偿实行"谁漏油，谁赔偿"的原则，一审法院适用该司法解释第 4 条的规定判令漏油船舶"达飞佛罗里达"轮船东普罗旺斯公司和达飞公司对各应急处置单位等的防污清污费承担全部赔偿责任正确。各应急处置单位等主张非漏油船舶所有人罗克韦尔公司对其防污清污费直接承担连带责任或者按份责任，缺乏依据。

再审意见：各应急处置单位等对浙江省高院的判决不服，申请最高人民法院再审。最高人民法院认为在两艘船舶互有过失碰撞导致其中一艘船舶漏油污染环境的情形下，其中有过失的非漏油船舶一方是否应当承担污染损害赔偿责任以及如何承担责任的问题是本案讼争的主要问题之一，涉及有关国际条约和国内法的理解与适用。

2001 BUNKER 第 3 条第 1 款关于"事故发生时的船舶所有人应当对由船上或者源自船舶的任何燃油造成的污染损害负责"的规定，是关于漏油船舶所有人承担责任的正面表述，但不能由此反向推断其他任何人不应当负责，该条款并无排除其他责任人的含义。该公约第 3 条第 6 款关于"本公约中的任何规定均不损害独立于本公约的船舶所有人的任何追偿权”的规定,是关于漏油船舶所有人追偿权的规定,并不意味油污损害索赔权利人不能直接请求其他责任人赔偿。①

2001 BUNKER 的第 3 条第 3 款第 2 项明确规定“损害完全系由第三方故意造成损害的行为或者不作为所引起”是船舶所有人的免责事由之一,但该公约没有规定第三方是否应当承担责任。根据 2001 BUNKER 有关条款文义和公约主旨,该公约仅规定了漏油船舶方面的责任,在类似本案船舶碰撞导致其中一艘船舶漏油的情形中,非漏油船舶一方的污染损害赔偿责任承担问题应当根据有关国家的国内法予以解决。

《侵权责任法》第 68 条规定:“因第三人的过错污染环境造成损害的,被侵权人可以向污染者请求赔偿,也可以向第三人请求赔偿。污染者赔偿后,有权向第三人追偿。”最高人民法院《关于审理环境侵权责任纠纷案件适用法律若干问题的解释》(2015 年)第 5 条规定:“被侵权人根据侵权责任法第六十八条规定分别或者同时起诉污染者、第三人的,人民法院应予受理。被侵权人请求第三人承担赔偿责任的,人民法院应当根据第三人的过错程度确定其相应赔偿责任。污染者以第三人的过错污染环境造成损害为由主张不承担责任或者减轻责任的,人民法院不予支持。”

在涉案船舶污染事故中,尽管“舟山”轮没有漏油,但其因部分驾驶过失与“达飞佛罗里达”轮发生碰撞,导致“达飞佛罗里达”轮漏油造成污染,“舟山”轮所有人罗克韦尔公司是上述法律和司法解释中规定的第三人,其应当按照有关生效判决[二审法院(2015)浙海终字第 319 号民事判决]确定的 50% 过错比例承担污染损害赔偿责任。

《船舶油污损害赔偿规定》第 4 条关于“船舶互有过失碰撞引起油类泄漏造成油污损害的,受损害人可以请求泄漏油船舶所有人承担全部赔偿责任”的规定,主要沿袭了 2001 BUNKER 等有关国际条约不涉及第三人责任之旨意,并无排除其他有过错者可能承担责任之意,即使对该条文作通常理解,也显然不能得出受损害人仅可以请求漏油船舶所有人承担责任或者受损害人不可以请求其他有过错者承担责任的结论。

罗克韦尔公司所谓“谁漏油,谁负责”的观点并没有全面反映有关国

① 参见余晓汉:《船舶碰撞漏油事故中非漏油船舶的所有人过错归责相关问题辨析——“达飞佛罗里达”轮油污案再审判决内外的思考》,载《国际法研究》2022 年第 2 期。

际条约和国内法分别对污染者与第三人实行无过错责任原则、过错责任原则的基本内涵——原则上污染者负全责,另有过错者相应负责。罗克韦尔公司主张其作为非漏油船舶所有人不应承担案涉事故污染损害赔偿责任,与法不符,最高人民法院不予支持。

随着最高人民法院判决的出台,船舶互有过失碰撞引起油污损害的,责任主体方面的争议可能会暂时告一段落,这也意味着对于“船舶油污损害赔偿规定”起草之中的留白部分,该判决予以了填补。

第七章　海洋环境中的船舶有毒有害物质污染损害赔偿制度

第一节　船载有毒有害物质污染损害的特点

据国际海事组织估计，每年有超过2亿吨化学品，共计超过2000种有毒有害物质定期进行海运。从2000年到2016年，海运有毒有害物质的数量几乎翻倍，随着人们对生态环境、敏感资源和人类健康的重视程度的日益提高，事故的响应变得越来越复杂，考虑的因素也越来越多。有毒有害物质的响应需要不同种类的设备，与油类响应采取围油栏、消油剂等传统处理方式存在巨大差异。

此外，近年来载运包装有毒有害物质货物的集装箱船的数量增幅显著，这类船舶一旦发生事故，落水物的包装形式、有毒有害物质的定位和物质种类的识别将存在很大难度。就有毒有害物质事故的事后调整而言，事故应急技术发展和损害赔偿立法缺一不可且相辅相成。就HNS公约来说，其涵盖的物质包括化学品、精炼油、酸、肥料、酒精、LNG和LPG等；可能的损害后果包括短期或长期的健康风险、人身伤亡、当地人群疏散、对渔业和水产养殖业的影响、旅游业、对航运和港口交通的干扰、对野生动物以及敏感栖息地的影响等；赔偿范围包括船舶上或船舶外的人身伤亡、船舶外的财产毁损和灭失、环境污染所致的损失或损害、合理的恢复措施的费用、预防措施的费用和预防措施造成的新的损失或损害。由于有毒有害物质种类繁多,需要准确地进行识别,而就有毒有害物质的有效反应及事故后果的评估而言,即便是发达国家,其亦是个难题。

与油船事故相比,载运有毒有害物质船舶污染事故具有事故原因多样、危害特性多、扩散多维度、应急处置难度大等特点。由于船载有毒有害物质种类繁多,化学性质复杂,且通常具有易燃、易爆、有毒、有害及有腐蚀的特性,会对人员、设施、环境造成伤害或损害。船载有毒有害物质通常为化学品,包括爆炸品、压缩空气和液化气体、易燃液体、易燃固体、自燃物品和遇湿易燃物品、氧化剂和有机过氧化物、有毒品和腐蚀品等。

除了易燃易爆外,有毒有害物质还具有毒性、放射性、窒息、腐蚀、冻伤、烫伤、遇水遇空气反应、可能肉眼不可见等多方面的危害,有些特殊的有毒有害物质的危害持续时间长,海洋生态系统的恢复时间也就更长。泄漏的有毒有害物质可能通过水面上漂浮、下沉、溶解、挥发到空气等多途径扩散,危害范围广。船舶泄漏有毒有害物质事故不仅容易造成船舶损毁、人员伤亡,还会引发爆炸、燃烧、毒害等严重的灾难,以及严重的环境污染。

有毒有害物质还有中毒和窒息的危险。2021 年 4 月 6 日夜间,在马来西亚巴生港海域,“HAMBURG DW”号发生液氨泄漏事故,事故造成 1 死 3 伤。液氨是无色液体,有强烈刺激性气味。氨进入人体后会阻碍三羧酸循环,降低细胞色素氧化酶,致使脑氨增加,产生神经毒作用。高浓度氨可引起组织溶解坏死。

第二节　船载有毒有害物质污染损害赔偿公约相关规定

国际海事组织制定的 HNS 公约是迄今为止国际上唯一的一部专门针对船载有毒有害物质污染损害赔偿的法律文件。该公约作为国际海事组织围绕船舶及其作业活动污染海洋环境保护建立的“防、治、赔”体系的重要环节,旨在为遭受有毒有害物质海上运输事故所致损害的人员和财产提供充分、迅速和有效的救济。

一、HNS 公约的制定背景

"Torrey Canyon"轮油污事件发生后,国际社会认识到应当通过建立国际公约体系来赔偿船载油污及有毒有害物质造成的污染损害,原政府间海事协商组织迅速制定并通过了 1969 CLC,以确保对由于实际装运油类货物的船舶发生事故造成污染而遭受的损害者给予充分、迅速和有效的赔偿。

为了解决除油类物质以外的其他有毒有害物质的污染损害赔偿问题,1969 年原政府间海事协商组织开始着手准备制定相关国际公约。1974 年,国际海事组织向各成员方发出询问单,调查是否有必要设立一项油污民事责任公约中尚未包括的物质在海运过程中所致损害的民事责任制度。① 1977 年,国际海事组织法律委员会将为建立船载有毒有害物质造成的损害与赔偿制度制定一项全面的国际公约列为"最优先项目"之一。② 1982 年 2 月,国际海事组织法律委员会第 47 届会议通过了新公约的草案文本。③ 1984 年 4 月 30 日至 5 月 25 日,国际海事组织在伦敦召开外交大会,试图通过此项公约,④共有 70 个成员方和 30 个观察员方审议了公约草案。⑤ 但由于当时与会代表在公约是否应当采用船舶所有人与托运人责任分摊原则,是否应与《1976 年海事索赔责任限制公约》挂钩以及是否应适用于包装货物和空载油船的火灾、爆炸事故等的问题上存

---

① 参见韩立新:《船舶污染损害赔偿法律制度研究》,法律出版社 2007 年版,第 23 页。

② See Aline F. De Bievre, *Liability and Compensation for Damage in Connection with the Carriage of Hazardous and Noxious Substances By Sea*, 17 Journal of Materials Science, p. 68 – 69 (1986).

③ 参见鲍君忠主编:《国际海事公约概论》(第 3 版),大连海事大学出版社 2021 年版,第 170 页。

④ See International Maritime Organization, *Convening of an International Conference on Liability and Compensation for Damage in Connection with the Carriage of Certain Substances by Sea*, 23 International Legal Materials, p. 148 (1984).

⑤ See Aline F. De Bievre, *Liability and Compensation for Damage in Connection with the Carriage of Hazardous and Noxious Substances By Sea*, 17 Journal of Materials Science, p. 61 (1986).

在较大分歧,该草案未能通过,这也是国际海事组织历史上首次彻底否决其法律委员会提出的公约草案。[①] 一方面,上述争议的问题之间是相互联系的,因此无法对于任何单一的问题作出决定;另一方面,国际上尚未发生如“Torrey Canyon”轮一般重大的船载有毒有害物质污染事故,国际海事组织各成员方以及环保团体对于成功制定一项新的国际公约缺乏强烈的谈判意愿。

尽管1984年公约草案暂时遭遇搁浅,但国际海事组织法律委员会仍在缓慢推进公约草案的完善工作。在1990年4月2日至6日召开的国际海事组织法律委员会第62届会议上,有毒有害物质损害责任赔偿公约依旧被列为国际海事组织法律委员会工作的重中之重,几乎全部会议议程都围绕有毒有害物质损害赔偿责任问题展开,并重点审议了荷兰和英国提交的两份公约草案。[②] 在1990年9月17日至21日召开的国际海事组织法律委员会第63届会议上,与会各国继续针对新公约进行提案和辩论,在本次会议结束时,国际海事组织法律委员会要求英国作为牵头国家,提交一份公约草案供国际海事组织法律委员会第64届会议审议。在1991年3月18日至22日举行的国际海事组织法律委员会第64届会议上,包括英国在内的11个国家依程序提交了1991年公约草案,该草案在托运人责任、有毒有害物质损害责任保险证书、设立一个国际机构以监督公约运行等方面进行了较多完善。但由于其在执行强制保险、更新有毒有害物质清单等方面依旧存在种种困难,1991年公约草案依旧未获通过。

1992年3月,在伦敦召开的国际海事组织法律委员会第66届会议上,形成了新的公约草案,并最终提交给国际海事组织于1996年4月至5月召开的有毒有害物质的责任限制外交大会讨论。在本次外交大会上,来自73个国家的代表、联合国环境规划署的代表、国际海事组织的联系会员的代表及26个政府间和非政府间国际组织派出的观察员等共计

---

① See BEDERMAN, David J., *Dead in the Water: International Law, Diplomacy, and Compensation for Chemical Pollution at Sea*, 26 Virginia Journal of International Law, p. 485 (1985).

② See Consideration of a Possible Convention on Liability and Compensation in Connection with the Carriage of Hazardous and Noxious Substances by Sea (HNS), Note by the Secretariat, IMO Legal Comm., 62nd Sess., Annex 1, Agenda Item 4, IMO Doc. 62/4 (Dec. 15, 1989).

443 名代表出席并参会。会议最终审议并通过了 HNS 公约。该公约于 1996 年 1 月 1 日至 1997 年 9 月 30 日在伦敦开放并供签字,此后继续开放供加入。

HNS 公约建立了与油污损害赔偿相类似的赔偿机制,同样贯彻了船舶所有人严格责任制度、船舶所有人与货物所有人共担风险等理念,并且建立了由货物所有人摊款的海上运输有毒有害物质损害赔偿基金,为此类损害提供船舶所有人责任之外的第二层补充赔偿。

HNS 公约规定了较为苛刻的生效条件,需要至少 12 个国家,包括 4 个各自不低于 200 万总吨位的国家表示同意受其约束,并且缔约方的有义务摊款方在上一个日历年接收的向总账户摊款的货物达到 4000 万吨。[①] 截至 2022 年 12 月,共有 14 个国家加入了 HNS 公约,合计商船总吨位占世界商船总吨位的 13.83%,远未达到该公约生效所要求的条件。[②] 目前,HNS 公约尚未生效,我国亦未加入该公约。2022 年 9 月召开的国际海事组织法律委员会第 109 届会议上,国际海事组织督促各国积极加入,推动 HNS 公约尽快生效。[③]

二、HNS 公约的主要内容

(一)适用范围

HNS 公约第 3 条第 1 款规定,在公约缔约方的领土(包括领海)内由于有毒有害物质运输造成的任何损害,无论是由污染还是其他原因引起的,都适用本公约规定。在缔约方的地域管辖权之外,公约的适用范围根据损害类型的不同而存在差异。在专属经济区内或同等区域内,公约赔偿“污染损害”,不论造成污染损害的船舶是否在 HNS 公约的缔约方登

---

① HNS 公约第 46 条。

② 14 个加入 HNS 公约的国家包括安哥拉、塞浦路斯、埃塞俄比亚、匈牙利、利比里亚、立陶宛、摩洛哥、俄罗斯、圣基茨和尼维斯、萨摩亚、塞拉利昂、斯洛文尼亚、阿拉伯叙利亚共和国、汤加。此外,加拿大、丹麦、芬兰、德国、荷兰、挪威、瑞典和英国签署了该公约。IMO, Status of IMO Treaties, at 511.

③ 《国际海事组织法律委员会第 109 届会议情况简报》,载大连海事大学国际海事公约研究中心网,http://imcrc.dlmu.edu.cn/info/1128/5427.htm。

记。此外,HNS 公约适用的地理范围取决于损害发生的地点,而非造成损害的事故发生地。对于发生在公海上的事故,如果造成的损害结果在专属经济区内,本公约仍然适用。如果造成的损害是非污染损害,例如持久性油类泄漏造成的火灾或爆炸,只有当船舶是在公约缔约方登记或被授权悬挂公约缔约方旗帜时才能适用公约。此外,公约也适用于在公海上采取的、旨在防止或减轻包括污染损害和其他形式损害在内的预防措施。公约排除了对军舰、国家所有或经营的仅用于政府非商业用途的船舶的适用。

(二)有毒有害物质

HNS 公约适用于国际海事组织制定的相关国际公约及规则中规定的"有毒有害物质",具体定义见第二章。

当上述国际公约或规则被修正时,HNS 公约下"有毒有害物质"的范围也跟随公约和规则的更新而变动。但需要注意的是,《2010 年国际海上运输有毒有害物质损害责任及赔偿公约》(以下简称 HNS 公约 2010 年议定书)中未提及《国际海运危险货物规则》的后续修正版本。对此,Richard Shaw 在其论著中表示:此种改动是"令人遗憾的",当经过 HNS 公约 2010 年议定书修正的 HNS 公约生效时,确定"有毒有害物质"的依据却是近 20 年前的《国际海运危险货物规则》中规定的物质清单。①

HNS 公约既不适用于海上运输煤、鱼粉、木屑和其他相似的体积较大但危害较低的固体物质造成的损害,又不适用于海运放射性物质造成的损害(属于《1971 年海上核材料运输民事责任公约》的适用范围)。此外,《MARPOL73/78 公约》附则 I 中规定的散装运输的油类物质造成的污染损害也不适用于 HNS 公约,但由这些油类物质造成的非污染损害却在 HNS 公约的适用范畴内。

(三)损害

HNS 公约规定的"损害"包括:(1)由船载有毒有害物质在船上或船

---

① See Shaw, R., *Hazardous and Noxious Substances: Is the End in Sight?*, 153 Lloyd's Maritime & Commercial Law Quarterly, p. 279 (2009).

外造成的生命损失或人身伤害;(2)财产损失或损坏;(3)环境污染造成的损失或损害,但是对环境损害的补偿(这种损害造成的利润损失除外)应限于实际采取或将采取的合理恢复措施的费用;(4)预防措施的成本及预防措施造成的进一步损失或损害。① "预防措施"系指"任何人在事故发生后为防止或减少损害而采取的任何合理措施",而"由这些物质造成"应理解为损害是由有毒有害物质的性质造成的。

在确定造成损害的因果关系时,需要注意的是,在某些情况下,即使损害索赔人尽了最大努力,也无法将由船载有毒有害物质造成的损害与其他因素造成的损害区分开来时,索赔人可以援引 HNS 公约第 1 条第 6 款的"推定条款":如果不能合理地将有毒有害造成的损害与其他因素造成的损害分开,所有这些损害都应被视为是由有毒有害物质造成的,除非其他因素造成的损害属于第 4 条第 3 款所述类型的损害,即属于本公约明确禁止的索赔。②

根据 HNS 公约,环境损害只有在"造成实际的、可量化的经济损失和合理的恢复支出"的情况下才能获得赔偿。③ 该规定与 1992 CLC 的规定相同。尽管 HNS 公约没有明确"利润损失""合理措施"这些术语的含义以确定环境损害索赔是否可以受理,但国际油污基金在其《索赔手册》中为确定纯经济损失指明了方向。《索赔手册》提供了两类指导性的案例:渔民因渔网被污染而无法出海捕鱼造成的收入缩减,以及位于在受到污染的海滨度假胜地的餐厅经营者、酒店经营者在污染期间因客人数量的减少而导致的营业额减少,均可归为纯经济损失。④《索赔手册》不承认使用理论模型抽象量化计算得出的"环境损失",认为不可对其进行赔偿。⑤ 此

---

① HNS 公约第 1 条第 6 款。

② HNS 公约第 1 条第 6 款。

③ HNS 公约第 1 条第 6(c)款,同时参见 Force, R., *A Comparison of the Recovery of Compensation for Injury to Natural Resources under the* 92 *CLC and Fund Conventions with the US Oil Pollution Act of* 1990, Maritime Pollution Liability and Policy: China, Europe and the US, 2010, p. 263 - 282. (Michael G. Faure et al. eds., 2010)。

④ IOPC Funds, Claims Manual (2019), at p. 14, https://www.iopcfunds.org/uploads/tx_iopcpublications/2019_Claims_Manual_e.pdf.

⑤ IOPC Funds, Claims Manual (2019), at p. 14, https://www.iopcfunds.org/uploads/tx_iopcpublications/2019_Claims_Manual_e.pdf.

外,国际油污基金使用"成本/收益"分析法,从客观的角度确定了环境修复费用的合理性。[①] 具言之,环境修复行动的成本不应超过损害的程度、行动需持续的时间以及可能实现的利益。[②]《索赔手册》不认可对失去的环境使用价值进行恢复的费用,即自然资源在恢复期间的临时服务损失。[③]

(四)责任主体

HNS 公约借鉴 1992 CLC 的规定,也建立了以双层赔偿机制为核心的赔偿体系:在第一层赔偿机制中,由船舶所有人承担赔偿责任,船舶所有人必须对载运有毒有害物质的船舶进行强制责任保险。船舶所有人主要是船舶的登记所有人,在船舶未进行登记的情况下,由船舶的实际所有人承担赔偿责任。如果船舶由国家所有并由在该国登记为船舶经营人的公司经营,则此时的船舶所有人系该公司。第二层赔偿机制则是由货主摊款的有毒有害物质基金应承担的补充赔偿责任。

(五)归责原则

HNS 公约实行无过错责任的归责原则。HNS 公约第 7 条第 1 款规定,事故发生时的船舶所有人对 HNS 因登船海上运输而造成的损害承担严格责任。[④] 适用严格责任符合现代环境损害趋势责任法。[⑤] 它减轻了

---

① Robert Force, at p. 269 [citing Report of the Seventh Intercessional Working Group, INT'L OIL POLLUTION COMPENSATIONFUNDS, Annex I, at 3 – 4 (June20, 1994), Accessed Aug. 28, 2023, https://documentservices. iopcfunds. org/wp-content/uploads/sites/2/2020/01/71FUND_WGR. 7_21_en. pdf.].

② Robert Force, at p. 271 [citing J. NICHOLS, *Admissibility of Claims: Development of the IOPC Funds' Policy*, IN THE IOPC FUNDS' 25 YEARS OF COMPENSATING VICTIMS OF OIL POLLUTION VICTIMS 103, 117 (2003), https://documentservices. iopcfunds. org/wp-content/uploads/sites/2/2020/01/71FUND_WGR. 7_21_en. pdf.].

③ See Lee, S. E., *Waning Conventions: Remedying Natural Resource Damages Caused by Vessel-Source Oil Pollution under the Existing Regimes and the Need to Reconvene*, 35 Maritime Law Journal, p. 293 (2010); Wetterstein, P., *Carriage of Hazardous Cargoes by Sea—The HNS Convention*, 26 Georgia Journal of International & Comparative Law, p. 595(1996).

④ HNS 公约第 7 条第 1 款。

⑤ See Wetterstein, P., *Trends in maritime environmental impairment liability*, [1994] LLOYD'S MARITIME AND COMMERCIAL LAW QUARTERLY 230.

索赔人的举证责任,并允许快速支付赔偿金,以加快冗长的法律程序。[①] HNS 公约还规定对任何通过携带 HNS 的船东施加连带责任,如果其造成不可分割的损害。[②]

(六)免责事由

在 HNS 公约下,只有船舶所有人才对损害承担赔偿责任,其他相关人员包括船舶所有人的受雇人或代理人及船员、引航员、承租人(包括光船承租人)、管理人或经营人、救助人或采取预防措施的人,以及他们的雇用人或代理人都无须承担赔偿责任。无论船舶所有人是否有过错或疏忽,其都需要对损害负责,而索赔人只需证明损害的发生与船上有毒有害物质的运输之间有因果关系。在严格责任制下,如船舶所有人能证明损害是由以下法定的免责事由造成的,则可以不承担责任:(1)损害是由战争,敌对行为,内战,暴动或特殊的、不可避免和不可抗拒的自然现象造成;(2)损害完全由第三方故意造成损害的作为或不作为造成;(3)损害完全由负责维护灯塔或其他助航设备的任何政府或其他当局在履行职责时的疏忽或其他失误造成;(4)托运人或其他任何人未提供所运输的有毒有害物质的危害性和毒性的信息从而造成全部或部分的损害,或使船舶所有人无法获得保险赔付的,但以船舶所有人及其雇用人或代理人均不知道或在合理情形下也不会知道所运输物质的危害性和毒性为条件。此外,如果这种损害是由受害人自己的过失造成的,或者损害是受害人的故意作为或不作为所致,则船东可以援引共同过失作为抗辩理由,并全部或部分免除责任。[③]

(七)责任限制

责任限制作为一项公共政策问题有其历史渊源,[④]目前已应用于与

---

① See Schuda, R. S., *The International Maritime Organization and the Draft Convention on Liability and Compensation in Connection with the Carriage of Hazardous and Noxious Substances by Sea: An Update on Recent Activity*, 46 U. Miami L. Rev, p. 1009 (1991).

② HNS 公约第 8 条。

③ HNS 公约第 8 条第 3 款。

④ "The Bramley Moore" (1963) 2 Lloyd's List L. R. 429, 437 (C. A.).

海上运输活动相关的各个领域,[①]Patrick Giggs 将其称为“HNS 公约的核心”[②]。责任限制制度与责任严格原则相伴而行,在船舶所有人和货主利益之间分摊海运有毒有害物质事故造成的损害。[③] 国际海事组织法律委员在确定赔偿限制的具体数额时主要考虑的因素包括:可能造成损害的有毒有害事故的严重程度、保险市场的承保能力以及船东支付保费的能力。[④] HNS 公约第 9 条第 1 款规定了基于船舶吨位的“三段式”船舶所有人责任限额,区分散装有毒有害物质和包装有毒有害物质两种情形,规定船舶所有人有权依据该公约就其对任何一次事故造成的损害限制赔偿责任。此外,HNS 公约还规定了最小船舶吨位的责任限额和责任限制的上限,如表 7 – 1 所示。

表 7 – 1　HNS 公约下船舶所有人责任限制

船舶吨位	散装 HNS 造成损害赔偿的责任限额	包装 HNS 造成损害赔偿的责任限制
登记总吨位≤2000 吨	1000 万 SDR	1150 万 SDR
2000 吨 ≤ 总吨位 ≤ 50,000 吨	每吨 1500 SDR,50,000 吨最多 8200 万 SDR	每吨 1725 SDR,50,000 吨最多 9430 万 SDR
50,001 吨≤总吨位 < 100,000 吨	每吨 360 SDR,100,000 吨最多 1 亿 SDR	每吨 414 SDR,100,000 吨最多 1.15 亿 SDR
总吨位≥100,000 吨	1 亿 SDR	1.15 亿 SDR

HNS 公约 2010 年议定书将以包装形式载运有毒有害物质的船舶的责任限制上限提高了 15%,这是因为虽然包装有毒有害物质造成的损害通常比散装有毒有害物质小,但当船舶所有人的赔偿责任不足以赔偿散装有毒有害物质造成的损害,且从此种责任的保险人或财务保证人处也

---

① Wang, supra note 51, at 76.

② See Griggs, P, *Extending the Frontier of Liability—The Proposed Hazardous and Noxious Substances Convention and its Effect on Ship, Cargo and Insurance Interests*, 145 Lloyd's Maritime and Commercial Law Quarterl, p. 150(1996).

③ See COLIN DE LA RUE & CHARLES B. ANDERSON, *SHIPPING AND THE ENVIRONMENT*, INFORMA LAWFROM ROUTLEDGE(2nd ed. 2009), p. 283.

④ See Wetterstein, P., *Carriage of Hazardous Cargoes by Sea—The HNS Convention*, 26 Georgia Journal of International & Comparative Law, p. 595(1997).

不能在赔偿责任限额中得到充分赔偿,或船舶所有人被免责时,受害人可以从有毒有害物质损害赔偿基金中得到赔偿,而包装有毒有害物质造成的损害不能从有毒有害物质损害赔偿基金中得到赔偿,因为该公约第1条第10项规定的"摊款货物"(contributing cargo)限于散装有毒有害物质,而不包括包装有毒有害物质。①

HNS公约要求船舶所有人为海运有毒有害物质造成的损害设立单独的损害赔偿责任限制基金。1996年的外交大会上最终确定了拟议的有毒有害物质船舶所有人损害赔偿责任限制制度与现有的国际海事赔偿责任限制制度(《1957年国际海船船东责任限制公约》和《1976年海事索赔责任限制公约》及其后续议定书中所规定的赔偿责任限制制度)之间的关系。

在HNS公约早期的提案中,曾讨论过在发生有毒有害物质事故后,船舶所有人通过设立一个补充基金,用以弥补依据其他国际海事赔偿责任限制公约确立的责任限制基金赔偿额度与根据HNS公约确立的船舶所有人责任赔偿限额之间的差距。② 保险公司和船舶所有人支持此种"关联提议",因为它可以避免给保险市场带来沉重负担。③ 此外,"关联提议"作为一种折中方案,可以满足那些希望同时受到《1976年海事索赔责任限制公约》和HNS公约约束的国家,以及那些只愿意加入HNS公约的国家,因为《1976年海事索赔责任限制公约》及其后续议定书确立的赔偿责任限制金额太低,无法保证对有毒有害物质造成的损害进行充分有效的赔偿。④

然而,这种"关联提议"也有明显的不足,因为可能存在"一起事故同时引发'HNS索赔'和'普通的非HNS索赔'"的情况。⑤ 根据法国代表团在国际海事组织法律委员会第66届会议期间提交的报告,假设一艘客轮与HNS运输船舶发生碰撞引发了人身伤害索赔,且此类损害归因于船

---

① HNS公约第1条第10项; See MånsJacobsson, The HNS Convention and its 2010 Protocol, *POLLUTION AT SEA: LAW AND LIABILITY*, Baris Soyer& Andrew Tettenborn eds, 2012, p. 23, 51。

② Wetterstein, supra note 10, at 608.

③ Balkin, supra note 21, at 21.

④ Wetterstein, supra note 10, at 241.

⑤ Balkin, supra note 21, at 21.

舶碰撞本身而非 HNS 货物的危险性质，[①]此时 HNS 索赔人将与其他索赔人在船舶所有人责任限制基金中一同受偿，这将导致赔偿不足的局面。为解决此种问题，国际海事组织前法律委员会主席 Alfred Popp Q. C. 建议删除“关联提议”，并支持设立专门针对 HNS 损害的独立限制基金，使该基金与任何其他限制制度平行运作。[②]

HNS 公约第 9 条第 3 款规定，船舶所有人为享有该公约规定的责任限制权利，必须在对向船舶所有人的诉讼具有管辖权的任一缔约方的法院或者其他主管当局设立一个总额为其赔偿责任限额的基金。设立该基金的方式可以是交存现金，也可以是提交根据基金设立缔约方的法律可予以接受、法院或者其他主管当局认为足够的银行担保或者其他担保。HNS 公约第 9 条第 11 款规定，船舶所有人的责任保险人或者财务保证人也有权设立责任限制基金，其条件和效力与船舶所有人设立的基金相同。即使船舶所有人无权享有责任限制权利，其责任保险人或者财务保证人亦可以设立此种基金，但在此种情况下，基金的设立不应当损害向船舶所有人提出索赔的任何索赔人的权利。

HNS 公约第 11 条规定，当人身伤亡的索赔与其他索赔同时存在时，除非人身伤亡的索赔金额超过责任限制总额的 2/3，否则责任限制基金应当优先支付人身伤亡索赔，对其他损害赔偿的索赔按比例进行补偿。

（八）强制保险

HNS 公约规定，在缔约方登记并实际运载有毒有害物质的船舶所有人应当持有保险或其他财务担保，包括银行的保证书或类似的财务证书，担保额度依照第 9 条第 1 款规定的责任限额确定。由于引入了被大多数国际海事组织公约，如 SOLAS、MARPOL、STCW 等所采纳的“不更优惠待遇原则”，HNS 公约的缔约方可以行使港口国控制，要求进入港口或者抵达位于缔约方领海内的离岸设施之船舶的船舶所有人提供保险或其他担保证明，而不论该船舶是否在缔约方登记。担保证书必须注明 HNS 公约第 12 条第 2 款规定的特定信息，例如船名、特殊编号或字母和登记港、

① Balkin, supra note 21, at 21 n. 80.

② DE LA RUE & ANDERSON, at 284.

船舶所有人的名称和主要营业地点等。鉴于船舶所有人破产的风险,实施强制保险制度可以确保受害者获得足够的赔偿,特别是针对单船公司,或悬挂方便旗的船只的情况。

与 1992 CLC 只要求载运 2000 吨以上散装货油的船舶投保强制保险不同,HNS 公约未对适用强制保险的船舶设定最小吨位限制。这是因为虽然少量 HNS 由于其有毒有害的特性会造成巨大的损害,但缔约方在批准、接受、核准或加入公约之时或此后的任何时候都可以声明 HNS 公约不适用于小于 200 总吨的从事该发出声明的相关国家的港口或设施之间航行的仅以包装形式运输 HNS 的船舶。

作为 HNS 公约下强制保险体系的一部分,损害赔偿可由第三方直接向保险人或证书中的担保人提起。HNS 公约下的直接诉讼所受的限制较其他公约下的限制而言相对较少。责任限制是保险人责任的绝对上限:即使船舶所有人无权享受责任限制,保险人也可享受责任限制,将其责任限制在第 9 条第 1 款规定的金额内,保险人还可以援引船舶所有人可以引用的所有抗辩事由(除了船舶所有人倒闭或破产的事由)。此外,如果损害是船舶所有人的故意的行为造成的,保险人可免责。

(九)HNS 基金

在建立了海洋污染赔偿体系的各种公约中,包括 1992 CLC、1992 FUND、2001 BUNKER 等,HNS 公约是唯一一个将双层赔偿机制规定在一个法律文件中的公约。HNS 公约采用的赔偿机制与油污损害赔偿相类似,包括建立由货主分摊的海上运输有害有毒物质损害赔偿基金,由货物接收人或进口商根据其所属账户的不同,依据各自账户的规定通过摊款的形式向 HNS 基金注入资金,HNS 基金为这类损害提供船东责任之外的第二层补充赔偿。HNS 基金对船舶所有人免责部分进行赔偿,或在船舶所有人、强制保险人或其财务保证的担保人的财务状况不足以支付赔偿的情况下进行赔付,抑或是在损害赔偿超过了船舶所有人的责任限额,再或是在不能确定船舶所有人即肇事船舶所有人逃逸时,HNS 基金得以启动。

HNS 基金下的摊款系统比国际油污赔偿基金复杂。鉴于有毒有害物质种类繁多,不同有毒有害物质的毒害性、危害性不尽相同,所造成的损失或损害的程度也不相同。为避免某一种有毒有害物质的摊款人对其他有毒有害物质所造成的损害赔偿,HNS 基金设立了两类共四个账户,包括一个总账户和三个分账户,分账户是为确保赔偿责任在不同种类的摊款货物方之间进行公平的分担,同时考虑有关货物不同的危险程度。总账户的目的是对公约下的除三个分账户以外的 HNS 造成的损害进行赔偿。各账户之间不存在互相补偿的关系,每个账户都只对自己账户下的货物的索赔进行赔偿。

HNS 基金的三个分列账户为:

1. 油类账户,为《MARPOL73/78 公约》附则Ⅰ附录Ⅰ中所列的被散装运输的油类。

2. 液化天然气账户,为以甲烷为主要成分的轻质烃类液化天然气。

3. 液化石油气账户,为以丙烷和丁烷为主要成分的轻质烃类液化石油气。

HNS 基金对总账户和分账户的摊款原则作出了规定。在 HNS 公约下,支付摊款的责任由缔约方内的有毒有害收货人承担。对每个收货人征收的摊款根据其接收的超过某一数量的摊款货物总量进行计算,在总账户下,针对散装固体有毒有害物质和其他有毒有害物质的起征点是 20,000 吨;在分账户下,持久性油类的起征点是 15,000 吨,非持久性油类的起征点是 20,000 吨,LPG 的起征点是 20,000 吨。HNS 公约对 LNG 没有最小数量的限制。缔约方不负责支付摊款,但有义务报告接收的有毒有害货物总量。如果缔约方未能向 HNS 基金的干事报告有责任支付摊款的人的清单,则缔约方应对不提交报告的后果承担相应的责任,因此缔约方为了自身的利益也会积极地督促有毒有害物质收货人缴纳摊款,使 HNS 公约的规定得到实际履行。当所有缔约方接收的货物数量达到以下水平时,单独账户将生效:石油账户 3.5 亿吨,液化天然气账户 2000 万吨,液化石油气账户 1500 万吨。① 此外,如果与该账户有关的缴费货物数量低于这些水平,或者超过 10% 的最新征税在六个月内未被收取,由所有缔约方组成的基金大会有权暂停该账户的运作。②

---

① HNS 公约第 19 条第 3 款。

② HNS 公约第 19 条第 4 款。

HNS 公约的生效进展方面。由于该公约条文的复杂性、调整的物质的多样性以及给缔约方主管机关带来的履约成本等问题,HNS 公约的生效进程缓慢。为推动 HNS 公约生效,国际海事组织于 2014 年第 101 届国际海事组织法律委员会上决定重启 HNS 公约通信组。通信组的工作包括:(1)制定《为什么需要 HNS 公约》手册。介绍我们所面临的海运有毒有害物质事故风险、事故可能造成的损害及 HNS 公约为受害人提供的保障。(2)提供 HNS 事故解决方案。(3)起草 HNS 公约生效和实施的决议草案。同时,为帮助有关利益方确认某种物质是否属于有毒有害物质以及是否属于摊款货物,是应向总账户缴纳摊款还是向分账户缴纳摊款,国际油污赔偿基金秘书处已建立起帮助识别 HNS 公约摊款货物的数据库——HNS 查找器(HNS Finder)。鉴于有毒有害物质清单是动态性质的,HNS 查找器将定期更新。

三、HNS 公约 2010 年议定书

(一)HNS 公约 2010 年议定书的生效进展

2010 年 4 月,国际海事组织法律委员会第 95 届会议在伦敦总部举行,会上通过了 HNS 公约 2010 年议定书草案。该议定书旨在解决妨碍各国批准 HNS 公约的实际问题,经议定书修改的 HNS 公约将与议定书的最后条款一起构成 HNS 公约 2010 年议定书。截至 2022 年 12 月,仅有八个国家(加拿大、丹麦、法国、德国、希腊、荷兰、挪威和土耳其)签署了 HNS 公约 2010 年议定书,但尚未批准;加拿大、丹麦、爱沙尼亚、挪威、南非和土耳其是首批六个同意受 HNS 公约 2010 年议定书约束的国家。与 HNS 公约一样,HNS 公约 2010 年议定书亦未达生效条件。

6 个缔约方中 4 个国家的总吨位均超过 200 万吨。比利时、荷兰也在推进国内批约进程,有望与德国同时批准 HNS 公约 2010 年议定书。法国应该可以实现 2023 年批准 HNS 公约 2010 年议定书的目标。此外,菲律宾已进入批约的最后阶段。为进一步协助成员方批准 HNS 公约 2010 年议定书,2023 年 4 月 3 日和 4 日,加拿大与国际海事组织和国际油污赔

偿基金秘书处合作举办了 HNS 公约研讨会。①

(二)HNS 公约 2010 年议定书的新变化

HNS 公约 2010 年议定书共由 29 条规定和 1 个附件组成。与 1996 年的 HNS 公约相比,其主要变化体现在相关定义和赔偿限额方面。HNS 公约 2010 年议定书的最终条款,即批准、接受、核准或加入的程序和生效条件、修正程序、退出等方面的规定与 HNS 公约的最终条款基本相同,不同的是 HNS 公约 2010 年议定书增加了有关明示接受后缔约方的权利和义务方面的规定,即在向秘书长提交表示愿意受本议定书约束时,应伴随提交上一日历年度该国接收的摊款货物的数量,如未提交相关数量,秘书长不予接受;在议定书生效之前,明确表示同意受议定书约束的每一个国家,应于每年的 5 月 31 日或之前,将上一日历年度该国接收的摊款货物总量及每一单独立账目告知秘书长;在明确表示同意受议定书约束,但在议定书对该国生效之前未按规定提供相关数据的国家,其将被暂时停止作为缔约方;对于已经明确表示同意受 HNS 公约约束的国家,在其签署本议定书或交存批准、接受、核准或加入文件之日,将被视为撤销对原公约的同意。由此可见,HNS 公约 2010 年议定书的生效条件比 HNS 公约的生效条件更为严格。②

HNS 公约 2010 年议定书的生效条件是在满足以下条件的 18 个月后生效,即(1)至少有 12 个国家已经明确表示同意受议定书的约束,其中有 4 个国家的船舶吨位不少于 2 百万总吨;(2)秘书长已经收到这些国家向总账户交纳摊款的人在上一日历年度共接收摊款货物量至少为 4000 万吨。对于在生效条件得到满足后表示同意受本议定书约束的国家,此种同意应在表示同意之日后 3 个月或本议定书生效之日生效,以较晚者为准。

HNS 公约只规定了通报制度,没有对不通报告的后果作出规定,HNS 公约 2010 年议定书增加了不报告后果的规定,即如果当事国未履

---

① IOPC FUNDS, *Workshop on the* 2010 *HNS Convention*, iopc funds (Apr. 20, 2023), https://www.hnsconvention.org/activity/workshop-on-the-2010-hns-convention/.

② 参见危敬添:《〈HNS 公约〉及其 2010 年议定书》,载《中国远洋航务》2010 年第 6 期。

行通报的义务,给 HNS 基金造成损失,则该当事国应对此种损失向 HNS 基金承担赔偿责任。大会应根据干事长的建议,决定该赔偿是否应由该国支付。

在不损害 HNS 公约第 21 条第 5 款的情况下,当事国可在其交存批准、接受、核准或加入文件时或在此后的任何时间声明,对于在该国领土内接收的有毒有害物质,由其承担公约第 18、19、20 条或第 21 条所规定义务的责任。此种声明应以书面作出并明确其所承担的义务。

HNS 公约 2010 年议定书增加了有关解释和运用的规定,在本议定书的当事方之间,HNS 公约和本议定书应被作为一个文件来阅读和解释。

关于修订和修正,HNS 公约 2010 年议定书第 22 条规定,本组织可以召开会议,对经议定书修正的 HNS 公约进行修订和修正;应 6 个当事国或三分之一当事国(以数目大者为准)的要求,秘书长应召开会议,对经议定书修正的公约进行修订和修正。经议定书修正的 HNS 公约修正案生效之日后交存的批准、接受、核准或加入的任何文件,应被视为适用于经修正的公约。

关于限额的修正案,HNS 公约 2010 年议定书第 23 条规定,在不损害第 22 条规定的情况下,该条中的特别程序应适用于对经其修正的 HNS 公约第 9 条第 1 款和第 14 条第 5 款所列限额的修正;当至少有一半的当事国但在任何情况下都不得少于 6 个当事国提出要求时,秘书长应将有关对经该议定书修正的 HNS 公约第 9 条第 1 款和第 14 条第 5 款所列限额的修改提案分发给该组织的所有成员方和所有缔约方。这些修正提案应提交该组织法律委员会审议。所有缔约方,无论是否为本组织的成员国,均有权参加法律委员会审议和通过修正案的工作。

修正案应由出席并参加表决的缔约方三分之二多数通过,表决时应至少有一半的缔约方出席。在对修改限额的提案采取行动时,法律委员会应考虑事故的经验,尤其是事故造成的损害金额、币值的变化情况和提议的修正案对保险费用的影响,并应考虑经本议定书修正的 HNS 公约第 9 条第 1 款规定的限额与第 14 条第 5 款规定的限额间的关系。HNS 公约 2010 年议定书开放签字之日起少于 5 年和按公约第 48 条第 7 款第(a)项规定的前一个修正案生效之日起少于 5 年的,不应审议对公约第

48 条第 7 款第(a)项规定限额的任何修改提案。任何限额都不得增加到超过本议定书规定限额自开放签字之日起按复合计算每年增加 6% 所得的金额。任何限额都不得增加到超过本议定书规定限额的 3 倍。本组织应将审议并通过的任何修正案通知所有缔约方,该修正案应在通知发出之日后 18 个月期限结束时被视为已被接受,除非在此期限内有不少于四分之一的国家(在通过该修正案时的缔约方)通知秘书长,表示不接受该修正案,在这种情况下该修正案即被拒绝并属无效。被视为已被接受的修正案应在其被接受之日 18 个月后生效。所有缔约方都要受修正案的约束,除非在修正案生效前至少 6 个月退出本议定书。在修正案已被通过但其生效所需的 18 个月期限尚未结束期间成为缔约方的国家,如该修正案生效,则应受其约束。在该期限后成为缔约方的国家,应受被接受修正案的约束。在这种情况下,在修正案生效之时或本议定书对该国生效之时(如果后者晚于前者),该国应受该修正案的约束。

HNS 公约 2010 年议定书于 2010 年 11 月 1 日至 2011 年 10 月 31 日在国际海事组织总部开放供签字,此后继续开放供加入。

第三节　我国关于船载有毒有害物质污染损害赔偿的法律法规规定

我国现行法律、法规对有毒有害物质损害赔偿责任的规定较为笼统,主要散见于《民法典》、《海商法》、《海洋环境保护法》以及相关行政法规和司法解释中。

一、民商事法律

(一)《民法典》对污染侵权责任的规定

《民法典》侵权责任编第七章中对“环境污染和生态破坏责任”作出了规定,并作为一般法适用于船舶污染损害赔偿。《民法典》中关于环境污染和生态破坏责任的规定,在原《侵权责任法》关于污染侵权的规定,在“无过错责任、举证责任倒置、共同侵权的责任分担、第三人过错不能免责”的基础上增加了“惩罚性赔偿与环境污染责任和生态破坏责任”的相关规定。

1. 归责原则

归责原则是确定行为人民事责任承担的理由、标准或依据。《民法典》第 1229 条规定了环境污染和生态环境破坏责任的一般归责原则,即“因污染环境、破坏生态造成他人损害的,侵权人应当承担侵权责任”,此为无过错责任原则。在无过错责任的归责原则下,受害人需要证明其有损害结果、行为人的损害行为、损害行为及损害结果之间具有因果关系,与 HNS 公约相比,在中国的证明损害要更难一些,因为在 HNS 公约下,受害方无需证明因果关系。

2. 举证责任倒置

在无过错责任原则下,法律推定行为人的行为与损害结果之间存在因果关系。因此,行为人若想免除责任,则需要证明其行为并未造成损害,或者提出法律规定不承担责任或者减轻责任的事由。《民法典》第 1230 条规定,“因污染环境、破坏生态发生纠纷,行为人应当就法律规定的不承担责任或者减轻责任的情形及其行为与损害之间不存在因果关系承担举证责任”。

3. 共同侵权的责任分担

共同侵权损害中,承担责任的大小是按照损害结果的行为力的大小来决定的。《民法典》第 1231 条规定,“两个以上侵权人污染环境、破坏生态的,承担责任的大小,根据污染物的种类、浓度、排放量,破坏生态的方式、范围、程度,以及行为对损害后果所起的作用等因素确定”。

4. 惩罚性赔偿

《民法典》第 1232 条规定,“侵权人违反法律规定故意污染环境、破坏生态造成严重后果的,被侵权人有权请求相应的惩罚性赔偿”。这是我国首次在环境生态责任领域引入惩罚性赔偿规定。

5. 第三人责任问题

对于第三人责任问题,《民法典》规定了不真正连带的责任承担规则。其第 1233 条规定,“因第三人的过错污染环境、破坏生态的,被侵权人可以向侵权人请求赔偿,也可以向第三人请求赔偿。侵权人赔偿后,有权向第三人追偿”。

6. 生态环境损害修复责任

相较于原《侵权责任法》,《民法典》规定侵权人承担生态环境的修复责任问题,其第1234条规定,“违反国家规定造成生态环境损害,生态环境能够修复的,国家规定的机关或者法律规定的组织有权请求侵权人在合理期限内承担修复责任。侵权人在期限内未修复的,国家规定的机关或者法律规定的组织可以自行或者委托他人进行修复,所需费用由侵权人负担”。

7. 生态环境损害赔偿诉讼的损失赔偿范围

《民法典》第1235条规定,违反国家规定造成生态环境损害的,国家规定的机关或者法律规定的组织有权请求侵权人赔偿下列损失和费用:

(1)生态环境受到损害至修复完成期间服务功能丧失导致的损失;

(2)生态环境功能永久性损害造成的损失;

(3)生态环境损害调查、鉴定评估等费用;

(4)清除污染、修复生态环境费用;

(5)防止损害的发生和扩大所支出的合理费用。

(二)《海商法》对船舶污染责任的规定

1. 海事赔偿责任限制

除了油轮装载的持久性油类责任限额需要适用1992 CLC的规定外,其余应适用我国《海商法》的规定。

(1)责任限制主体

根据《海商法》第204条的规定,在船舶油污损害赔偿案件中,可以限制责任的主体包括船舶所有人和救助人。其中,船舶所有人包括船舶经营人和船舶承租人。如果船舶所有人购买了责任险,保险人也可以享受责任限制。

(2)责任限额

《海商法》第210条对责任限额作了规定。对于不满300总吨船舶的海事赔偿责任限额问题,1994年1月1日,原交通部制定实施了《关于不满300总吨船舶及沿海运输、沿海作业船舶海事赔偿限额的规定》。我国有关船舶污染损害赔偿责任限额的规定并没有设立独立的责任限额,而是与其他限额一起适用“非人身伤亡的请求”的规定。

2. 海事赔偿责任限制制度的适用范围

（1）适用海事赔偿责任限制的情形

《海商法》对海事赔偿责任限制适用的情形作了具体规定。根据该法第207条的规定，共包括以下四种情形：

第一，在船上发生的或者与船舶营运、救助作业直接相关的人身伤亡或者财产的灭失、损坏，包括对港口工程、港池、航道和助航设施造成的损坏，以及由此引起的相应损失的赔偿请求；

第二，海上货物运输因迟延交付或者旅客及其行李运输因迟延到达造成损失的赔偿请求；

第三，与船舶营运或者救助作业直接相关的，侵犯非合同权利的行为造成其他损失的赔偿请求；

第四，责任人以外的其他人，为避免或者减少责任人依照第十一章的规定可以限制赔偿责任的损失而采取措施的赔偿请求，以及因此项措施造成进一步损失的赔偿请求。

根据以上规定可知，并不是所有的海事索赔中的有权限制赔偿责任的主体都能享受责任限制，只有以上四种情形可以适用。同时，对于第四项涉及责任人以合同约定支付的报酬，因其不属于损害赔偿，《海商法》明确了责任人在履行支付责任时不得援引责任限制的规定。

（2）不适用海事赔偿责任限制的情形

《海商法》第208条规定了不受责任限制的索赔，包括以下五种情形：

①对救助款项或者共同海损分摊的请求；

②中华人民共和国参加的国际油污损害民事责任公约规定的油污损害的赔偿请求；

③中华人民共和国参加的国际核能损害责任限制公约规定的核能损害的赔偿请求；

④核动力船舶造成的核能损害的赔偿请求；

⑤船舶所有人或者救助人的受雇人提出的赔偿请求，根据调整劳务合同的法律，船舶所有人或者救助人对该类赔偿请求无权限制赔偿责任，或者该项法律作了高于本章规定的赔偿限额的规定。

根据《海商法》第208条第2项的规定，对于油轮所载持久性油类造成的损害或损失，船舶所有人损害赔偿责任限额应根据我国加入的1992

CLC 确定，而不受我国《海商法》规定的责任限额的约束。但是《海商法》第 208 条中未就船载有毒有害物质造成损害如何适用限额做出特别规定。2003 年，上海海事法院在韩国 SEKWANG 船务公司申请设立海事赔偿责任限制基金一案中认为，涉案船舶“大勇”轮所载苯乙烯泄漏入海造成污染事故，因海损事故发生地和损害结果发生地均在我国境内，应适用我国法律，《海事诉讼特别程序法》和《海商法》中有关海事赔偿责任限制基金的规定适用于该案。本次事故可能产生的民事赔偿请求符合《海商法》第 207 条规定的限制性债权特征，不属于《海商法》第 208 条规定的油污损害赔偿请求等非限制性债权。①

3. 船舶所有人海事赔偿责任限制的丧失

1992 CLC 和《1976 年海事索赔责任限制公约》均规定了船舶所有人丧失责任限制权利的情形。我国《海商法》第 209 条也规定，“经证明，引起赔偿请求的损失是由于责任人的故意或者明知可能造成损失而轻率地作为或者不作为造成的，责任人无权依照本章规定限制赔偿责任”。

4. 责任限制基金的设立

赔偿责任人应向有管辖权的海事法院申请设立责任限制基金。申请设立责任限制基金的人应将基金提交法院或向法院提供相应数额的担保。法院受理后会以裁定的形式作出设立基金的决定，并发出公告。公告发出后，相关人员可以申报债权。

(三)相关司法解释对船舶油污责任的规定

最高人民法院于 2017 年发布《海洋自然资源与生态环境损害赔偿规定》，对《海洋环境保护法》第 89 条第 2 款(现第 114 条第 2 款)中规定的海洋自然资源与生态环境损害诉讼作出了相关规定，船舶载运非持久性油类物质、有毒有害物质适用该规定。

---

① 《韩国 SEKWANG 船务有限责任公司申请设立海事责任赔偿基金案》，载《最高人民法院公报》2003 年第 5 期，http://gongbao.court.gov.cn/Details/221c1c33758372e964b193a64c414c.html?sw=。

上海海事法院作出(2002)沪海法基字第 5 号民事裁定，准许 SEKWANG 公司设立海事赔偿责任限制基金的申请。上海市环保局等提出异议，上海海事法院在(2002)沪高民四(海)基字第 1 号判决书中认为，《海商法》《海诉法》中有关海事赔偿责任限制基金的规定应适用于 SEKWANG 公司设立海事赔偿责任限制基金的请求。

《海洋自然资源与生态环境损害赔偿规定》明确,海洋自然资源与生态环境损害赔偿诉讼,由损害行为发生地、损害结果地或者采取预防措施地的海事法院管辖。行使海洋环境监督管理权的机关,根据其职能分工提起海洋自然资源与生态环境损害赔偿诉讼,人民法院应予受理。

该司法解释还明确规定了海洋自然资源与生态环境损失的赔偿范围,包括预防措施费用、恢复费用、恢复期间损失、调查评估费用。其中,预防措施费用和调查评估费用以实际发生和未来必然发生的合理费用计算;恢复费用限于现实修复实际发生和未来修复必然发生的合理费用,包括制定和实施修复方案和监测、监管产生的费用,未来修复必然发生的合理费用和恢复期间损失,可以根据有资格的鉴定评估机构依据法律法规、国家主管部门颁布的鉴定评估技术规范作出的鉴定意见予以确定。难以确定恢复费用和恢复期间损失的,可以根据责任者因损害行为所获得的收益或者所减少支付的污染防治费用,合理确定损失赔偿数额。收益或者费用无法认定的,可以参照政府部门相关统计资料或者其他证据所证明的同区域同类生产经营者同期平均收入、同期平均污染防治费用,合理酌定。

二、行政类法律

(一)《海洋环境保护法》的相关规定

《海洋环境保护法》是我国第一部海洋环境保护的综合性法律,涉及船舶污染损害责任的原则性规定主要体现在第七章“船舶及有关作业活动污染防治”以及第八章“法律责任”中。主要内容包括:

1. 无过错责任

船舶污染损害赔偿责任属于环境侵权责任,我国学界通说认为环境侵权责任是一种特殊侵权责任,与产品侵权责任、高度危险作业致人损害责任是同一种性质的侵权责任,即无过错责任。最早在我国环境立法中规定无过错责任原则的是1982年《海洋环境保护法》第42条,该规定被1984年《水污染防治法》等其他环境法所继受。2023年《海洋环境保护法》修改后,该原则体现在第114条中。《海洋环境保护法》第114条第1

款规定,“对污染海洋环境、破坏海洋生态,造成他人损害的,依照《中华人民共和国民法典》等法律的规定承担民事责任”。

2. 免责事由

免责事由规定在《海洋环境保护法》(2023 年修订)第 116 条,即“完全属于下列情形之一,经过及时采取合理措施,仍然不能避免对海洋环境造成污染损害的,造成污染损害的有关责任者免予承担责任:(一)战争;(二)不可抗拒的自然灾害;(三)负责灯塔或者其他助航设备的主管部门,在执行职责时的疏忽,或者其他过失行为”。

3. 船舶所有人与货物所有人共担风险原则

1999 年修订后的《海洋环境保护法》第 66 条第 1 款规定,“国家完善并实施船舶油污损害民事赔偿责任制度;按照船舶油污损害赔偿责任由船东和货主共同承担风险的原则,建立船舶油污保险、油污损害赔偿基金制度”。这是《海洋环境保护法》首次以立法的形式明确了按照船舶油污损害赔偿责任由船舶所有人与货主共同承担风险的原则建立船舶油污保险、油污损害赔偿基金制度。但是 1999 年《海洋环境保护法》第 66 条并未提及有毒有害物质海洋污染的民事责任和赔偿问题,也未提及国务院制定实施船舶有害物质污染保险和有害物质赔偿基金制度的具体措施的意图。《海洋环境保护法》中没有条款专门规定有毒有害物质污染,存在明显缺陷。

(二)《水污染防治法》的相关规定

船舶在内河或其他内陆水域造成水污染时,应当适用《水污染防治法》。1984 年的《水污染防治法》历经了 1996 年修正、2008 年修订、2017 年修正,相较于 1996 年修正的《水污染防治法》,2008 年修订中完善了污染损害赔偿制度,但在 2017 年修正中未涉及污染损害赔偿方面的内容。具体而言,《水污染防治法》下船载有毒有害物质污染损害赔偿责任主要包括以下内容:

1. 无过错责任归责原则

《水污染防治法》第 96 条第 1 款和第 4 款规定,因水污染受到损害的当事人,有权要求排污方排除危害和赔偿损失。水污染损害是由第三人造成的,排污方承担赔偿责任后,有权向第三人追偿。这一规定改变了

1996 年《水污染防治法》第 55 条所规定的过错责任原则。

2. 免责事由

《水污染防治法》第 96 条对污染者免责的情形作出了规定:第一,由不可抗力造成的水污染损害,排污方不承担赔偿责任;第二,由受害人故意造成的水污染损害,排污方不承担赔偿责任;第三,由受害人重大过失造成的水污染损害,可以减轻排污方责任;第四,由第三人造成的水污染损害,排污方有权向第三人追偿。与《海洋环境保护法》所规定的免责事由相比,《水污染防治法》特别规定了受害人故意或重大过失免责。

3. 举证责任倒置

《水污染防治法》第 98 条规定,因水污染引起的损害赔偿诉讼,由排污方就法律规定的免责事由及其行为与损害结果之间不存在因果关系承担举证责任。与《海洋环境保护法》相比,《水污染防治法》只是笼统地规定了所有类型的水污染损害赔偿责任,并没有专门针对船舶污染损害作出规定,既未建立由船东与货主共同承担赔偿责任的多层次保障体系,又未建立船舶污染损害强制保险制度。

(三)《危险化学品安全管理条例》的相关规定

根据《危险化学品安全管理条例》的规定,通过内河运输有毒有害物质的船舶,其所有人或者经营人应当取得船舶污染损害责任保险证书或者财务担保证明。载运持久性油类(原油、燃料油)和化学品并进行内河运输的船舶需要参加船舶污染损害责任保险或者进行财务担保,参保人为船舶所有人或经营人。

《危险化学品安全管理条例》作为一项主要用于专项行政管理的国务院行政法规,在船舶污染损害赔偿强制保险方面跨出了重要一步,解决了强制保险的法律问题,尤其是在适用的污染物种类范围上,内河强制保险不仅包括油污损害赔偿,还包括其他有毒有害物质污染损害赔偿。但是,在具体的保险范围、保险额度以及是否如海上一样颁发保险证书等方面,《危险化学品安全管理条例》并没有给出具体的规定。

(四)《防治船舶污染海洋环境管理条例》的相关规定

《防治船舶污染海洋环境管理条例》经 2013 年修订、2014 年修正、

2016 年和 2017 年修订,在船舶污染损害赔偿方面的规定主要包括:

1. 责任限制

在《防治船舶污染海洋环境管理条例》出台前,无论是《海洋环境保护法》《海商法》还是其他相关的民事法律、法规或规章,都没有同国际公约一样,明确不同类型的船舶或不同类型的船舶污染事故应当如何适用法律。国际上已形成了覆盖油轮载运持久性油类、船舶载运有毒有害物质(包括非持久性油类)、船舶自用燃料油,甚至包括危险废弃物、核材料等造成的污染损害民事责任问题的较为系统、完善的法律体系。在《防治船舶污染海洋环境管理条例》出台前,我国通过加入 1992 CLC 解决了国际航线载运持久性油类油轮的污染损害问题,同时通过加入 2001 BUNKER 解决了船用燃油污染损害赔偿问题。但对于其他物质,如船舶载运的非持久性油类和有毒有害物质造成的污染损害赔偿问题,我国没有明确是应当适用《海商法》《海洋环境保护法》抑或是其他相关民事法律(尤其是还涉及船舶所有人是否享有责任限制、可以享有多少责任限制等的问题),这些问题在实践中的个案处理上也存在较大差异。

对于船舶载运的散装持久性油类物质造成我国管辖海域污染的,《防治船舶污染海洋环境管理条例》规定,无论是国际航行还是国内航行的船舶,其赔偿责任限额按照我国缔结或参加的有关国际公约,即按照 1992 CLC 的规定执行。这一方面体现了我国优先保护环境而非优先保护航运业的价值取向,另一方面考虑到我国在加入 1992 CLC 时未书面提出该公约不适用于我国国内航线船舶的特别声明,这也是我国在国际履约角度一贯立场的彰显。

综上,修订后的《防治船舶污染海洋环境管理条例》将适用范围从油类污染损害扩大到有毒有害物质污染损害,并规定了所有类型的船舶污染事故的赔偿责任限额都应当依照《海商法》关于海事赔偿责任限制的规定执行。这样做虽然解决了船舶,尤其是载运持久性油类货物船舶的油污损害赔偿适用法律这一难题,但也将其他类型的船舶污染损害局限在《海商法》的责任限制范围内,使污染损害赔偿请求与其他非人身伤亡赔偿请求共同划分一个最高赔偿限额,当船舶事故引发多种侵权情况时,受害人可能无法得到足额赔偿。

2. 强制保险

国务院根据《海洋环境保护法》的授权,制定了行政法规规定船舶油污损害赔偿强制保险,并在修订《防治船舶污染海洋环境管理条例》时对强制保险也作出了相关规定。立法者在充分考虑我国污染损害赔偿水平和保险业的承保能力的情况下,在《防治船舶污染海洋环境管理条例》中对强制保险作了如下规定:

第一,所有载运持久性油类货物的船舶都应当强制保险,其保险额应当满足 1992 CLC 规定的油轮所有人的责任限额。该规定与 1992 CLC 仅要求 2000 吨及以上载运持久性油轮货物船舶的所有人强制保险的规定相比要严格得多,即 2000 吨以下散装持久性油类货物的船舶也要强制保险。

第二,所有载运非持久性油类货物的 300 总吨以上的船舶,其保险额度应当满足《海商法》关于非人身伤亡的责任限制规定,不满 300 总吨及沿海运输、沿海作业的船舶,其保险额度应当满足原交通部《关于不满 300 总吨船舶及沿海运输、沿海作业船舶海事赔偿限额的规定》确定的责任限额规定。在具体赔偿时,油污损害赔偿请求将与其他非人身伤亡的侵权请求合分《海商法》下的船舶所有人责任限额,因此受害人获赔的程度略显不足,但是强制保险本身给受害人直接起诉油污保险人提供了渠道,而这有利于受害人获赔。

第三,1000 总吨以上载运非油类货物的船舶应当强制投保油污险。这一规定主要考虑到 1000 总吨以下载运非油类货物的船舶的燃油较少,即使发生燃油泄漏,所造成的污染损害也不至于很大。该规定基本与我国加入的 2001 BUNKER 相关规定保持了一致做法。根据《防治船舶污染海洋环境管理条例》,1000 总吨以上载运非油类货物船舶的所有人,其油污保险额度应当满足《海商法》关于非人身伤亡的责任限制规定。

第四,除油类污染之外的其他有毒有害货物造成的污染损害,《防治船舶污染海洋环境管理条例》尚无规定载运这些货物的船舶所有人强制保险。当前,强制责任保险的要求不适用于有毒有害物质造成的污染。

第八章　海洋生态环境中的船舶污染损害赔偿的范围

第一节　损害赔偿范围的界定

一、国际公约对损害赔偿范围的界定

国际公约中有关海洋生态环境船舶污染损害赔偿范围的界定主要规定在船舶污染民事责任公约体系中，即1969 CLC、1992 CLC、1992 FUND、2001 BUNKER 中。

1969 CLC 第 1 条第 6 款对“污染损害”作了如下界定，“污染损害是指由于船舶逸出或排放油类（不论这种逸出或排放发生在何处）后，在运油船舶本身以外因污染而产生的灭失或损害，并包括预防措施的费用以及由于采取预防措施而造成的进一步灭失或损害”。该公约将“污染损害”分为三个部分，即“运油船舶本身以外因污染而产生的灭失或损害”、“预防措施的费用”以及“采取预防措施而造成的进一步灭失或损害”。1969 CLC 的赔偿范围基本限定于直接损失，并不包括大量间接经济性损害；1969 CLC 所谈到的“预防措施费用”是指船舶油污事件发生以后所采取的防止污染扩大的措施的费用，并不包括事故发生前有关机构为预防和杜绝此类事故的发生所花费的费用。

1992 CLC 在 1969 CLC 的基础上对赔偿范围作了扩

大规定,1992 CLC 所规定的“污染损害”增加了“对环境造成的损害(不包括因损害环境而引起的利润损失,仅限于因采取合理的恢复措施而实际或即将发生的费用)”。依据 1992 CLC,只要采取的恢复环境措施是实际且合理的,就应对该项费用予以赔偿。此外,1992 CLC 将“污染损害”地理适用范围延伸到了专属经济区或缔约方根据国际法所确立的相等区域,包括距离其基准范围不超过 200 海里的临近领海的区域。1992 CLC 将“污染损害”的范围明确扩大至“环境损害”标志着国际社会对生态环境保护的高度重视。

1992 FUND 与 CLC 公约相当,对油污损害赔偿范围采取概括规定的方式,且对油污环境损害赔偿范围的规定与 CLC 公约的规定基本一致。不过,需要注意的是,我国虽然属于 CLC 公约的缔约方,但是 1992 FUND 仅适用于我国香港特别行政区。

2001 BUNKER 的索赔范围与 1992 CLC 类似,仅限于溢油引致的直接损失、为恢复环境实际采取或将要采取的合理恢复措施的费用、预防措施的费用以及因采取预防措施而造成的新的灭失或损害。但是,2001 BUNKER 在适用区域上有所扩大,不仅适用于在领海和专属经济区发生的溢油事故,还适用于在其他区域采取的预防措施。

由于国际公约对船舶污染损害赔偿的规定较为原则,为了使相关的损害赔偿工作更具可操作性,国际社会在其他方面做了积极尝试。1992 年的基金大会上通过《索赔手册》。《索赔手册》对赔偿范围也作了较为细致的规定,可以索赔的损失包括清污和预防措施的费用、财产损失、相继损失、纯经济损失,以及环境资源的损失等。不过需要注意的是,《索赔手册》不是国际法文本,对各国的法院没有强制约束力,但是它是法官审理案件的重要参照。国际海事委员会于 1994 年 10 月通过了《国际海事委员会油污损害指南》,其具体规定了油污损害的请求范围和计算方法,并把纯经济损失划入赔偿范围,在确定何为纯经济损失时参照近因原则,以避免关于“损失”的定义过于宽泛,并且明确针对环境损害的赔偿不限于油污的清除费用,为了恢复环境采取适当措施的必要开支也可索赔。

由此可见,以 CLC 公约和 FUND 公约为代表的国际公约,对海洋生态环境船舶污染损害赔偿范围的规定较广,覆盖财产损害赔偿、纯经济损失赔偿、自然资源损害赔偿及污染清理与预防费用赔偿等。

二、国内法对损害赔偿范围的界定

我国没有针对海洋生态环境船舶污染损害赔偿问题制定专门的法律,[①]相关规定散见于我国诸多有关海洋生态环境保护及其损害赔偿的法律法规以及司法政策文件中。

一是有关海洋生态环境船舶污染方面的法律规定了损害赔偿问题,如《海洋环境保护法》和《防治船舶污染海洋环境管理条例》。《海洋环境保护法》第114条规定,因污染环境造成损害的,污染者应当承担侵权责任。《防治船舶污染海洋环境管理条例》第53条规定,发生船舶油污事故,国家组织有关单位进行应急处置、清除污染所发生的必要费用,应当在船舶油污损害赔偿中优先受偿。

二是有关海洋生态环境船舶污染损害赔偿方面的司法政策文件。最高人民法院2011年发布的《船舶油污损害赔偿规定》(法释〔2011〕14号)在借鉴国际公约和国际油污赔偿基金《索赔手册》相关的规定基础上规定,相关损害赔偿的范围主要包括:为防止或者减轻船舶油污损害而采取的预防措施所发生的费用,以及预防措施造成的进一步灭失或者损害;船舶油污事故造成该船舶之外的财产损害以及由此引起的收入损失;因油污造成的环境损害所引起的收入损失;对受污染的环境已采取或将要采取的合理恢复措施所发生的费用。2017年最高人民法院发布《海洋自然资源与生态环境损害赔偿规定》(法释〔2017〕23号)第7条规定的损害赔偿范围包括:预防措施费用、恢复费用、恢复期间损失和调查评估费用。

需要注意的是,我国《民法典》第1235条规定的生态环境损害赔偿范围较广,具体包括:期间(服务功能)损失;生态环境功能永久性损失;调查鉴定评估费用;清污、修复费用;防止损害费用。但是,《民法典》的相关规定通常不能适用于海洋生态环境损害赔偿。

总之,国际公约和国内法对海洋生态环境船舶污染损害赔偿范围的界定存在差异,且两者对赔偿范围的界定呈现不断扩张的趋势,这反映了

---

① 参见王军等:《海洋石油污染损害赔偿制度比较研究》,法律出版社2019年版,第171～172页。

国际社会和各国政府对海洋生态环境保护的不断重视。我国有关海洋生态环境船舶污染损害赔偿范围的界定主要规定在相关的司法政策文件中,相关规定在一定程度上反映了国际社会的最新发展,同时也考虑了我国的实际情况。

第二节　财产损害的赔偿

财产损害是传统海事侵权法规范的主要赔偿客体,是船舶污染损害赔偿案件中的重要内容之一。在船舶污染这一海上公共利益侵权行为中,[①]尽管财产损害在船舶污染损害赔偿案件中的占比较大,但是它是船舶油污损害赔偿中争议最小的赔偿议题。[②] 围绕船舶污染导致的财产损害,我国形成了体系较为完备的法律规范体系。

环境侵权导致的财产损失分为直接损害与间接损害,直接损害是侵权行为造成的受害人现有财产的毁损或者灭失,间接损害则是受害人本来可以获得,但因环境侵权而消灭的利益。[③] 船舶油污造成的直接财产损害又可被分为以下两种:一是海洋污染事故发生后,油污直接造成的财产灭失或损害;二是海洋污染发生后,因采取清污或防止、减轻污染措施而造成的财产灭失或损害。第一种情形包括个人或单位养殖海产品的损失、养殖工具、渔船和海上娱乐船艇的损失等。第二种情形只是发生的原因与第一种不同,其目的是防止或者减轻污染损害,因为该损害是在油污事故之后发生的,所以会包括第一种情形说明的损害。除此之外,有些损害可能发生在陆地上,而不是海上油污造成的,因此清污需要使用的交通工具,如卡车及陆上移动工具造成路面、码头和船上装载物的损害所产生的必要的修复费用,可以要求赔偿。[④]

---

① 参见邓瑞平等:《海上侵权法比较研究》,厦门大学出版社 2013 年版,第 61 页。

② 参见徐国平:《船舶油污损害赔偿法律制度研究》,北京大学出版社 2006 年版,第 71 页。

③ 参见张丽英等:《海洋污染相关法律制度及其新发展》,法律出版社 2019 年版,第 26 页。

④ 参见付本超:《船舶油污损害赔偿法律问题研究——基于私法的视角》,法律出版社 2017 年版,第 63 ~ 64 页;韩立新主编:《海上侵权行为法研究》,北京师范大学出版社 2011 年版,第 259 ~ 260 页;韩立新:《船舶污染损害赔偿法律制度研究》,法律出版社 2007 年版,第 177 ~ 178 页。

海洋生态环境船舶污染损害赔偿中的财产损害主要包括一般的财产损害以及财产受损带来的额外损失。因船舶污染导致的财产损害通常较为直观,如船舶油污导致海域养殖者承受直接的财产损害。船舶污染所致的财产受损所带来的额外损失未必与船舶污染一样直观上可见,但是它是船舶污染间接导致的结果。比如,由于船舶污染,受损的船舶、渔具在修理期间不能正常使用所导致的利益损失。

从海洋生态环境船舶污染损害赔偿的国际法和国内法规定来看,财产损害的类型较为多样,国际油污基金《索赔手册》对财产损失的规定较为典型,其认为财产损害主要包括船舶溢油污染所造成的有形财产的各种损失,如船壳、渔具及海上养殖设施,对这些财产因污染而产生的清洁、维修、替代等合理费用,基金予以赔付。[①] 具体而言,船舶污染导致的财产损失大致可以分为动产损失和不动产损失。

动产损失是指船舶污染直接导致受害人的动产被损害或灭失,诸如渔具、渔船、小型游艇、大型商船等动产因船舶污染遭受损害。具体而言,对渔具的污染损害主要涉及渔具的清理或者替换费用,如渔网、渔箱等因污染而被严重影响其使用功能,无论是清理还是替换,都需要受害者承担一定的财产成本。对船舶的污染损害主要涉及对船体船表的清理和重新粉刷,因船舶污染不仅会腐蚀船体造成船舶外表的装饰受损,而且有的污染废弃物还会吸附在船体上,从而破坏船舶的正常航行功能。

不动产损失主要是指船舶污染使得不动产损毁或灭失,实践中更多的是不动产因船舶污染出现市场价值降低的情形,主要涉及私人码头、筑堤、海岸设施等。以私人码头为例,如果其所在海域发生严重的环境污染,过往船舶会有意识地选择避开该地或选择绕行,从而导致该码头的商业价值和利益受损。而且,修复污染后的不动产耗时耗力,会给不动产所有人带来较大的成本。

船舶污染损害赔偿中的财产损害除了上述各种损失外,还有各种与财产损失相关的附带性财产损失,如采取预防措施导致的财产损失。相关的财产损失主要有海防设施的损害、为了应对污染事故而引发的道路

---

① 参见张丽英等:《海洋污染相关法律制度及其新发展》,法律出版社 2019 年版,第 215 页。

损害，以及重型事故应对装备对海滩的破坏等。从性质上来看，预防措施本质上指向的是政府、企业等依法负有预防海洋生态环境污染的主体，因相关措施而导致的财产损失应当是实际损失，即因采取预防措施而造成的直接损失。比如，船舶污染事故导致事故所在海域海岸上的工厂设备的制冷系统失灵，机器出现损害或者火灾的，也会引发财产损害赔偿问题。海洋生态环境船舶污染财产损失还应当包括“财产损失”造成的误工费用、利润的受损甚至声誉的受损以及行政费用等。这些损失的价值有时大于受污染的财产价值，对其进行计算有不同的方法且成本高昂。

司法实践中，当财产损失无法得到金钱的补偿时，替代或者修复被视为更为理想的选择。此时，受损财产面临“以新换旧”的折减问题。从公平的角度看，进行财产折减具有一定的合理性，这样可以确保索赔人既没有变“坏”又没有变“好”。但是，不该折减也具有一定的合理性，因为人们不能强迫索赔人投资新财产。但是“以新换旧”可能导致索赔人的收益降低，引起索赔人的严重不满。当受污染财产需要进行替代时，还应当考虑到折减的方式和程度。折减的方式应当灵活，可采取双方协议折减、政府指导折减或采取复合型补偿的方式，但无论是哪种折减方式，都应符合如下原则：侵权人承担折减费用、受害者得到公平补偿。折减的程度要以满足索赔人购置“新设备”为原则，即对污染财产的折减价格进行计算时，不仅要以其使用价值的折旧作为考量条件，还要兼顾损失补偿的最大限度。

第三节　纯经济损失的赔偿

海洋生态环境船舶污染损害赔偿案件中，纯经济损失主要涉及诸如收入或盈利之类的财力损失。这类损失所涉及的行业一方面是渔业、水产养殖及其相关产业，另一方面是旅游业或者其他经营人。前者如渔业损失，渔业损失是一种财产损失，渔业损失的受害主体为从事渔业生产的个人或企业。渔业损失包括因渔业资源存量的减少而使可捕获数量减少造成的经济损失，以及因漂浮油污或渔具受损而使捕捞活动受阻造成的经济损失以及养殖水产品减少或绝产的经济损失。① 在司法实践中，这类损失主要涉及两方面的法律问题，一是相关损失是否需要赔偿的问题，二是证明需要的证据问题。其中，争议焦点是证明污染和损害之间的因果关系和关联性。

在侵权法下，纯经济损失存在较大争议，普通法系一般对相关诉讼进行严格限制，民法法系一般赋予法官较大的自由裁量权。在民法法系下，法院通常没有明确规定经济损失不能进行求偿，而是交由法院进行个案裁量。即便法律允许纯经济损失，证据问题也会导致原告通常无法获得相关赔偿。在海洋生态环境船舶污染损害赔偿案件中，其涉及的纯经济损失大致如下。

（一）渔业相关索赔

渔业方面的索赔主要涉及渔民、渔场及其他渔业养殖者的索赔和次生渔业索赔。渔民、渔场和其他渔业养殖者的索赔主要涉及：（1）库存污染；（2）政府命令或公众信任导致的库存销毁；（3）野生鱼类和其他海鲜的污染、捕获减少、将来收入减少；（4）捕鱼行为的干扰或减少，诸如捕鱼禁令、设备污染、水供应污染等。次生渔业索赔主要包括：（1）鱼的供应、加工、贸易、代理或其他主体的减少；（2）产品或服务需求的减少，诸如渔具修理和制造商、转运商、鱼苗供应商、运输公司。

（二）旅游业相关索赔

旅游业方面的索赔主要涉及酒店、旅店、商店和其他旅游机构的索赔，以及次生性的旅游索赔和旅游市场推广。酒店、旅店、商店和其他旅游机构主要指：（1）污染区非污染场地的机构；（2）污染区外的机构；（3）零售商；（4）污染海滩上设备的经营人；（5）旅行社；（6）旅游经营人；（7）其他产品或相关服务的供应商、经营人。酒店主张的损失主要包括污染导致的市场损失、价格或销量下降。次生性的旅游索赔主要包括：（1）向旅游业提供产品或服务的商家；（2）税收损失。主张旅游市场推广（市场营销）索赔时需要考量如下因素：（1）措施的目的；（2）与事故的相

---

① 参见邓海峰：《海洋油污损害国家索赔的理论与实践》，法律出版社 2013 年版，第 37 页。

关性;(3)纠正不适报道的措施;(4)成本合理。司法实践中,只有市场推广成本具备额外性(通常采取的措施之外所采取的措施)和专门性(用来应对污染损害造成的影响)时,才能进行索赔。

相关索赔的核心问题是确定污染与损害之间存在一定程度的关联性。司法实践中对这一问题的判断大致参照如下因素:(1)索赔的行为与污染之间存在地理上的相关性;(2)索赔人经济上依赖于受影响资源的程度;(3)索赔人获得替代性供应资源的可能性;(4)索赔人的商业是污染地区的经济行为的组成部分。此外,索赔人减缓损失的努力程度也是法院决定相关索赔额度的重要考虑因素。

(三)港口和航运相关的索赔

港口和航运方面涉及的索赔主要是污染导致船舶延期,抑或商业活动中断导致的损失。相关索赔诉讼的主体主要包括如下几类:(1)船舶所有人和租船人;(2)岸上业务经营者。相关索赔主要针对污染导致的运输转移所引起的损失,以及因其他商业活动减少而引起的关联损失。

(四)其他损失索赔

其他损失索赔主要指雇员提起的索赔,其主要包括以下 3 类:(1)雇主提出的索赔,即生意减少,但是需要支付雇员工资;(2)雇员提出的索赔;(3)公共机构就社会安全支付所提出的索赔。除此之外,司法实践中还出现如下索赔:(1)污染导致的农地污染索赔;(2)钓鱼俱乐部和钓鱼者权利的索赔;(3)游艇所有者遭受的使用或享受损失,如游艇系泊费和保险费。

从司法实践来看,纯经济损失赔偿立法和司法均有进化特质。例如,美国油污法案拓展了原告的索赔范围,为纯经济损失创造了条件。虽然有法院尝试支持原告的纯经济损失索赔,但是存在较大争议。为了使纯经济损失索赔有章可循,国际油污基金积极推动出台了相应的标准。1993 年,国际油污基金在第 35 届会议上指出赔偿体制适用于污染造成的损失或损害,问题的关键是有证据证明污染与损害之间存在充分的关联关系,污染和损失之间存在合理的因果联系。

在司法实践中,如果某一经营活动没有得到行政机构的许可,其遭受的损失是否可以进行赔偿是一个争议较大的问题。这一问题本质上是一个公共政策问题,对法院如何判案影响较大。原则上,如果某一经营活动没有事前获得行政许可,那么其遭受的损失通常不能得到补偿。但是,法院有时也会根据案件的具体情况支持原告的索赔。

第四节　自然资源损害的赔偿

海洋生态环境船舶污染损害赔偿诉讼中,如何对受损的自然资源进行赔偿是司法实践中面临的一大难题,因为这种损害一方面并非针对特定的索赔人,另一方面难以对其准确地量化,其中鱼和海鸟的死亡率最为典型。自然资源损害之所以需要赔偿,是因为其对社会具有较大价值,为人类提供了必要的生存条件。从现有的自然资源损害赔偿案件来看,这类案件面临如下法律难题:如何确定船舶污染到底负多大的损害责任、自然修复污染地的程度、如何对损害进行定价以及提起诉讼的法律资格问题。

自然资源损害面临的第一难题是正确对相关损害进行量化和估值。对此,政府、工业集团、法律人、经济学家、生态学家和哲学家争吵了几十年。[①] 实践中,为了计算自然资源的损害以实现索赔,人们先后采取了诸多方法以正确计算相关损害:市场价值稀释法、成本修复法、修复评估法、修复理论成本法、或有估值方法。由于有些自然资源没有相应的市场作为量化依据,难以对其按照市场方法进行量化和定价。如果自然资源具有一定的市场,那么根据自然资源市场价值的稀释值可确定其价格。针对市场价值稀释法的不足,成本修复法曾被寄予厚望,即如果索赔人事实上实施了若干修复措施,那么相关成本可作为损失索赔的依据。然而,在索赔人没有实施修复,也没有打算实施修复的情形下,同样存在给予索赔人以估算的修复成本作为索赔依据的先例。这种方法的合理性在于可以将其视为修复成本是市场价值减损的证据。不过,这种假设也有一定的

---

① See Frank B. Cross, *Natural Resource Valuation*, 42 Vanderbilt Law Review, p. 269 (1989).

问题。比如，在不动产损害中，不动产的修复成本和市场价值稀释之间存在较大的差异。在有些国家，自然资源损害索赔有时基于一国立法规定的理论公式，或者法院在专家证据的支持下直接适用理论公式。或有估值方法主要用来评估自然资源的使用价值和非使用价值，前者如看鸟者、钓鱼者，后者如社会环境。有诸多专家反对或有估值方法，认为其太抽象、不可靠，存在滥用的可能。

由于自然资源的估值方法存在一定的争议，法院有时不愿意采纳这些方法。比如，在1985年意大利“帕特摩斯”(Patmos)油轮案、1991年意大利“Haven”油轮案以及1997年委内瑞拉“Nissos Amorgos”油轮案中，法院对基于理论模型提出的索赔非常谨慎，特别是在“Nissos Amorgos”油轮案中，1971 FUND拒绝了基于理论模型提出的索赔。不过，也有法院认为，如果在相关案件中不借助有点武断且充满争议的评估方法，相关索赔就会无法处理，典型代表是“安东尼奥·葛兰西号”(Antonio Gramsci)事故案。

综上可见，自然资源损害赔偿事关公共政策考量，政策制定者需要考虑对环境损害进行补偿的可行性、必要性和其他政治性影响。赞成自然资源损害赔偿的人认为虽然自然资源损害难以被量化，但这并不等于这种损害不存在、不值得赔偿。反对者则认为尽管公众和政策制定者支持自然资源损害赔偿，但是他们的这种态度源于媒体的诱导，而非依据科学的事实；自然资源损害赔偿根本无助于其保护，其仅是政府敛财的工具；这种赔偿主要是为了回应公众的愤怒，其本质上是惩罚性而非补偿性赔偿。

上述要素在一定程度上解释了国际油污基金的多数成员方对自然资源损害赔偿持保留态度，他们认为索赔所依据的抽象的方法或者理论模型不太恰当。1969 CLC在污染损害概念中没有界定环境损害是否可以进行赔偿，但是1992 CLC中的污染损害概念明确规定不赔偿环境损害，环境损害赔偿仅限于环境修复费用。针对国际公约的不足，一些国家通过国内法允许环境损害索赔。虽然国际油污基金一直抵制环境损害赔偿，但其却又允许部分案件进行索赔，并且制定了一些标准来规范修复成本索赔。

从域内外司法实践来看，海洋生态环境船舶污染损害赔偿诉讼中的

自然资源损害赔偿主要涉及如下方面:

第一,受损自然资源的修复。通过人为干预的方式,加速自然资源恢复和为动物提供临时的栖息地,相关成本一般可以进行量化。在司法实践中,这类索赔诉讼面临的主要问题是如何判断修复措施的合理性,其涉及必要的技术考虑,如计划实施措施是否可行,计划实施措施成功的可能性,以及自然资源修复的可能性等。自然资源修复是一项高度复杂的技术工程,比如如何选择石油分散剂,修复时的气候和环境要素等均会影响修复的成效。有人甚至认为,船舶石油污染会导致持久的自然资源损害,人类采取措施修复自然资源的能力是有限的。国际油污基金一直坚持修复措施的合理性:一方面根据措施采取时的最新信息来进行判断;另一方面措施成本应该与结果相互匹配,措施应当适宜,并存在成功的预期。2002 年,1992 FUND《索赔手册》修订了对修复措施的界定,其规定:措施应当有助于促进自然修复过程;有助于预防更大的损害,且技术上可行;不该导致其他损害,或给其他自然或经济资源带来负面影响;成本应该与损害成一定比例,成本不能超过收益。

第二,资助研究受损自然资源。鉴于采取修复措施前需要进行大量深入研究,国际油污基金一般会允许这方面索赔,因为相关研究或许可证明相关索赔不该被支持。如果研究涉及未来的自然资源修复措施,研究具有可行性且能够产生一定的数据,在研究成本不是过大的情况下,国际油污基金通常愿意支付这方面的费用。在 1993 年英国"布拉尔号"(Braer)事件中,1971 FUND 拒绝了一项环境影响评估研究的成本索赔,它指出这些报告过于笼统,其内容无法支撑任何一项索赔,并且报告主要依赖从其他来源收集的信息。基于同样理由,1971 FUND 拒绝了委内瑞拉"Nissos Amorgos"油轮案中的环境研究索赔,其认为相关研究与石油污染无关,只是基本的石油污染效果研究。相反,在 1995 年"海洋王子号"(Sea Prince)事故中,国际油污基金许可了环境影响研究成本索赔,因为其与石油污染相关,并非只是重复之前的研究工作。同样,在 2001 年德国"Baltic Carrier"油轮事故中,基于相同的原因,研究成本索赔也被许可。受相关案件的影响,2002 年,1992 FUND《索赔手册》被修改,其鼓励有助于确定修复措施是否必要和可行的相关科学研究。

第五节 清理与预防费用的赔偿

清理与预防措施费用一般是船舶污染发生后最先也是最直接产生的损害类型。清理费用是指对污染物清理所产生的费用,可能伴随污染事故发生,也可能在污染事故发生后一段时间内仍在产生。预防措施是指为预防或减少船舶污染损害而采取的任何合理措施。1992 CLC、2001 BUNKER 对预防措施有着共同的定义,"'预防措施'指任何人在油污事故发生后采取的任何预防或减少污染损害的合理措施"。这一定义通常适用于应急抢险及清污措施,但也可能包括为预防或减少油轮溢油损害而采取的救助行动。

《船舶油污损害赔偿规定》中明确将"为防止或者减轻船舶油污损害采取预防措施所发生的费用,以及预防措施造成的进一步灭失或者损害",也就是业界常说的清理与预防措施费用,纳入船舶油污损害的赔偿范围。

一、清理与预防费用的产生

船舶污染发生时,清理与预防费用的产生一般有以下几种情形。

(一)船方开展的清理与预防措施

船舶发生污染事故后,造成污染的船舶通常会自行采取防止污染扩大的应急措施,这属于船舶污染责任方主动履行义务的情形,但这种自行就污染进行清除及防控以及作出的合理牺牲的行为会产生相应的费用。此外,考虑到依靠船舶自身力量应对污染的效果是有限的,主管机关会要求船舶与停泊、挂靠港口签署协议,为其配备专业的清污防污力量,以应对污染事故的发生。污染事故发生后、清污及防控措施开展前,船方与清污方达成协议雇佣专业力量采取清污及防控措施,这种情况下也会因协议或合同清污而产生费用。

（二）主管机关组织的应急处置行动

船舶发生污染事故后，为尽早排除事故安全及污染隐患，将损害控制在有限的范围内，在事故责任方无法及时、有效履行义务时，主管机关往往会指派清污方参与针对船舶污染而开展的应急处置行动。这种情形下也产生费用。在各国污染事故，当地主管机关或多或少会参与进船舶污染事故应急处置中，因此费用损失也存在清污方依照合同或依照指令等产生的多种形态。

（三）其他单位或个人采取的措施

污染发生后，除了应职责与义务开展的清理与预防措施外，受到污染的单位或者个人也会为清理或者防止其财产受到污染而自行开展清污措施。这种情形下也产生相应费用，例如，清理其受到油污污染的养殖设施的渔民、清除海滩油污的宾馆的业主、受污染海鸟等野生动物的动物保护组织等单位或个人因采取系列措施而产生的费用。

二、清理与预防费用的索赔主体

依据 1992 CLC、1992 FUND、2001 BUNKER 等国际污染损害赔偿制度，任何人只要采取措施预防和减少污染损害，就均有权索赔合理措施导致的成本。相关措施包括清理。1992 CLC 中明确“任何人”都可以为防止污染采取预防措施。国际油污基金《索赔手册》中也相应明确了，任何为预防或减少缔约方内油污损害而采取合理措施的人，无论其是在何处采取的预防措施，都可以就采取这种措施产生的费用索赔。索赔人可以是个人、合伙企业、公司、私营组织、非政府组织或公共团体，包括国家和地方政府。

我国法律并未列举污染损害索赔主体的范围，相关法规及司法解释仅以“被侵权人”“受损害人”等概括索赔主体。我国《民法典》使用“被侵权人”与“受害人”概括侵权损害的索赔主体。《船舶油污损害赔偿规定》使用“受损害人”概括索赔主体。

我国船舶油污基金则明确，船舶油污损害的索赔人可以是自然人、合伙人、公司、企事业单位、政府部门等单位或个人。例如,遭受船舶油污损害的水产养殖户、渔民、旅游业经营者,参与应急处置工作的船舶污染清除单位和其他单位等,各级地方人民政府或各级生态环境、渔政、海洋、自然资源、旅游、海事等相关政府职能部门等。

清理与预防费用的索赔主体,与采取或者主导该措施的主体有关。

(一)船方开展的清理与预防措施

1992 CLC 中明确船舶所有人主动减小油污损害引起的合理损害或者牺牲的索赔,在赔偿责任限制基金分配中与其他索赔处于同等地位。我国对船东开展清理与预防措施在责任限制基金的分配也有类似规定,《船舶油污损害赔偿规定》中将船舶所有人为主动防止、减轻油污损害而支出的合理费用或者所作的合理牺牲,纳入油污损害赔偿责任限制基金分配范围之中。

1992 FUND 中明确规定,由船舶所有人自动防止或减轻油污损害而合理产生的费用或合理付出的牺牲,就本条而言,须被视为油污损害。因此,船舶所有人作为采取清理与预防措施产生油污损害的"任何人",可以作为索赔主体向国际油污基金提起索赔。我国船舶油污损害赔偿基金未将船东采取清理与预防措施产生油污损害的情形纳入赔偿范围。

(二)主管机关组织的应急处置行动

在主管机关组织的应急处置行动中,由谁来进行索赔在公约和各国法律规定下存在不同的路径。

国际油污基金《索赔手册》中明确,清污单位依照与主管机关签订的合同而展开的清污行动,其费用的索赔由主管机关就支付合同发票所产生的费用提出索赔。在不存在合同关系的情况下,清污单位可以直接向船舶保险人和国际油污基金提出索赔。

在我国,主管机关组织的应急处置行动中,若清污方与船东方签订合同,索赔主体较为明确,则由清污方依照合同向船东方提出索赔;若清污方未与船东签订合同,一般会产生强制清污的情况,即在责任方不能及时开展清污或不具备清污能力或情况紧急,需要立即清除油污的情况下,主管机构指令清污单位开展清污工作。[①] 我国目前的相关法律法规对强制清污费用的概念没有明确界定,实践中,主管机构组织的应急处置行动产生的费用索赔主体成为司法实务中较具争议的问题。

1. 可由作出指令或者委托的主管机构作为索赔主体。此观点一般认为强制清污费用赔偿纠纷为民事法律纠纷。除主管机构动用自有设备物资参与清污作为索赔主体的情况外,主管机构作为应急处置组织者亦代表其他应急清污单位统一向责任方索赔。司法实务中存在着大量的主管机构作为强制清污费用的索赔主体以民事纠纷起诉污染责任方的案例,法院亦认可海事管理机构作为强制清污费用民事纠纷的原告主体资格。《民法典》第 1235 条规定,侵权责任人违反法律规定造成生态环境损害的,国家规定的机关或者法律规定的组织有权请求侵权人赔偿清除污染的费用。海洋生态环境作为一种公共利益被法律认可的同时,我国法律还赋予了国家机关保障这一公共利益的职责,即当海洋生态环境遭受损害时,国家机关有义务防止损害扩大和恢复生态环境,产生的经济损失由造成损害的侵权人负责。具体到强制清污上,当发生船舶油污事故时,为防止海洋生态环境的进一步损害,主管机构在污染责任方不能清污的情况下,有义务采取措施防止和减少油污损害,所产生的强制清污费用可以通过民事诉讼要求污染责任方赔偿。此外,《海洋环境保护法》第 114 条第 1 款规定了污染责任方的民事损失赔偿责任,第 2 款规定了主管机构有权代表国家对污染责任方要求民事损害赔偿,结合其第 90 条的规定,可以理解为船舶油污事故发生后造成或可能造成海洋环境重大损害的,主管机构有权强制采取避免或者减少污染损害的措施,对于由此产生的强制清污费用损失,海事管理机构可以通过民事诉讼要求污染责任方赔偿。《防治船舶污染海洋环境管理条例》第 41、53 条也有类似的规定。

2. 可由清污单位作为索赔主体。此观点也认为强制清污费用赔偿纠纷为民事法律纠纷。清污单位作为强制清污费用的索赔主体的情况可被分为涉内和涉外两种情形。涉外情形下,由于我国是 1992 CLC 和 2001 BUNKER 的缔约方,强制清污费用的索赔主体问题应当优先适用公约条

---

① 参见冀文颖、廖星衡:《海事管理机构强制清污费用索赔主体分析》,载《集美大学学报(哲学社会科学版)》2022 年第 6 期。

约。根据1992 CLC第1条第6款、第7款，2001 BUNKER第1条第7款、第9款的规定，任何人为防止或减轻污染损害而采取的任何预防措施（包含以上提及的强制清污）所产生的费用均在油污损害的范围之内，采取措施的主体有权要求污染责任方承担赔偿责任。在涉外情形下，清污单位作为强制清污费用的索赔主体几乎没有争议，这是世界通行实践做法，清污单位只需要起诉污染责任方要求其承担赔偿责任即可。涉内情形下，实践中大多数认可的通行做法是由清污单位作为索赔主体，但也有观点认为清污单位不可作为索赔主体，认为强制清污费用赔偿纠纷不属于民事纠纷，属于行政代履行。

3. 清污单位不可作为索赔主体，此观点一般认为强制清污费用赔偿纠纷不属于民事纠纷，属于行政代履行，污染责任方和清污单位之间不存在民事法律关系，此种观点源于我国《行政强制法》的相关规定。在"中恒9"轮事故一案中，当地海事主管机构指令清污单位实施油污清除工作，事后清污单位向法院起诉要求油污责任人赔偿因清污产生的相关费用。一审和二审法院均认为清污公司与油污责任人之间不存在民事法律关系，不符合民事立案条件，驳回了清污公司的诉讼请求。①

出现以上问题的原因是我国《海商法》当中缺少对于船舶油污损害的具体规定。《海商法》仅在"海事赔偿责任限制"和"时效"两章中提到油污损害赔偿的内容，对于船舶油污损害赔偿的定义等内容缺乏明确规定。虽然最高人民法院《关于海事法院受理案件范围的规定》将船舶油污损害责任纠纷定性为海事侵权纠纷案件，可依据《民法典》中特殊侵权的原则性规定予以处理，但船舶油污损害赔偿涉及《海商法》特有的责任限制制度，完全依赖侵权责任难以妥善解决油污损害赔偿主体问题。法院在实务中也发现通过《海商法》的规定难以解决船舶油污损害案件，因此最高人民法院颁布了《船舶油污损害赔偿规定》，其中第9条就明确规定船舶油污损害赔偿的范围包括为防止或者减轻船舶油污损害而采取的预防措施所发生的费用，对船舶油污损害赔偿的范围进行了法律解释。

---

① 上海晟敏立速服海上应急服务有限公司与平潭综合实验区恒鼎船务有限公司、中国人民财产保险股份有限公司江苏省分公司海事海商纠纷案，湖北省高级人民法院（2018）鄂民终664号民事裁定书，武汉海事法院（2017）鄂72民初985号民事判决书。

虽然大部分船舶油污损害纠纷案件可以通过该司法解释得到解决,但强制清污费用索赔主体问题仍未得到完全解决。上述司法解释仅就费用范围作出了定义,对产生费用的主体以及产生费用的条件都未如 1992 CLC 或 2001 BUNKER 那样明确规定,从而导致了国内法的适用与公约存在着一定的差距,具有不确定性,在实践中存在争议。

(三)其他单位或个人采取的措施

国际油污基金与我国船舶油污损害赔偿基金赔偿规定均允许受到油污损害的单位或者个人就自行采取措施产生的费用进行索赔。国际油污基金《索赔手册》明确了自主清理受到油污污染岸上财产的个人,清除海滩油污的连锁宾馆、雇人清洗遭受油污的野生动物的动物保护组织等各类清污费用的索赔主体。我国船舶油污损害赔偿基金则将此种费用纳入控制或者清除污染措施费用项目的理赔范围,明确为防止或者减少船舶油污损害,采取合理的预防、控制或者清除污染措施的人可以就其所产生的费用进行索赔。例如,遭受油污污染的游艇的所有人、遭受油污影响的水产养殖户或遭受油污污染的对外开放的旅游景点的所有人或经营人因自行采取的预防或清除油污的行动所产生的费用。

三、清理与预防费用的类型

清理与预防费用在船舶油污损害赔偿中的占比较高,是油污损害赔偿的主要内容之一。相关公约及法律未对清理与预防费用的类型做进一步细分及明确。

在实践中,国际油污基金《索赔手册》明确清污费用包括应对海上溢油、保护易受影响的资源(如敏感的沿海栖息地,工厂的海水取水口、海产养殖场以及游艇码头)、清理海岸线及沿岸设施以及处理回收的油及油污废物等合理措施产生的费用。同时,其还包括清洗及康复被油污污染的野生动物,尤其是鸟类、哺乳类和爬行类动物所产生的合理费用。《索赔手册》中规定的可索赔项目涵盖海陆空观测、飞机、船舶、专业设备、人员、易损耗物品、抽油、含有预防措施目的的救助作业、行政费用及聘请顾问费用等。

我国船舶油污损害赔偿基金则明确,可向我国船舶油污损害赔偿基金索赔的清理与预防费用主要包括清污行动、保护易受污染的资源(如岸边动物栖息地、养殖基地、取水口等)行动、对海岸线和滩涂的清污行动、委托第三方实施的溢油监视监测行动、保护野生动物行动等产生的费用,具体包括为采取避免或者减少油污损害措施而产生的船舶费用,车辆费用、专业设备费用、消耗材料费用、废弃物处置费用、人员费用、水下抽油费用、第三方监视监测费用、野生动物保护费用、后勤保障费用以及其他相关费用。

四、措施费用的合理性确定

在损失费用的赔偿中,不论是作为受损害方的清理与预防措施施行主体,还是作为赔偿方的责任方与油污基金,其关注重点一般都是费用的金额,并由表及里地扩展至费用金额背后的措施合理性问题。措施的合理性往往要综合事故的原因、地点及污染物的范围与类型等多种因素进行判断,没有一概而论的标准,但其也因此成为了损失能否获赔及获赔数额的关键。相关公约法规及制度中对于清理与预防措施费用的合理性确定有着原则性的规定。

1992 CLC 规定清理与预防措施应同时满足措施在溢油事故发生后产生、具有预防或减轻油污损害的目的、具有合理性这三个条件。

国际油污基金《索赔手册》规定,索赔人需要证明其索赔的清理与预防费用:必须是实际上已经发生的费用、必须与视为合理和正当的措施有关、必须与溢油所造成的污染存在合理的紧密联系、必须是可以量化的经济损失、须提供适当的文件或其他证据以证明其数额。对为预防或减少污染损害而采取的措施所产生的费用提出的索赔必须满足以上条件,其中需要特别强调的是合理性原则。清污作业是否适当、清污费用是否正当、清污措施是否合理,都要根据决定实施这些措施时的具体情形和掌握的事实情况进行评估。

《船舶油污损害赔偿规定》规定,在认定预防措施费用以及预防措施造成的进一步灭失或者损害时,应当结合污染范围、污染程度、油类泄漏量、预防措施的合理性、参与清除油污人员及投入使用设备的费用等因素。

我国船舶油污损害赔偿基金《索赔指南》中明确，索赔的任何费用和损失都应当已经实际发生，且应具有适当性和合理性。“合理”是指根据决策时所掌握的信息，采取的措施或者使用的交通工具、设备、物资等，能有效减少船舶油污损害。

实践中关于合理性判断的问题，不论是在法院诉讼阶段通过法官及评估机构对措施及费用合理性的认定，还是在向国际油污基金及我国船舶油污损害赔偿基金索赔阶段通过基金事务性机构评估对合理性的认定，其在解决纠纷处理损害赔偿问题的同时，也都逆向推动了清污及预防措施的更加谨慎、高效的开展。

第六节　生态环境损害的赔偿

生态环境损害独立于人身损害和财产损害，亦不同于纯经济损害和自然资源损害，其是船舶污染造成海洋环境不利因素的改变，或导致海洋生态系统退化等的损害。

一、船舶污染损害赔偿中的生态环境损害

“生态环境损害”的概念一经提出，便曾与“环境损害”“生态损害”“环境污染”等混淆，例如，将环境污染或生态破坏统称为“生态损害”[①]。当前，我国“生态环境损害”的主流概念多采用《生态环境损害赔偿制度改革方案》（中办发〔2017〕68 号）的规定，即因污染环境、破坏生态而造成大气、地表水、地下水、土壤、森林等环境要素和植物、动物、微生物等生物要素的不利改变，以及上述要素构成的生态系统功能退化。然而，囿于海洋生态环境的复杂性，《生态环境损害赔偿制度改革方案》将海洋生态

---

①　2014 年原国家海洋局出台的《海洋生态损害国家损失索赔办法》第 2 条规定，“因下列行为导致海洋环境污染或生态破坏，造成国家重大损失的，海洋行政主管部门可以向责任者提出索赔要求”。由此可见，我国法律将海洋环境污染或生态破坏统称为“海洋生态损害”。

环境损害排除在方案之外。

相较于陆域生态环境,海洋生态环境更为复杂。船舶污染导致的生态环境损害涉及众多国际公约,因此其可能具有涉外因素。船舶污染导致的生态环境损害独立于人身损害与财产损害,也不同于纯经济损失和自然资源损害,其包含了诸如人类对海洋环境的美学价值的损害,景观权益受损,海洋生态系统服务功能减损等。根据2013年原国家海洋局发布的《海洋生态损害评估技术指南(试行)》的规定,海洋生态系统服务是指人类从海洋生态系统获得的效益,包括海洋供给服务、海洋调节服务、海洋文化服务和海洋支持服务。此外,船舶污染导致的生态环境损害面临修复难度较大、修复成本高、评估鉴定难及举证责任、因果关系的判断难度大等的问题。船舶污染导致的海上事故大体可分为海洋资源损害和海洋生态损害,前者侧重于经济价值,后者侧重于生态系统服务功能等生态价值。

当前,我国尚未在法律或相关政策文本中定义“海洋生态环境损害”,船舶污染损害赔偿中的“生态环境损害”作为“海洋生态环境损害”的下位概念更无明确规定。我国“海洋生态环境损害”肇始于1999年《海洋环境保护法》第90条第2款的规定,根据规定,作为主要海洋污染源的船舶污染行为破坏海洋生态,给国家造成重大损失的,由行使海洋环境监督管理权的部门代表国家对责任者提出损害赔偿要求。[①] 根据《海洋生态损害评估技术导则》(第2部分:海洋溢油)(GB/T 34546.2—2017)的规定,海洋溢油生态损害是指因海洋油气勘探开发、海底输油管道、石油运输、船舶碰撞及其他突发事故造成的石油或其制品泄漏入海,导致海域环境质量下降、海洋生物群落结构被破坏、海洋生态系统服务功能丧失或部分丧失等所形成的损害。由此可见,海洋溢油生态损害的多数情形,例如石油运输、船舶碰撞及其他突发事故,是船舶污染导致的生态环境损害。2013年原国家海洋局发布的《海洋生态损害评估技术指南(试行)》规定了“海洋生态损害事件”,根据规定,溢油、危险品化学品泄

① 1999年《海洋环境保护法》第90条第2款规定:“对破坏海洋生态、海洋水产资源、海洋保护区,给国家造成重大损失的,由依照本法规定行使海洋环境监督管理权的部门代表国家对责任者提出损害赔偿要求。”(2023年《海洋环境保护法》第114条第2款)

漏、排污、海洋倾废等均属此类事件。从技术的角度看，船舶污染导致的生态环境损害即人类活动直接或间接的对海洋生态系统、生物因子及非生物因子的不利影响。

二、船舶污染损害赔偿中的生态环境损害赔偿

有损害必有赔偿，船舶污染损害赔偿中的生态环境损害赔偿也不例外。船舶污染损害导致的生态环境损害是生态环境损害的下位概念或子概念，生态环境损害赔偿形式上具有保护环境要素、生物要素及上述要素构成的生态系统功能。

（一）赔偿范围

《民法典》规定生态环境损害赔偿制度标志着我国生态环境损害赔偿进入新阶段——从理论探讨和政策探索变成法律规范。《民法典》第1235条规定，违反国家规定造成生态环境损害的，国家规定的机关或者法律规定的组织有权请求侵权人赔偿下列损失和费用：（1）生态环境修复期间服务功能丧失导致的损失；（2）生态环境功能永久性损害造成的损失；（3）生态环境损害调查、鉴定评估等费用；（4）清除污染、修复生态环境费用；（5）防止损害的发生和扩大所支出的合理费用。然而，该条款是否能够直接适用于海洋环境污染损害赔偿还有待商榷，因为2017年的《生态环境损害赔偿制度改革方案》将海洋生态环境损害赔偿排除在外。

1992 CLC第1条对“污染损害”的定义予以了界定，根据其规定可以推导出的油污损害的赔偿范围为船舶溢油所致的损害，合理恢复措施费用，预防措施费用及预防措施所致的损失或损害。具体包括如下内容：（1）船舶泄漏或排放油类所造成的在该船之外的损失或损害，不论此种泄漏或排放发生在何处。但是，对环境损害（不包括此种损害的利润损失）的赔偿，仅限于已实际采取或将要采取的合理恢复措施的费用。（2）预防措施的费用及预防措施所造成的进一步损失或损害。2001 BUNKER第1条也作出了与1992 CLC相类似的规定，二者的规定较为一致即船舶燃油泄漏所致的损害赔偿范围同样包含如上内容的赔偿范围。

2011 年《船舶油污损害赔偿规定》(法释〔2011〕14 号)第 9 条[①]规定了四项船舶油污损害赔偿范围，具体可以概括为：(1)清污等预防措施的费用及损失；(2)有形财产损害，以及有形财产损害所引起的收入损失即间接损失；(3)单纯因环境污染而造成的收入损失，又称纯经济损失；(4)自然资源等环境损害。其中第 4 项"对受污染的环境已采取或将要采取合理恢复措施的费用"涵盖了生态环境损害赔偿。[②] 2012 年，财政部、交通运输部发布的《船舶油污损害赔偿基金征收使用管理办法》规定，船舶污染损害赔偿中的生态环境损害赔偿范围仅包括"已采取的恢复海洋生态和天然渔业资源等措施所产生的费用"。由于基金的设立是为了在诉讼之后对相关重点项目进行补充性赔偿，基金的赔偿范围限定性规定与《船舶油污损害赔偿规定》规定的赔偿范围不需要必须保持一致，两者并不存在冲突。

2017 年，最高人民法院出台了《海洋自然资源与生态环境损害赔偿规定》(法释〔2017〕23 号)，其第 7 条规定，海洋自然资源与生态环境损失赔偿范围包括预防措施费用、恢复费用、恢复期间损失及调查评估费用。具体而言，采取预防措施费用即为减轻或者防止海洋环境污染、生态恶化、自然资源减少所采取合理应急处置措施而发生的费用；恢复费用，即采取或者将要采取措施恢复或者部分恢复受损害海洋自然资源与生态环境功能所需费用；恢复期间损失，即受损害的海洋自然资源与生态环境功能部分或者完全恢复前的海洋自然资源损失、生态环境服务功能损失；调查评估费用，即调查、勘查、监测污染区域和评估污染等损害风险与实际损害所发生的费用。

---

① 2011 年《船舶油污损害赔偿规定》(法释〔2011〕14 号)第 9 条规定，"船舶油污损害赔偿范围包括：(一)为防止或者减轻船舶油污损害采取预防措施所发生的费用，以及预防措施造成的进一步灭失或者损害；(二)船舶油污事故造成该船舶之外的财产损害以及由此引起的收入损失；(三)因油污造成环境损害所引起的收入损失；(四)对受污染的环境已采取或将要采取合理恢复措施的费用"。

② 也有学者认为《船舶油污损害赔偿规定》(法释〔2011〕14 号)规定的船舶油污引起的海洋生态环境损害的赔偿范围主要包括"对受污染环境已实际采取或将要采取的合理恢复措施的费用"。参见廖兵兵、叶榅平：《生态文明视域下海洋生态环境损害赔偿范围研究》，载《中国海商法研究》2022 年第 4 期。

(二)赔偿权利人

我国现行《海洋环境保护法》第 114 条第 2 款规定了近年来饱受热议的“海洋环境公益诉讼制度”,该条款是赋权性规定,也是限制性规定。对破坏海洋生态等行为,给国家造成重大损失的,依据《海洋环境保护法》行使海洋环境监督管理权的部门有权代表国家对责任者提出损害赔偿要求。这些部门具体包括:生态环境主管机构(生态环境局)、海事行政主管机构(海事局)、渔业行政主管机构(农业农村部等)、军队环境保护主管机构、国家海洋局、地方人民政府等。

《海洋自然资源与生态环境损害赔偿规定》第 3 条规定,《海洋环境保护法》第 5 条规定的行使海洋环境监督管理权的机关,根据其职能分工提起海洋生态环境损害赔偿诉讼,人民法院应予受理。该司法解释明确了海洋生态环境损害赔偿的索赔主体,船舶污染损害作为海洋生态环境损害赔偿中较为关键的组成部分,其索赔主体亦如此规定。

从我国《民法典》第 1234、1235 条的规定来看,“国家规定的机关或者法律规定的组织”有权针对侵权人的生态环境损害行为请求侵权人赔偿。其中,“国家规定的机关”具体到海洋生态环境损害赔偿领域,即呼应了《海洋环境保护法》第 114 条第 2 款中行使海洋环境监督管理权的部门。根据《民法典》的规定,海域属于国家所有。对我国管辖海域内的自然资源与生态环境造成污染损害和破坏,会直接给国家造成损失,理应由国家索赔。依法行使海洋环境监督管理权的部门代表国家就《海洋环境保护法》第 114 条第 2 款规定的海洋自然资源与生态环境损害提起索赔诉讼,具有公益性。尽管司法实践中也偶尔出现个别社会组织提起“海洋环境民事公益诉讼”案件的尝试,[①]但社会组织进行海洋环境公益诉讼没有法律依据,因此该类案件均被驳回。

2022 年 5 月 15 日,最高人民法院、最高人民检察院《关于办理海洋自然资源与生态环境公益诉讼案件若干问题的规定》开始施行,该司法解

① 重庆两江志愿服务发展中心、广东省环境保护基金会环境污染责任纠纷案,广东省高级人民法院(2017)粤民终 2635 号民事裁定书;北京市朝阳区自然之友环境研究所、荣成伟伯渔业有限公司再审审查与审判监督案,最高人民法院(2019)最高法民申 6214 号民事裁定书。

释进一步规范了三项检察机关参与海洋生态环境公益诉讼的途径。一是支持起诉,有关部门根据职能分工提起海洋自然资源与生态环境损害赔偿诉讼的,人民检察院可以支持起诉。二是民事公益诉讼和刑事附带民事公益诉讼,人民检察院可以在有关海洋部门被告知有破坏海洋生态等行为后仍不提起诉讼的情况下,向海事法院提起民事公益诉讼;还可以在涉嫌破坏犯罪时,在有关海洋部门没有另行提起海洋自然资源与生态环境损害赔偿诉讼的情况下,在提起刑事公诉时一并提起附带民事公益诉讼,也可以单独提起民事公益诉讼。三是行政公益诉讼。人民检察院在履职时发现有关海洋部门违法行使职权或者不作为,致使国家利益或者社会公共利益受到侵害的,可以提出检察建议,对仍不依法履职的,可提起行政公益诉讼。司法实践中,人民检察院更多采用第二种民事公益诉讼方式独立提起。与检察机关相比,有关海洋行政部门在法律实务层次上尚存在差距,因此往往自愿放弃起诉权而由检察机关代为行使。

(三)责任承担方式

司法实践中,法院在审理船舶污染所致的生态环境损害赔偿案件时,通常以《民法典》(侵权责任编)、《海洋自然资源与生态环境损害赔偿规定》、最高人民法院《关于审理环境民事公益诉讼案件适用法律若干问题的解释》中有关责任承担方式的条款为裁判依据。根据《民法典》第 179 条的规定,[①]停止侵害、排除妨害、恢复原状、赔偿损失等责任承担方式均为审理船舶污染所致的生态环境损害赔偿案件的常用方式。其中,以金钱形式赔偿损失的责任承担方式使用得最多。最高人民法院《关于审理环境民事公益诉讼案件适用法律若干问题的解释》第 18 条则针对污染环境、破坏生态行为规定了类似于《民法典》(侵权责任编)第 179 条内容的责任承担方式,并在第 20 条规定了生态修复的适用情形、生态修复的费用等内容。

对于海洋自然资源与生态环境损失赔偿的范围,《海洋自然资源与生

---

① 《民法典》第 179 条规定,“承担民事责任的方式主要有:(一)停止侵害;(二)排除妨碍;(三)消除危险;(四)返还财产;(五)恢复原状;(六)修理、重作、更换;(七)继续履行;(八)赔偿损失;(九)支付违约金;(十)消除影响、恢复名誉;(十一)赔礼道歉。法律规定惩罚性赔偿的,依照其规定。本条规定的承担民事责任的方式,可以单独适用,也可以合并适用”。

态环境损害赔偿规定》第 7 条对其予以了规定，即预防措施费用、恢复费用、恢复期间损失、调查评估费用四类。2013 年 8 月，原国家海洋局发布的《海洋生态损害评估技术指南(试行)》第 8 条第 2 项规定，海洋生态损害价值计算内容为：清除污染和减轻损害等预防措施费用，海洋生物资源和海洋环境容量等恢复期的损失费用，海洋生态修复费用，检测、试验、评估等其他合理费用。该指南的四类标准是《海洋自然资源与生态环境损害赔偿规定》规定四类损失的直接技术依据。

《海洋自然资源与生态环境损害赔偿规定》第 8 条、第 9 条规定了损失认定的一般规则和替代方法。其主要依据是总结和吸收了《船舶油污损害赔偿规定》、最高人民法院《关于审理生态环境损害赔偿案件的若干规定(试行)》(2020 年修正)以及国家评估标准等。在众多生态环境损害赔偿责任承担方式中，应当首先考察能否进行生态修复，并基于修复成本和技术的考量，确定应首先判决被告承担生态修复责任，在无法修复或者无法完全修复时判决被告承担金钱形式的损害赔偿。尽管该规定也排除了海洋生态环境损害赔偿的适用，但依据环境保护的一般原理，海洋也是重要的环境要素，在船舶污染所致的生态环境损害赔偿案件中，亦应当以海洋生态修复为先，辅之金钱赔偿。同时，基于当前陆域生态环境损害赔偿机制的发展方向和《民法典》第 1234 条的规定，[①]生态环境损害赔偿责任承担方式应以生态修复优先，在生态无法修复时采用金钱赔偿填补损失。生态环境损害的索赔仅是手段，如何修复受损海洋生态环境，救济海洋环境权益方为最终目标。

有关恢复原状与生态修复二者的关系，目前争议较大。最高人民法院《关于审理生态环境损害赔偿案件的若干规定(试行)》(2020 年修正)规定了生态修复责任承担方式，但生态修复是否等同于恢复原状、二者的关系应当如何处理，对此，法律尚未明确。一般民事案件中，物权请求权内容之一的恢复原状较为容易判断，也较为容易恢复。而生态环境领域的恢复原状却较为困难，其涉及较强的专业技术性，并且基于科学的不确

---

① 《民法典》第 1234 条规定："违反国家规定造成生态环境损害，生态环境能够修复的，国家规定的机关或者法律规定的组织有权请求侵权人在合理期限内承担修复责任。侵权人在期限内未修复的，国家规定的机关或者法律规定的组织可以自行或者委托他人进行修复，所需费用由侵权人负担。"

定性的考量,环境容量是否恢复,生态系统服务功能恢复到何种程度才算合理,也尚未可知。修复生态环境责任的出现既具有传承性,又具有革新性。环境修复责任发端于民法中的恢复原状责任承担方式,是恢复原状的生态化表达,[①]强调生态修复的整体性、系统性和连续性。修复生态环境责任与“恢复原状”在赔偿理念方面具有同质性。从内容上来看,生态修复包含两方面:一方面,无人为干预的自然恢复;另一方面,借助人为干预的人工修复。从赔偿义务人责任履行难度看,其通常依靠第三方修复,例如船舶污染损害赔偿中为恢复天然渔业资源采取的第三方增殖放流的措施。

此外,在评估鉴定方面,船舶污染所致的生态环境损害鉴定种类多、评估周期长、评估成本高,我国虽已出台了《海洋生态损害评估技术指南(试行)》《海洋溢油生态损害评估技术导则》,但也存在评估周期长、评估成本高等问题。例如,2014 年福州“安娜”轮溢油事故,当地海洋与渔业局因损害评估鉴定费用过高而放弃诉讼。在评估鉴定方法的使用与选择方面,多以技术标准或指南为依据。例如,在“桑吉”轮事故中,《海洋溢油生态损害评估技术导则》被作为东海海洋生态损害赔偿评估的重要依据;《海洋生态损害评估技术指南(试行)》则规定了概算定额法、类比法作为海洋生态修复项目投资测算的方法。

① 参见胡卫:《民法中恢复原状的生态化表达与调适》,载《政法论丛》2017 年第 3 期。

第九章 海洋生态环境中的船舶污染损害赔偿中的其他责任主体

第一节 海难救助人的责任

海难救助又称海上救助，是指对遭遇海难的船舶、货物和客货运费的全部或部分，由外来力量对其进行救助的行为。[①] 海难救助是海商法中的特有制度，其规定集中于救助款项的确定原则和核算方法，目的是鼓励救助人对遭遇海上危险的救助标的施救，以此减少海难事故给被救助方带来的损失。[②] 但海难救助是高风险活动，救助人在救助作业中的行为可能导致被救助方财产损失，抑或海洋环境污染，特别是当被救助船舶是油船、危化品船时，这种可能性将大大增加。然而，海难救助法律制度对救助人过失行为导致的财产损失、环境污染损害是否需要承担责任以及如何承担责任等并未予以明确规定，导致海难救助人在船舶污染损害中的赔偿责任并不清晰，需要结合船舶污染损害赔偿制度以及民事相关法律制度进行进一步分析。

---

① 参见司玉琢：《海商法专论》，中国人民大学出版社 2010 年版，第 272 页。

② 参见高俊涛：《海难救助人过失损害赔偿责任检视》，载《海大法律评论》2020 年第 00 期。

一、海难救助人在船舶污染损害赔偿中对受害人的责任

海难救助人是指在海上或者与海相通的可航水域,对遇险的船舶和其他财产进行救助的人。大多情况下,海难救助人可以借助多种设备进行救助作业,但通常情况下,救助人均通过船舶在海上或者与海相通的可航水域从事救助作业。故而,在救助过程中,救助船舶与被救助船舶均有可能造成海洋环境污染,并由此带来一系列污染损害赔偿法律问题。

(一)救助船舶污染海洋环境时海难救助人的责任

1. 国际公约的规定

1992 CLC 第 3 条第 1 款规定:"除本条第 2 款和第 3 款另有规定以外,在事故发生时的船舶所有人,或者,如果该事故系由一系列事件构成,则第一个此种事件发生时的船舶所有人,应对船舶因该事故而造成的任何污染损害负责。"第 1 条第 3 项规定:"船舶所有人是指登记为船舶所有人的人,如果没有这种登记,则是指拥有该船的人,但如果船舶为国家所有且由在该国登记为船舶经营人的公司所经营,船舶所有人是指这种公司。"2001 BUNKER 第 3 条第 1 款作了与 1992 CLC 相似的规定,即船舶燃油污染损害赔偿责任的主体仅为"船舶所有人"。但是,2001 BUNKER 第 1 条第 3 项规定:"船舶所有人包括船舶登记所有人、光船承租人、船舶经营人和船舶管理人。"由此可见,1992 CLC、2001 BUNKER 均将油污损害赔偿的责任主体确定为"船舶所有人",不同的是,2001 BUNKER 将"船舶所有人"的范围扩大至登记所有人、光船承租人、船舶经营人和船舶管理人。

在归责原则方面,1992 CLC 和 2001 BUNKER 均采用了无过错归责原则,即在船舶所有人不能证明损害是由几种特定免责事由造成的情况下,无论船舶所有人主观上是否存在过错,都应承担损害赔偿责任。在海难救助情形下,如果救助船舶造成了污染,则救助船舶所有人应向受害方承担损害赔偿责任,无论救助人主观上是否存在过错,除非救助人能够证明损害是下列原因所致的:(1)战争行为、敌对行为、内战或武装暴动,或特殊的、不可避免地和不可抗拒性质的自然现象所引起的损害;(2)完全

由第三者有意造成损害的行为或怠慢而引起的损害;(3)完全由负责灯塔或者其他助航设备维护的政府或其他主管当局在执行其职责时,疏忽或其他过失行为所造成的损害。

2. 国内现行法的规定

在船舶油污损害赔偿法律关系不具有涉外因素时,应适用我国国内法的规定,但我国现行法律法规没有明确船舶污染损害赔偿的赔偿责任主体。《海商法》中并没有专门章节对船舶污染损害进行规定,国内法关于船舶污染损害的规定散见于各相关法律法规中。《海洋环境保护法》第 89 条第 1 款规定:“对污染海洋环境、破坏海洋生态,造成他人损害的,依照《中华人民共和国民法典》等法律的规定承担民事责任。”这一规定既没有明确谁是“责任者”,又没有规定认定“责任者”的标准。《防治船舶污染海洋环境管理条例》第 48 条对船舶污染损害赔偿责任主体的规定与《海洋环境保护法》(2017 年)第 89 条第 1 款完全相同。《民法典》第七编“侵权责任”第七章“环境污染和生态破坏责任”仅使用了“侵权人”的表述,对于如何确定侵权人依然并不明确。《海洋诉讼特别程序法》第 97 条第 1 款规定:“对船舶造成油污损害的赔偿请求,受损害人可以向造成油污损害的船舶所有人提出,也可以直接向承担船舶所有人油污损害责任的保险人或者提供财务保证的其他人提出。”《海洋诉讼特别程序法》似乎将船舶所有人确定为船舶污染损害赔偿的责任人,但依然未对船舶所有人的范围进行明确。

参照国际公约,结合国内法的相关规定,笔者认为,在不存在涉外因素的船舶污染损害赔偿法律关系中,船舶所有人为责任主体。为保护受害人利益,参照 2001 BUNKER 的相关规定,可适当扩大船舶所有人的范围至船舶登记所有人、光船承租人、船舶经营人和船舶管理人。此外,受害人亦可根据《海洋诉讼特别程序法》的规定,直接向承担船舶所有人油污损害责任的保险人或者提供财务保证的其他人提出赔偿请求。但是,此种情况下,责任主体依然是船舶所有人,保险人或者财务保证人仅代船舶所有人进行赔偿。据此,在救助船舶造成海洋环境污染时,由救助船舶的所有人(包括登记所有人、光船承租人、船舶经营人和船舶管理人)向受害人承担损害赔偿责任。

(二)被救助船舶污染海洋环境时海难救助人的责任

如上所述,无论是在国际公约还是在现行国内立法下,被救助船舶造成污染时,被救助船舶的所有人均可能成为污染损害赔偿的责任人。但是,如果污染部分或全部是由海难救助人造成的,那么此时海难救助人是否需要向受害人承担部分或全部损害赔偿责任?根据国际公约、国内法的相关规定,答案显然是肯定的。

1. 全部或部分剥夺海难救助人应得的特别补偿

特别补偿制度是海难救助法现代化的重要标志,突破了传统的"无效果无报酬"原则。该制度产生的根本原因在于随着各国海洋环保意识的逐步增强,需要鼓励救助方在进行海难救助时采取防止或减少遇险的船舶和船上货物、燃油对海洋环境的损害。[①]《1989 年国际救助公约》第 14 条对特别补偿进行了规定,在被救助的船舶或其船上货物对环境构成损害威胁,救助人对其进行了救助作业,救助人根据公约规定获得的报酬少于可得的特别补偿时,救助人有权从被救助的船舶所有人处获得相当于其所花费用的特别补偿。如果救助人因其救助作业防止或者减轻了环境损害,船舶所有人向救助人支付的特别补偿可另行增加。《海商法》第 182 条以《1989 年国际救助公约》第 14 条的规定为蓝本,也规定了特别补偿制度。

特别补偿制度原本是为了鼓励救助人在进行救助作业时尽可能采取措施减轻或避免对海洋环境的损害,那么在救助人因过失或疏忽未能防止或减少环境污染损害时,自然应综合其过失或疏忽的程度、与环境污染损害的因果关系等因素,全部或部分地剥夺救助人获得特别补偿的权利。《1989 年国际救助公约》和《海商法》均作了这样的规定。

2. 全部或部分剥夺海难救助人应得的救助报酬

《1989 年国际救助公约》和《海商法》确定的救助报酬应该综合考虑的各项因素中包括"救助人在防止或减少环境污染损害方面的技能和努力",也就是说,如果救助人在防止或减少环境污染损害方面的技能较低,

① 参见胡正良、韩立新等:《〈海商法〉修改基本理论与主要制度研究》,法律出版社 2021 年版,第 449 页。

努力不够,带来的影响可能是其应获得的救助报酬的减少。此外,《1989年国际救助公约》和《海商法》还进一步规定,如因救助人的过失或疏忽或因救助人有欺诈或其他不诚实行为而使救助作业成为必需或更加困难时,可剥夺救助人根据规定所得的全部或部分支付款项。那么,如因救助人过失或疏忽导致环境污染,例如,因救助人过失导致被救助船舶大量燃油泄漏,从而增加了救助的困难,此时救助人将面临其应获得的救助报酬被全部或部分剥夺的可能。

3. 海难救助人承担环境污染损害赔偿责任

在一定法律制度下,任何损害赔偿的产生都有其原因基础,一般可分为侵权行为、违反合同契约以及法律之特别规定三种类型。[①] 海难救助人承担环境污染损害赔偿责任的原因基础亦可从侵权、违约、法律规定这三个方面进行分析。

第一,从侵权的角度,对于基于过错的侵权责任的一般构成要件,我国侵权立法和理论界多主张四要件说,即侵害行为的违法性、损害、侵害行为与损害之间的因果关系以及行为人的过错。[②] 海难救助人在救助作业中过失导致环境污染损害的,符合侵权责任构成要件中的三要件。至于侵害行为的违法性,《1989 年国际救助公约》和《海商法》均规定了救助人在救助作业中以应有的谨慎防止或减轻环境损害,救助人违反该义务,其行为即具有违法性。

第二,从违约的角度,救助合同是服务性合同,救助双方是合同当事人,救助人在该合同下给付被救助人的标的是救助服务。《海商法》规定的"谨慎救助"义务是救助法律制度下的一般义务,救助合同约定的救助人义务不能低于"谨慎救助"的要求。如果救助人的过失行为违反了"谨慎救助"义务,意味着其履行行为构成违约,应承担相应的损害赔偿责任。

第三,从法律规定的角度,虽然《1989 年国际救助公约》以及《海商法》均未对救助人过失损害赔偿责任作出规定,但就环境污染损害赔偿而言,1992 CLC 和 2001 BUNKER 均规定,在完全由于第三者有意造成损害的行为或怠慢所引起的损害的情况下,船舶所有人可不承担损害赔偿

① 参见曾世雄:《损害赔偿法原理》,中国政法大学出版社 2001 年版,第 14 页。

② 参见张新宝:《侵权责任法原理》,中国人民大学出版社 2006 年版,第 50 页。

责任。尽管上述规定并未明确指出此时应承担责任的主体,但根据“谁污染,谁负责”的原则,可以认为此时应由该第三者承担损害赔偿责任。同理,在完全因救助人的过失导致污染损害的情况下,显然救助人就是应该承担责任的第三者。在国内法上,《民法典》第1233条规定,因第三人的过错污染环境、破坏生态的,被侵权人可以向侵权人请求赔偿,也可以向第三人请求赔偿。因此,受害人是可以依据上述规定选择向作为第三人的救助人请求赔偿的。

二、海难救助人在船舶污染损害赔偿中对被救助船东的责任

(一)赔偿被救助船东的直接损失

海难救助人在船舶污染损害赔偿中向被救助船舶赔偿直接损失的情形主要是因救助船舶而直接造成污染,从而给被救助船舶造成直接损失。例如,在救助过程中,因救助人的过失,救助船舶燃油泄漏,污染了被救助船舶的设备等从而造成被救助人的直接损失。对救助人过失导致被救助人损失,救助人是否承担赔偿责任的问题,英美法系下早已有“东城丸”(Tojo Maru)案做出了肯定回答。同时,《1989年国际救助公约》和《海商法》虽然没有明确肯定救助人的过失损害赔偿责任,但亦没有救助人可免除赔偿责任的规定。此外,《1976年海事索赔责任限制公约》和《海商法》均将救助人纳入可以享受海事赔偿责任限制的主体范畴,由此可以窥见《1976年海事索赔责任限制公约》和《海商法》对救助人的过失损害赔偿责任给予了间接肯定。

(二)被救助船东赔偿受害人后向救助人追偿

如上所述,只有在船舶污染损害完全是由于救助人有意造成损害的行为或怠慢所引起的情况下,船舶所有人(被救助人)才无须向受害人承担损害赔偿责任。换言之,如果仅部分污染损失是作为第三人的救助人的有意或疏忽行为造成的,此时根据国际公约和国内法的规定,仍应由船舶所有人(被救助人)独自向受害人承担损害赔偿责任。值得注意的是,根据《民法典》第1233条的规定,即便污染损害完全由救助人的过错造

成,受害人仍可以选择向救助人或船舶所有人(被救助人)索赔。如果受害人选择了船舶所有人(被救助人),显然其不能拒绝赔偿。但是,(被救助人)在向受害人赔偿后,可以向作为有过错的第三人(救助人)进行追偿。虽然有关油污损害赔偿的国际公约和《海商法》要求在污染损害部分是由有过错的第三人(救助人)引起的情形下,仍然由船舶所有人(被救助人)向受害人承担全部损害赔偿责任,并未就船舶所有人(被救助人)是否可向有过错的第三人(救助人)追偿予以明确;但是笔者认为,从公平承担责任的角度来看,宜参考《民法典》的规定,允许船舶所有人(被救助人)向有过错的第三人(救助人)追偿。

第二节　租船人的责任

关于租船人在船舶污染损害赔偿事件中的责任,是船舶污染损害赔偿事件中一个历来被较为忽视的问题。这是因为在船舶污染损害赔偿相关法律中,1969 CLC 等较早确立了严格责任,租船人在船舶污染损害赔偿中的法律责任关注不够。但是,在司法实践中,租船人对船舶污染损害的受害人和船东有时需要承担一定的法律责任。

CLC 公约规定在船舶污染损害案件中,受害人通常只能向"船舶所有人"索赔,不得向"船舶所有人"之外的主体主张索赔。虽然 CLC 公约明文规定了"船舶所有人"在船舶污染损害案件中的法律责任,且将"船舶所有人"作为船舶污染损害赔偿的主要责任主体,但是,从承租人的角度来看,虽然 CLC 公约没有明文规定其为责任主体,但是不能排除其依据法院地法律对污染损害承担法律责任。

与 CLC 公约对责任主体的规定不同,2001 BUNKER 规定的责任人范围较广。2001 BUNKER 第 3 条第 1 款规定:"除本条第 3 款和第 4 款的规定外,事故发生时的船舶所有人应当承担船载燃油导致的或者由船舶引起的油污损害责任,若事故由一系列同源事件引起,则责任由第一起事件发生时的船舶所有人承担。"更为重要的是,2001 BUNKER 下的"船舶所有人"包括"登记所有人、光船承租人以及船舶的管理人和经营人"等主体。因此,租船人在船舶污染事故中的法律责任问题是一个值得关注的现实问题。

一、租船人对受害人的责任

虽然根据 CLC 公约的立法原则,租船人通常无须对污染受害人承担法律责任,依据 2001 BUNKER 的规定,租船人对污染受害人承担法律责任的风险较高,但是,租船人对受害人承担法律责任的法律依据主要是各国的国内法。例如,美国 OPA90 规定,对船舶溢油引起的清污费用和赔偿请求可由"所有、经营或光船承租船舶的任何人,包括个人、公司、合伙或联营"等船舶油污事故的责任方承担严格的、连带的责任。

(一)国际公约的相关规定

在海上国际运输实践中,货主通常是租船人。依据 CLC 公约以及 HNS 公约等国际公约的规定,在船舶污染事故中,租船人和货主通常免于承担法律责任。在实际中,作为租船人的货主往往只需支付相应的船舶保险费用,无需对船舶污染的受害人承担赔偿责任。国际公约之所以如此规定,是为了确保海事责任限制制度以及强制保险制度能够得到国际海运业的支持。但是,如果船舶污染所导致的损害不在 CLC 公约和 HNS 公约的调整范围之内,那么租船人便面临承担相应法律责任的风险,如光船租船人对其雇佣人员的过失承担责任。需要注意的是,1969 CLC 的责任专属条款所覆盖的范围较小,租船人在其下承担法律责任的可能性较大。相反,在 1992 CLC 下,其责任专属条款所覆盖的范围比较大,租船人在公约明文规定的免责主体范围之内。

虽然租船人在 1992 CLC 下通常无需对受害人承担船舶污染损害赔偿责任,但是这不影响租船人的法定追偿权。依据 1992 CLC,租船人可以向货主、托运人或者保险公司寻求索赔。HNS 公约规定了类似的租船人追偿权。不过,在实践中,因为租船人需要证明自己主观上无过错,且履行了适当管理义务,所以其向第三方追偿的成功概率不高。

(二)国内法的规定

国内法下的租船人对受害人的法律责任以美国 OPA90 为代表,其任何拥有、操作或光船承租人都需要对油污事件承担连带责任。虽然其未直接规定船东和船舶经营人承担责任后具有向租船人追索的权利,但是其也未禁止可以通过合同或其他法律进行权利保障。

1. 光船承租人的责任

按照 OPA90 的规定,光船承租人需要为油污的清理费用和油污损害承担严格责任。OPA90 如此规定的基本逻辑是,光船承租人在这种情况下属于事实(pro hacvice)船东,应该为船舶雇员的过失行为负责,因为船舶此时在光船承租人控制之下。

2. 定期承租人与航次承租人的责任

定期承租人与航次承租人和光船承租人的重要差别在于其不负责配备船员、驾驶船舶以及相关的供给,前二者主要是通过租船合同的约定在航行区域内营运、安排船舶和装运自有货物,但鉴于定期承租人与航次承租人对船舶的运行没有管理权力,所以定期承租人与航次承租人无需承担责任。

依据美国普通法的过失理论,当定期承租人与航次承租人违反注意义务时,他们需要承担责任。实践中,定期承租人与航次承租人经常以自己的名义承揽营运活动并干涉船东管理权限,这使得其需要承担相应的法律责任。例如,在"In re P& E Boat Rentals,Inc"一案中,定期租约承租人要为其因命令船东加速行驶而导致的船舶结果承担责任。在有些情况下,受害人可能依据过失雇佣理论要求定期租约承租人与航次租约承租人承担责任。但是,鉴于定期租约承租人与航次租约承租人对船舶的实际控制较低,他们依据该理论承担法律责任的风险不大,而光船出租人依据该理论承担法律责任的风险较大。

需要强调的是,美国 OPA90 虽然是美国船舶污染损害赔偿的主要法律,但是美国相关的州法也同样重要。美国有不少州制定了与船舶污染损害赔偿相关的法律法规,其规定的责任主体范围较广,通常包括租船人。例如,特拉华州将"船舶经营人"界定为复杂船舶营运、人员配备、物资装备的主体,而华盛顿州、阿拉斯加州和加利福尼亚州则将"对船载货油具有控制权"的主体细化到责任主体之中。

二、租船人对船东的责任

相比租船人对污染受害人的法律责任,租船人对船东的法律责任则较为明确。以船舶停泊为例,租船人必须确保其所选择的港口或停泊点符合国际海事安全标准,且需要采取适当的措施确保船只的安全。如果租船人未尽职责,当租船人指定的港口或停泊点存在安全隐患,导致船舶发生意外或损害时,租船人需要承担相应的法律责任。

船东因租船人提供的港口指南错误而发生事故时,可向租船人要求赔偿。具体而言,如果租船人在提供港口信息时虚假陈述、隐瞒相关信息或者提供了不准确、不实际的信息,导致船东在进入该港口时发生污染,那么船东有权要求租船人对损害进行赔偿。例如,租船人在提供港口指南时误导船东认为该港口可以容纳船只出入,但实际上该港口由于各种原因并不适合船只出入,船只因而损坏或搁浅,进而导致船舶污染损害时,船东有权向租船人主张赔偿责任。

CLC 公约和 HNS 公约没有明确授权船东可以对租船人进行求偿。在船舶发生污染损害事件后,船东要想向租船人求偿,就需要满足特定的条件。第一,如果船东获得污染受害人的授权,可以向租船人求偿;第二,船东和租船人在租船合约中明确规定了船东可以向租船人求偿的条款。

在租船合约中,通常包含光船租船人对船东进行补偿的规定。鉴于国际保赔协会集团的保险条款对船东责任和光船租船人的责任进行了保险,光船租船人一般无需自己承担责任,而是由国际保赔协会集团承担相应的责任。定期承租人与航次承租人在租船合同中都有安全担保的责任,如果他们违反了安全担保义务,租船人将会承担补偿责任。对于租船人而言,其承担补偿责任的最大风险来自租船合同中的安全港口或停泊担保条款。

除了船东可能向租船人主张求偿之外,其他主体也可能起诉租船人。如国际油污基金或 HNS FUND 向船舶污染受害人赔偿后,可能还会向租船人进行求偿。根据 1992 CLC 和 HNS 公约责任专属条款,国际油污基金或 HNS FUND 通常无权向租船人求偿,除非国际油污基金或 HNS

FUND 获得船东因租船合约而规定的赔偿请求权。但是,根据 1969 CLC 和 1971 FUND 的规定,国际油污基金在向受害人支付赔偿金后,可以向租船人行使补偿金的代位权,即代替受害人向责任人进行追偿。

除此之外,租船人还需要在危险货物积载与运输、船长雇佣和指挥、船舶加油以及船舶安全审查等方面谨慎行事,否则会面临各种法律风险。例如,如果租船人没有依据国际指南——石油公司国际海事论坛指南,Oil Companies International Marine Forum,OCIMF 或行业标准——美国材料与试验学会标准,American Society for Testing and Materials,ASTM 进行安全检查,那么出现船舶污染事件后,租船人需要承担责任。承租人作为租用船舶的一方当事人,其需要确保所租用的船舶符合运输危险货物的要求,并在租船合同中明确告知船东所装载的危险货物的基本特性,其中包括定期承租人与航次承租人应该对船东告知危险物质的基本特性,否则一旦发生安全事件,承租人需要对船东进行补偿。

第三节　船舶管理人的责任

在船舶管理经营过程中,船舶管理人扮演着重要的角色。船舶一旦发生污染损害事故,船舶管理人要不要承担法律责任以及承担何种法律责任是一个较为翔实的问题。如前所述,在以 1992 CLC 为代表的国际公约体系下,船舶导致的污染损害赔偿主要由船舶所有人承担损害赔偿责任,船舶所有人之外的主体通常不承担损害赔偿责任。但是,2001 BUNKER 规定的责任主体包含了船舶经营人和船舶管理人。从司法实践来看,船舶管理人承担的法律责任往往取决于其与船东之间的商业关系安排。有时,独立的船舶管理者依据长臂原则(arms-length management)从事船舶管理,有时,船舶管理主体和船东处于紧密的公司控制关系。

一、对受害人的责任

(一)国际法的规定

依据 CLC 公约和 HNS 公约的规定,船舶管理人和辅助人无需承担油污责任。但是,如果受害人基于 CLC 公约和 HNS 公约之外的国际法提起索赔之诉,那么船舶管理人便未必能够享受 CLC 公约和 HNS 公约责任专属制度的保护。以“阿摩科·卡迪兹号”油轮事件为例,油轮事件的受害人不仅起诉了船东 Amoco Transport Corp,还起诉了船舶的运营者 Amoco International Oil Co(AICO)。法院认为如果船东和船舶管理人是事实上的代理人和被代理人关系,那么船舶管理人便应当向受害人承担相应的赔偿责任。

“阿摩科·卡迪兹号”案在某种程度上扩大了 CLC 公约体系下的法律责任主体的范围,这使得诸多利益主体要求 CLC 公约责任主体专属条款范围应该扩大,1992 CLC 对此进行了有效的回应。不过,需要注意的是,虽然 CLC 公约的不断发展使船舶管理人承担法律责任的可能性变小,但是如果船舶管理人主观存有过错,那么便无法适用 CLC 公约有关责任主体限制的规定。

更为重要的是,CLC 公约等国际公约规定的免责限制存在一定的局限,其无法适用于 CLC 公约和 HNS 公约之外的损失所引起的诉讼。如果受害人针对 CLC 公约和 HNS 公约调整之外的损害提起诉讼,那么责任专属条款便难以适用。针对 CLC 公约和 HNS 公约所规定的责任主体限制制度,特别是责任主体可以享受责任限制制度的保护,不少国家在面临重大的船舶污染损害赔偿案件时,会想方设法规避 CLC 公约等国际公约的规定。

(二)国内法的规定

国际法下,虽然船舶管理人对受害人承担责任面临诸多难题,但是在国内法下,船舶管理人对受害人承担法律责任已不是问题。在这方面,美国的立法较具代表性,其代表性法律是 OPA90 和《综合环境反应、赔偿和责任法》。OPA90 对责任主体的界定包含了船舶管理人。在航运业,一般较为普遍的现象是船东会与独立的船舶管理公司签署协议来解决船舶运营涉及的技术和商业问题,前者如船舶的配员、供给和装备提供等,后者如为船舶提供燃油、监督装卸货物等。OPA90 规定因为第一种类型的船舶管理人对船舶具有控制力,所以是经营者,第二种类型的船舶管理人对船舶没有实际控制力,所以一般不是经营者。《综合环境反应、赔偿和责任法》对经营者的界定较广，指对船舶承担日常管理之人，就船舶的适航、船员、维护和安全提供合同义务的主体被纳入经营者之列。

二、对船东的责任

理论上，船舶管理人和船东是两个独立的法律主体，相互之间的权利义务由两者签署的合同进行约定。如果船舶管理人违反两者签署的合同，需要向船东承担相应的违约责任。此外，即使船东与船舶管理人没有签署合同明确约定两者在船舶污染损害赔偿中的权利和义务，船东也可能依据追偿权要求船舶管理人承担相应的赔偿责任。比如，依据 BIMCO 标准船舶管理合同（BIMCO Stardand Ship Management Agreement, SHIPMAN），船舶管理人对因自己的过错所导致的损害应该承担赔偿额不高于年度管理费 10 倍的赔偿。

在国际航运领域，船东与船舶管理人的关系较为特殊，船东往往以单船公司的形式出现，而单船公司的实际控制人有时是船舶管理人。虽然船舶登记在单船公司名下，但是船舶管理人对船舶的经营、保养、维护和船员的选择、培训具有控制力，其有义务确保船舶适航，有义务确保船员经过正确培训。此外，单船公司与管理船舶的公司有时被同一集团公司所拥有，这涉及争议较大的长臂原则。在长臂原则下，单船公司与管理船舶的公司在一定程度上是关系人公司，管理船舶的公司需不需要承担责任主要看其对单船公司日常管理的控制力度。

在海洋生态环境船舶污染损害赔偿案件中，船东和船舶管理人之间的法律关系较为复杂，会引发适用争议较大的“刺破公司面纱”。通过“刺破公司面纱”，船东本应承担的责任由船舶管理人和辅助人承担，这种风险在美国极易遇到。虽然在商法领域，“刺破公司面纱”的适用较为严格，但是在环境保护领域，由于公共政策目的性较强，“刺破公司面纱”的适用较为容易。

“刺破公司面纱”主要是一个国内法问题，其特别是美国法下的一个重要制度。迄今为止，美国尚无依据 OPA90 形成的“刺破公司面纱”

理论。[①] 但是,美国已有依据《综合环境反应、赔偿和责任法》适用“刺破公司面纱”的案件。正是源于对“刺破公司面纱”的担忧,认识到单船公司无法保护母公司,美国的船舶公司一般不愿向境外的公司出售拥有船舶的单船公司。

在油污领域,适用“刺破公司面纱”理论的经典案例当属 In re Amoco Cadiz Oil Spill 事件。在该案中,Standard Oil Company 为自己的子公司造成的损害承担了责任。在该案中,法院适用“刺破公司面纱”理论的理由如下:(1)Amoco Cadiz 建造之时由建造者和 Amoco International Oil Co(AIOC)进行谈判;(2)Amoco Tankers 被创设来拥有该船舶;(3)Tankers 的主席同时是 AIOC 的领导人;(4)AIOC 完全主导该船舶向 SHELL Oil 的出租过程;(5)AIOC 准备了该船舶的运营手册,该手册没有规定该船舶的所有者;(6)AIOC 的律师随后被 Standard 雇佣,该律师在被 Standard 雇佣期间为 Tankers 和 Transport 和 AIOC 起草了相关文件;(7)AIOC 从该船舶出厂之日便使用该船舶,没有证据显示 Tankers 要求它这样做;(8)Tankers 向 Transport 出售 Amoco Cadiz 的过程由 Standard 主导,Tankers 和 Transport 没有独立的决策;(9)Tankers 和 Transport 之间的协商合同由 Standard 所决定;(10)Transport 的五个雇员中四个是 AIOC 的雇员,一个是 Standard 的雇员;(11)有关船舶运营的报告和建议没有给 Transport,而是给了 AIOC 和 Standard;(12)Standard 的组织章程没有列出 Transport 的雇员,尽管后者被列为是前者的子公司;(13)AIOC 负责执行 Standard 在北美地区以外的所有业务;(14)AIOC 只为 Standard 工作;(15)AIOC 负责 Standard 的所有船舶活动;(16)Standard、AIOC、Transport 和 Standard 的其他子公司均由一个关系交织的领导层担任;(17)Standard 的主要人员经常在母子公司之间进行流动;(18)Standard 经常视子公司的行为为自己所为,Standard 称 AIOC 为其海事部门;(19)没有得到 Standard 的许可,AIOC 和 Transport 无法制定自己的政策,AIOC 的雇员制定政策之前经常询问 Standard 的雇员;(20)Standard 的管理层经 AIOC 的建议后批准购买船舶的建议,而且购买的决策由

---

① See Bonnie E. Racquet and Randall J. Romsdahl, *Piercing the Corporate Veil under Oil Pollution Act of* 1990, 5 U. S. F. Mar. L. J. 370, p. 383 – 384(1993).

Standard 董事会决定；(21)船舶的保险由 Standard 持有全资的公司承保；(22)Standard 的律师在事件发生之后立马着手处理事件；(23)Standard 律师在事故发生后没有与 Transport 的人员进行过任何交流；(24)Transport 从未对其名义上拥有的船舶进行过监督或控制，这一行为由 AIOC 实施。

第四节　保险人的责任

保险为船舶运营提供风险保障。根据实际需求，船舶所有人通常会购买船舶保险和保障与赔偿责任保险(protectionand indemnity insurance，以下简称保赔保险)。标准的船舶保险主要赔偿被保船舶因承保风险所致的灭失或损坏，但不包括船舶污染导致的海洋环境损害。[①] 船舶污染风险主要由保赔保险覆盖，该类保险通常由保赔协会(protection and indemnity club)以相互保险的形式承保，为被保船舶的船舶所有人和经营人可能面临的第三方责任提供全面保障。部分经营沿海运输和内河运输的中小型船舶为降低风险管理成本，可能会选择由商业保险人提供的非互保、固定保费形式的保赔保险。保赔协会承保全球绝大多数远洋船舶污染风险，因此本章节重点讨论保赔协会(责任保险人)的责任，主要包括保赔协会对会员(被保险人)的合同责任，以及其对第三方(通常是船舶污染事故受害者)的直接责任。

一、保赔协会

保赔协会的承保基础是相互保险：船舶所有人加入保赔协会成为会员，同时具有被保险人和保险人的法律地位。换言之，船舶所有人既享有获得保险赔偿的权利，又需要履行保险赔偿的义务。会员与保赔协会之间的保险合同由保赔协会规则和定制化特别条款共同组成，承保期限通常为 12 个月。与追求盈利的商业保险不同，保赔协会成立的初衷是会员

---

① 参见《伦敦保险协会定期船舶保险条款》1/10/83；《中国人民财产保险股份有限公司船舶保险条款》(2009 版)。

之间共摊风险,因此未采用固定保费的缴费形式。会员在每个保险周期开始时向保赔协会缴纳一笔预估会费,保险周期结束时,若保赔协会有盈余,会全部或部分返还给会员;若有不足,则会向会员追加会费。

(一)国际保赔协会集团

国际保赔协会集团由12家保赔协会组成,[①]负责承保全球近90%的远洋吨位。[②] 这些协会通过国际保赔协会集团的分摊池和再保险安排为会员提供高额的保险限额。中国船东互保协会是我国最大的保赔保险保险人,目前尚未加入国际保赔协会集团。国际保赔协会集团设有污染委员、强制保险委员会和海难救助委员会,分别负责总结船舶污染事故经验教训、追踪保险人对第三方的直接责任的法律发展以及关注与海洋环境相关的救助事务。在标准的保赔保险下,油污事故适用特别赔偿限额。2023~2024保险年度,每船每事件的限额为10亿美元。[③] 其他类型的海洋环境污染,如有毒有害物质污染,均适用一般赔偿限额。

(二)会员先付规则

保赔保险作为补偿性保险,其意味着只有在被保险人遭受经济损失时,保险人才承担赔偿责任。因此,保赔协会规定"除非董事会有特别决定,否则会员在向保赔协会获得补偿前,需先向第三方清偿赔款并解除责任"[④],即会员先付规则。简而言之,在保险期间发生的保险事故,保赔协会有权要求会员先通过争议解决程序向第三方清偿损害赔偿,然后再按

---

① 12家保赔协会为:瑞典保赔协会(Swedish P&I)、UK保赔协会(The United Kingdom Mutual Steam Ship Assurance Association)、日本保赔协会(Japan P&I)、嘉德保赔协会(Gard P&I)、布列塔尼亚保赔协会(The Britannia Steam Ship Insurance Association Limited)、伦敦保赔协会(London P&I)、美国保赔协会(American P&I)、船东保赔协会(Shipowners P&I)、汽船保赔协会(The Steamship P&I)、SKULD保赔协会(SKULD P&I)、西英保赔协会(West of England P&I)和NorthStandard Limited(由标准保赔协会和北英保赔协会合并而成)。

② "International Group of P&I Clubs",载国际保赔协会集团网,https://www.igpandi.org/about/。

③ "Skuld Renewal Update 2 policy year 2023/24",载SKULD保赔协会网2023年1月16日,https://www.skuld.com/about/-/circulars/2023/skuld-renewal-update-2-policy-year-202324/。

④ 《2023年船东保赔协会规则》第5部分第16条,载船东俱乐部网2023年2月20日,https://www.shipownersclub.com/publications/club-rules-2023/。

照保险合同向保赔协会请求补偿。在实务中,保赔协会通常不会严格执行该规则,但对于已停运的会员或者放宽规则仅有利于第三方向保赔协会提起诉讼的情形,会员先付规则将被严格执行。在这种情况下,第三方可能有权绕过此规则,通过公约授权直接向保赔协会提出赔偿请求,具体情况将在"保险人的直接责任"部分进行进一步探讨。

保赔协会提供的保赔保险是"列明风险"的保险,即仅承保合同中明确约定的风险,并非涵盖船舶所有人的全部责任。此外,保险合同还会明确约定免责事项,包括免责风险和免责损失。各保赔协会对船舶污染承保风险和免责事项的约定基本一致。鉴于大部分国际保赔协会集团保赔协会设立在英国,本文探讨的保险人责任将以适用英国法的保赔协会规则和保险合同为前提,除非另有特别说明。

二、保险人的合同责任

保赔协会的保赔保险的主要保障对象虽为船舶所有人,但实际控制和运营船舶的租船人、船舶管理人、船舶经营人等也可加入保赔协会以获得保险保障。保赔协会对会员的责任,即责任保险人对被保险人的责任,源于保险合同中的约定,因此保赔协会的规则是探讨保险人责任的基础。

(一)承保范围

以船东保赔协会的《2023 年协会规则》为例,其关于船舶污染的规定如下。

在因被保船舶排放、泄漏油类或其他物质导致海洋环境污染或受威胁的事故中,保赔保险可赔付船舶所有人对第三方的民事责任,以及清理污染所需的费用;在特定案件中,甚至可以赔付刑事罚款和罚金。具体可分为五类:(1)因造成损失、损害或污染而产生的责任;(2)会员因签署的协议(经保赔协会董事会批准)而产生或承担的损失、损害或费用,包括履行协议中约定的义务所产生的费用和开支;(3)为防止或减少污染采取合理措施产生的费用,及由此导致的损失或损害,包括措施对其他财产造成的损失或损害;(4)为避免被保船舶可能排放、泄漏油料或其他物质采取预防措施产生的费用;(5)因遵守政府或当局防止或减少污染(污染风险)的指示或命令产生的费用或责任,但需满足该费用或责任不能从被保船舶的船舶保险中获得赔付的前提。①

然而,上述承保风险还受限制性条款的约束。

具体包括:(1)即使被保船舶排放、溢油导致损害或污染的财产全部或部分属于会员,会员和保赔协会也可按照财产属于非会员的情况互相主张权利;(2)因采取合理措施而清除或获救的船舶、残骸、其他物料、货物、财产等的价值应归属保赔协会,或从保赔协会的赔付款项中等额扣除;(3)除非董事会另行决定,否则被保船舶将危险废料卸至陆地堆场、存放处、处理厂后,因这些危险废料泄漏产生的第三方责任、损失、损害、费用、开支,保赔协会不予赔付;(4)除共同海损之外的索赔如属于运输合同的共同海损项下可获赔的第三方责任、损失、开支或费用,保赔协会不予赔付;(5)除共同海损之外的索赔,即使第三方责任、损失、开支或费用无法按运输合同从共同海损项下获得赔偿,如运输合同并入未修订版的《约克—安特卫普规则》(the York - Antwerp Rules)可获得赔偿的情形,保赔协会也不予赔付。②

(二)第三方的索赔

第三方可能会因船舶污染导致的一系列损害向船舶所有人提出索赔。例如,公共机构可能会要求赔偿其为应对污染事故采取的预防或清理措施的费用;个人可能会要求赔偿污染事故造成的财产损失,如渔船和渔网被污染,或个人拥有的水产养殖场受到污染。根据事故发生的具体地点,渔民、旅馆经营者以及其他相关行业可能会提出大量、金额高昂的利润或收入损失索赔。这类索赔费用通常是船舶污染事故处理中的最大支出。保赔协会规则通常会用措辞宽泛的条款覆盖各种形式的损害,甚至可以赔付美国法下承认的由公共受托人提出的自然资源损失、损害赔偿。

---

① 《2023 年船东保赔协会规则》第 5 部分第 16 条,载船东俱乐部网 2023 年 2 月 20 日,https://www.shipownersclub.com/publications/club-rules-2023/。

② 《2023 年船东保赔协会规则》第 5 部分第 16 条,载船东俱乐部网 2023 年 2 月 20 日,https://www.shipownersclub.com/publications/club-rules-2023/。

(三)防止或减少污染的费用

船舶污染事故发生的首要任务是采取适当措施防止或减轻事故造成的污染,并尽快清理已产生的污染。在大多数情况下,被污染区域的主管当局会负责清污、防污行动,船舶所有人的主要责任是及时清偿这些应对措施产生的费用。在主管当局未负责清污、防污行动时,船舶所有人或其代表可能会积极参与其中,此时船舶所有人和保赔协会可以适当控制应对措施的范围和成本。如果采取的措施对其他财产造成损失或损害,例如,为清理污染雇佣的车辆损坏了道路,保赔保险也可赔付。

(四)遵守政府指令的费用

保赔保险可赔偿因遵守政府或相关当局为预防或减轻污染发布的指令所产生的费用或责任。然而,在某些情况下,保赔协会将不予赔付:遵守的指令属于被保船舶正常运营、救助或维修流程的一部分,或船舶所有人的费用、责任已被船舶保险覆盖。例如,被保船舶因进入避难港而产生的费用不予赔付,因为其可从船舶保险的共同海损或单独海损条款中获得赔偿;被保船舶遵守政府指令导致的船舶灭失或损坏不予赔付,因为在大多数情况下,其可从船舶保险获得赔偿。

(五)对救助者的责任

现代海难救助不仅关注救助财产本身,还日益重视对环境的救助。1980 年,一位救助人在协助一艘满载油轮后未能获得救助报酬,保赔协会因其在环境保护方面的贡献首次同意承担相关费用。此后,“环境救助”的概念被纳入《1989 年国际救助公约》,保赔协会特别补偿条款①亦被广泛纳入标准——劳氏开放救助协议(Lloyd’s Open Form)。海难救助原则为“无效果、无报酬”,一旦触发特别补偿条款,救助人将根据条款约定获得酬金,而不以救助成功与否作为获得报酬的前提。此举旨在鼓励

---

① The Special Compensation P&I Club Clause(以下简称 SCOPIC Clause)是指 1999 年 8 月 1 日首次生效的由国际海难救助联合会会员、国际保赔协会集团成员和部分财产保险人签订的一份协议。SCOPIC Clause 约定不以救助成功为前提向救助人员支付补偿,而是以固定的拖船、设备和人力使用比率计算向救助人员支付的特别补偿。

救助人在进行救助作业时,积极预防或减轻船舶污染可能导致的损害。

三、保险人的直接责任

海洋环境相关法律要求船舶所有人通过保险或其他财务担保确保其具备及时承担船舶污染、船舶残骸清除和其他环境索赔费用的能力。在国际公约框架下,此类担保通常由保赔保险人提供;在美国法律体系下,此类担保则多由专业担保人(同时,船舶所有人有义务维持保赔保险)提供。因此,保赔保险人不仅对被保险人承担合同责任,还可能因其担保人身份而对第三方承担直接赔偿责任。

(一)保险人的抗辩权

1992 CLC、2001 BUNKER、《内罗毕国际船舶残骸清除公约》(the Nairobi International Convention on the Removal of Wrecks,以下简称《残骸清除公约》)均规定,受到公约调整的船舶所有人所承担的责任引发的索赔可直接向保险人或其他提供财务担保的人提出。[①] 保险人可援引船舶所有人所享有的任何抗辩权,但不包括船舶所有人的破产和清算;同时,保险人不能援引其与船舶所有人之间的诉讼可能涉及的抗辩,船舶所有人的恶意行为除外。[②] 简而言之,上述三个公约均以法定形式赋予第三方对保险人直接请求赔偿的权利。除非损害是由船舶所有人的恶意行为造成的,否则保险人不得援引保险合同或保险法中的抗辩事项对抗第三方,如援引"会员先付规则"。

(二)战争风险

1992 CLC 及其他国际污染责任制度在制定时预设第三方向保险人提出的直接赔偿请求均不会超出保险合同承保范围。然而,在"9·11"恐怖袭击事件后,海事责任保险的再保险人立即修改承保范围,将恐怖主

---

① CLC 公约第 7 条第 8 款;《2001 年国际燃油污染损害民事责任公约》第 7 条第 10 款;《残骸清除公约》第 12 条第 10 款。

② CLC 公约第 7 条第 8 款;《2001 年国际燃油污染损害民事责任公约》第 7 条第 10 款;《残骸清除公约》第 12 条第 10 款。

义风险导致的灭失或损坏予以排除。保赔协会紧随其后将恐怖主义风险从标准保赔保险中排除。承保范围缩小后,为应对第三方可能因恐怖主义导致的污染损害向保赔保险人直接请求赔偿,保赔协会通常要求船舶所有人购买战争险以覆盖恐怖主义风险。战争险通常适用较低的责任限额和其他限制条件,国际保赔协会集团可提供特别超额战争保赔保险以作补充。保赔协会在以担保人身份向第三方赔偿后,可依据保赔协会规则向船舶所有人追讨,追讨金额等同于船舶所有人在标准战争保赔保险下可获得的保险金额。

(三)制裁风险

当今各国越来越频繁地使用经济制裁手段针对特定目标实体或个人,例如,禁止某些类型的交易或限制某些原产国货物的运输。制裁不仅会影响船舶所有人,还会给保险人和再保险人带来多种风险。为此,保赔保险的标准条款中均约定,“若支付保险金会使保险人面临被制裁的风险,保险人有权拒绝支付”。在第三方依据 1992 CLC、2001 BUNKER 和《残骸清除公约》向保险人直接请求损害赔偿时,保险合同中的制裁除外条款与其他除外条款一样,并不能成为保险人的抗辩理由。上述 3 个公约中也未规定如何处理此类情况。因此,若保险人按照上述 3 个公约的规定应赔偿第三方,但支付赔偿将使保险人面临违反制裁法规或承担巨额罚金的风险时,再保险人无需承担公约所规定的对第三方的直接责任,即可根据再保险合同中的制裁除外条款拒绝向保险人赔付。面临这种困境的保险人,若其能获得相关当局的支付许可并获得特许支付赔偿给污染事故受害者,或许有望摆脱困境。[①] 然而,目前尚无成熟的制度确保保险人能够获得此类支付许可。

(四)保险人的责任限制

根据 1992 CLC、2001 BUNKER 和《残骸清除公约》,保险人可援引船舶所有人有权援引的任何责任限制;即便船舶所有人失去责任限制,保险

① Islamic Republic of Iran Shipping Lines v. Steamship Mutual Underwriting Association (Bermuda) Ltd [2010] EWHC 2661 (Comm).

人也仍有权援引适用的责任限制。[①] 1992 CLC 规定,若污染损害并非由船舶所有人的故意或重大过失引起,其有权享有责任限制;[②]为获得责任限制,船舶所有人应依法在管辖法院设立基金。[③] 若船舶所有人为防止或减少污染付出合理费用或牺牲,可向基金提出索赔,且船舶所有人的索赔与基金下第三方的索赔地位相同。[④] 即使船舶所有人因不当行为失去责任限制,保险人也可能获得责任限制;[⑤]保险人有权在与船舶所有人设立基金相同的条件及具有相同效果的情况下设立基金。[⑥] 虽然 2001 BUNKER 和《残骸清除公约》中没有类似 1992 CLC 的船舶所有人责任限制和相关程序性规定,但公约规定并不妨碍船舶所有人或保险人援引其他适用的责任限制的权利,例如,援引修正后的《1976 年海事索赔责任限制公约》。[⑦] 保险人可援引船舶所有人有权援引的任何责任限制;即使船舶所有人失去责任限制,保险人也可根据国内或国际限制制度享有的相等金额限制责任。[⑧]

(五)保险人的其他权利

第三方直接向保险人索赔可能导致一系列问题。首先,假设保险人原本可以根据保险合同中的抗辩事项拒绝向被保险人赔付,但第三方根据 1992 CLC、2001 BUNKER 和《残骸清除公约》成功从保险人处获得赔偿,那么保险人是否有权从被保险人处获得赔偿?对此,应视保险合同具体约定而定,如无相关约定,保险人通常可依据合同法规则获得赔偿。多数保赔协会规则规定其有权向船舶所有人追讨其向第三方支付的赔偿。其次,当第三方依据上述三个公约直接起诉保险人时,保险人是否有权要求船舶所有人加入诉讼?从理论上讲,保险人根据公约有权要求船舶所

---

① CLC 公约第 7 条第 8 款、第 7 条第 10 款;《残骸清除公约》第 12 条第 10 款。

② CLC 公约第 5 条第 1、2 款。

③ CLC 公约第 5 条第 3 ~ 10 款。

④ CLC 公约第 8 条。

⑤ CLC 公约第 7 条第 8 款。

⑥ CLC 公约第 5 条第 11 款。

⑦ 《2001 年国际燃油污染损害民事责任公约》第 6 条;《残骸清除公约》第 10 条第 2 款。

⑧ 《2001 年国际燃油污染损害民事责任公约》第 7 条第 10 款;《残骸清除公约》第 12 条第 10 款。

有人加入第三方发起的直接诉讼,[①]这有助于保险人向船舶所有人主张可援引的保险合同中的抗辩事项以获得赔偿。然而,在实务中,保险人很少主动提出此类要求:其一,第三方发起诉讼时通常会将船舶所有人和保险人列为共同被告;其二,保险人向船舶所有人发起的诉讼通常受保险合同条款限制,包括争议解决条款,而条款约定的有管辖权的仲裁庭或法院通常与公约规定的有管辖权的法院不同。

第五节　船舶融资人的责任

商船所有人通常需要向银行或其他贷方申请融资支持以购买商船。这时,船舶融资人会与海洋污染问题产生关联。一方面,作为借款人,船舶所有人需要承担较大的环保责任。在申请融资时,船舶所有人需要向船舶融资人表明自身将采取的环保措施以遵守相关环境法规并减少对环境的影响。如果船舶所有人未能履行这些义务,船舶融资人可能会要求其承担相应的责任,并有权采取措施防止进一步的损害。另一方面,船舶融资人可能也需要承担责任。根据国际惯例和相关法律,船舶融资人有可能因其融资活动而被视为船舶的共同所有人,从这个层面上来看,海洋污染损害事件的发生会致使船舶融资人不仅需要支付损害赔偿金,还要承担其他污染侵权等相关责任。

一、借款担保受损

船舶融资人作为提供资金支持的当事人主体,其承担的环保责任大致分为两类:第一类是由于船舶借款人没有对其可能承担的责任进行担保,其资产被强制执行,从而导致融资人的权益无法得到保障,如贷款担保无法实现。第二类是在有些情况下,船舶融资人本人可能需要承担相关的责任,如当融资人对船舶的使用和运营进行实质性控制,并直接或间

---

① CLC 公约第 7 条第 8 款;《2001 年国际燃油污染损害民事责任公约》第 7 条第 10 款;《残骸清除公约》第 12 条第 10 款。

接参与了船舶造成的环境损害,或者融资人未能在资金支持中充分考虑环境和社会责任,导致资金使用造成环境污染等时,融资人需要承担相应的责任。

在 OPA90 之前,船舶融资人本人不需要对船舶污染造成的损害赔偿承担责任,这使船舶融资人对船舶所有者提供资金支持时的风险相对较小。然而,在 1989 年 3 月 24 日“埃克森·瓦尔迪兹号”油污事件所产生的高昂的清理成本和巨大的损害赔偿引发了公众舆论对船舶污染损害关注的压力作用下,作为回应,OPA90 扩大了船舶所有者的责任范围,并要求他们在保险和资金方面进行更高的保证。对船舶融资人而言,这可能会导致他们的担保无法完全弥补因船舶污染损害造成的损失,因此融资人对于所有人扩大资产的情况和责任承担情况更为关注,并通常采取更加谨慎的措施,因为融资人非常担心所有人资不抵债,导致自己的担保无法补偿。

(一)担保的类型

船舶所有人借贷担保包括船舶抵押、船舶受益所有人的保证、母公司对子公司的保证等类型。

船舶抵押指船舶所有人将船舶作为抵押物,向融资人提供的担保方式。一旦借款人违约,融资人可以通过实现抵押物来回收贷款本金和利息。

船舶受益所有人的保证指船舶受益所有人为保证船舶所有人履行债务而向融资人提供的担保方式。如果借款人不能按时偿还贷款,保证人需要承担相应责任并对债务进行偿付。

母公司对子公司的保证指母公司为保证其子公司能够按时履行债务而向融资人提供的担保方式。如果子公司不能按时偿还贷款,母公司需要承担相应责任并对债务进行偿付。

为保障船舶融资人的担保利益,船舶融资人通常要求船舶借款人对船体进行一定额度的担保。这种船体担保可以是抵押、质押或保证金等形式,因为船舶的丧失或严重受损会影响融资人的担保利益。这种情况下,如果船舶丧失,融资人可以获得相应的船体担保金。

船东互助保赔互助责任保险(Shipowners' Protection and Indemnity

mutual liability insurance)是一种船东互助保赔互助责任保险,旨在为船舶借款人提供责任保障。如果船舶借贷人没有对责任进行担保,索赔请求可能会对其资产造成严重影响。在某些国家,油污受害人的权利可能优先于船舶融资担保权,这可能导致船舶融资人失去其担保权。因此,为了降低风险,船舶融资人通常需要加入船东互助保赔互助责任保险。

(二)相关责任得到船东互助保赔互助责任保险的情况

当船东加入船东互助保赔互助责任保险后,如果发生相关责任的索赔事件,保险公司会根据合同规定承担一定的赔偿责任。但是,这并不意味着油污受害人不会通过扣押船舶或获得船体的担保金来保护其请求权。

在某些情况下,当船东的责任属于船东互助保赔互助责任保险合同的调整范围之内时,融资人的权益可以得到一定的保护。例如,当油污受害人要求法院扣押船舶或获得船体的担保金时,船东互助保赔互助责任保险可以提供担保,向法院提出要求不要扣押相关船舶,从而保护融资人的权益。这也确保了船只的正常运营和按时运营,避免产生更大的经济损失。

因此,加入船东互助保赔互助责任保险可以为船东和融资人提供相关责任的保障,以减轻他们在面对潜在风险时的各方面压力,并保护他们在商业活动中的权益和利益。

(三)相关责任没有得到船东互助保赔互助责任保险的情况

融资人面临的风险在于,船东可能未获得船东互助保赔互助责任保险覆盖其需要承担的责任。这种情况出现的原因主要有以下几点:第一,船东互助保赔互助责任保险公司可能无法履行相关义务,从而导致船东和融资人无法受偿。尽管国际保赔协会集团通常不会因财力问题无法理赔,但在某些特殊情况下,保险公司可能因资金缺乏而无法承担索赔责任。在实际操作中,国际保赔协会集团因财力不足无法补偿船东的情况并不多见,因为联营和再保险协议可以提供资金支持。第二,船东互助保赔互助责任保险对船东的补偿请求具有抗辩权,即使船东购买了船东互助保赔互助责任保险,保险公司也有权利对索赔请求进行抗辩。例如,当船东违反保险合同条款进行不当的信息披露或没有首先使用自身资金履行责任等情形时。第三,如果针对船东提出的赔偿请求超过其在船东互助保赔互助责任保险下的保险额度。例如,在重大的油污事件中,船东需要承担的责任重大,远超其在船东互助保赔互助责任保险下的保险额度,此时船东因承担责任影响融资担保利益的风险便会变得非常高。

(四)船东责任没有得到保险对融资人担保利益的影响

如果船东的责任不在船东互助保赔互助责任保险的范围内,融资人将面临两个主要风险。第一,污染损害请求权可能会优先于船舶担保权。在某些国家,当污染事件发生时,污染请求权优先于船舶担保权,这意味着油污受害人有权先获得赔偿,并有权扣押船舶或获得船舶担保金。在这种情况下,船舶融资人可能需要承担更大的经济损失,因为担保物的扣押或担保金的冻结可能导致融资人无法收回投资。第二,母公司或受益船东提供的担保可能毫无价值,因为他们可能因需要承担相关的污染责任而财力不足。在某些极端情况下,如果母公司或受益船东提供的担保无法足额支付由船东的责任引起的赔偿费用,母公司或受益船东将倒闭和破产,从而导致融资人面临极大风险。

1. 污染损害请求权优先于船舶担保权

污染损害请求权是否优先于船舶担保权取决于不同国家的法律规定。在美国,对于海上石油泄漏等污染事件的污染损害请求权优先于船舶担保,即当船东对污染损害事件负有责任且无法承担赔偿责任时,油污受害人可能会优先获得赔偿,并有权扣押或者获得船舶担保金。

在美国,船舶上的石油泄漏到可行水域的行为被视为是海事侵权,它会导致针对该船舶所产生的留置权,即当一个船舶产生事故损坏等时,受害人可以留置该船舶作为安全保障的权利。依据美国担保法,侵权法上的留置权优先于船舶担保权,即在发生污染事件时,油污受害人可以优先获得留置权,船舶担保利益可能部分或全部丧失。这便意味着 OPA90 规定的请求权优先于船东担保,即如果船东没有购买足够的责任保险或者保险无足够的赔偿额度,那么油污受害人可以直接从船东担保中获得赔偿,而不必等待其他债权人的优先权。这种规定会导致美国境内运营的船舶的担保利益可能全部或部分丧失。

2. 担保人的不能

融资人通常会要求船舶借贷人提供保证人，比如要求受益船东或母公司提供担保。在美国，油污受害人可能要求受益船东或母公司提供担保，以确保能够获得赔偿，然而这会导致受益船东或母公司作为融资人的担保人的能力受到损害，因为它们自身的财产可能被减损。

如果船东在污染损害赔偿事件中的责任超过了购买的保险额度，则油污受害人可以从受益船东或母公司的财产中寻求补偿。但是这一情况将对受益船东或母公司的信誉和财务状况造成影响，从而影响其作为融资担保人的能力。因为当受益船东或母公司无法承担赔偿责任时，将会对船舶融资人投资产生负面影响。

(五)保险

为了保障自身利益，船舶融资人通常会要求船舶借款人购买保险以避免其财力不足。在实践中，承担抵押人的利息保险合同是一种常见的合同类型。

融资人担心如果不要求船舶借款人对责任进行保险，其就可能面临着船舶借款人无法还本或支付利息的风险。为了保护融资人的利益，保险可以在以下情况发挥作用：当船东损失或承担责任被保险公司所覆盖，并且由于以下因素，保险请求权无法实现时，一方面，船东的保险人对请求权具有抗辩权；另一方面，船东承担的责任超过保险合同可提供的赔偿额度。为了解决第一种情况，出现了船舶抵押权人利益保险(Mortgagees' Interest Insurance, MII)，针对第二种情况，出现了抵押权人额外风险(污染)保险[Mortgagees' Additional Perils(Pollution) Insurance, MAP]。

1. 船舶抵押权保险

在伦敦市场上，船舶抵押权人利益保险条款(Institue Mortgagees' Interest Clauses)是提供给抵押人的标准保险条款。这些条款确保抵押权人不会因为 Hull & Machinery 或船东互助保赔互助责任保险拒绝赔付而遭受损失。根据这些条款，保险人必须确保船东对船舶提供了最低限度的保险。这种保险保护抵押权人，使其不会因船东已经为船舶提供保险而受到任何损失。船舶抵押权人利益保险的保险风险包括许多阻碍抵押人依据船东保险合同进行求偿的辩护理由，如违反强制法规定导致无法求偿、因缺乏信息披露导致求偿不能、没有履行应尽义务、故意损害被保险船舶等。

需要注意的是,抵押人需要在保险风险实际发生时使用船舶抵押权人利益保险,并且不能参与任何秘密相关风险的制造。这意味着未经保险人明示同意,抵押人不能将未知或已知的风险转移给保险人。

依据 Duty of Assured(Sue & Labour)Clause,抵押人有责任采取合理措施来减少损失,而保险人应支付相关费用。根据船舶抵押权人利益保险的规定,只要参保人能够证明无法从船东保险合同中获得相关赔偿,就可以依据船舶抵押权人利益保险提出保险赔付要求。如果存在争议,赔付条件是否满足将由法院或仲裁员来决定。

除了需要证明赔付条件已经具备之外,抵押权人还需要证明其遭受的纯损失总额(净损失金额)。净损失金额主要根据保险合同的规定来确定。抵押权人可获得的补偿应至少包括以下内容:纯损失、保险规定的诉讼和劳动费用、船舶抵押权人利益保险规定的保险利益以及根据船舶保险合同无法获得的利益。

2. 抵押权人附加风险保险

由于船东互助保赔互助责任保险的污染赔偿设定了最高限制额度,未能获得充分赔偿的受害人可能会要求船东承担责任,这可能会对融资人的担保财产造成损失。这种风险可以从 1989 年的“Exxon Valdez”案中看到。此后,OPA90 更加凸显了船东限制责任的权利脆弱性。虽然尚无标准合同来应对这种风险,但已有几种竞争的合同形式。但是,需要考虑的一个核心问题是确立求偿的证据,因为这种保险合同牵涉的是船东责任的界定。当船舶被扣押后,很长一段时间后才能确定船东的责任是否超出了 Club 的保险范围。如果抵押权人额外风险(污染)保险的索赔权需要法院判决确定,那么可能需要很多年的时间,这就是船舶融资人通常认为这种保险合同不理想的原因。

为了及时证明索赔权,实践中出现了以下三种方法:

第一,法院作出初步判断,这比冗长的诉讼更佳。在这种情况下,抵押权人可以要求法院对索赔进行初步审查,如果法院认定船东的责任超过了船东互助保赔互助责任保险的包赔范围,那么抵押权人可以根据附加风险保险获得相应的赔偿。

第二,一旦船舶遭到扣押的时间超过2年,就可以视为索赔权得以创立。该方法适用于长期未能获得赔偿的情况,例如,复杂的诉讼程序或其他原因导致索赔时间过长的情况。该方法可帮助抵押权人避免进一步拖延索赔,从而使其尽快获得赔偿。

第三,第三方的意见认为船东承担的责任已超过船东互助保赔互助责任保险的包赔范围。这种方法通常需要船舶审计师或诉讼律师等第三方出示专业的意见和证明。如果第三方认为船东已承担了超过船东互助保赔互助责任保险的责任,则抵押权人可以使用附加风险保险获得相应的赔偿。

二、融资人的责任

融资人需要承担责任的情形表现在以下两个方面。首先,在融资人通过担保获得船舶所有权的情况下,融资人需要承担相应的责任。由于融资人只是名义上的所有人,在船舶融资协议中,通常会存在融资人不具有实质管理权的情况,例如,船舶借贷人以光船租赁人的身份经营船舶。其次,尽管融资人不是船舶的所有人,但是如果融资人参与了船舶的管理,那么他就需要承担相应的环保责任。例如,当融资人为了实现担保权而在管理船舶等待期间销售船舶时,其可能需要承担责任。

(一)国际法体制下的责任规定

1. 以所有者身份承担责任

根据CLC公约和HNS公约,船舶所有者需要以名义上的身份对造成的污染损害承担责任。因此,即使融资人只是出于担保目的参与了船舶的购买或建造,作为名义上的船舶所有者,其也需要承担相应的责任。

2. 以管理者身份承担责任

依据CLC公约和HNS公约的Channelling条款,融资人作为船舶管理者在特定的情况下可以免于承担责任。具体来说,如果事故发生后船舶所有者无力承担责任,那么受害方可以向船舶所有者及其保险人寻求赔偿,但是如果这些人无法给予足够赔偿,那么受害方可以向船舶管理者(融资人)寻求赔偿。但如果船舶管理者能够证明该事故是由船员或其他人的故意或过失行为造成的,那么他们可以免于承担责任。

(二)美国法体制下的责任规定

1. 联邦法规下融资人责任框架

美国超级基金法案又称《综合环境反应、赔偿和责任法》,其规定以担保为目的的名义所有者无需承担责任。这种所谓的有担保的债权人的免除制度降低了融资人承担污染责任的可能性。因此,一旦名义所有者参与船舶的管理,他们便需要承担责任,1996 年的《资产保护、贷方责任和存款保险保护法》(Asset Conservation, Lender Liability and Deposit Insurance Protection Act)对此有详细论述。但是,由于 OPA90 没有有担保的债权人的免除制度,融资人面临承担责任的风险。

2. OPA90 之前融资人的责任

在 OPA90 之前,融资人通常通过如下方式来保护自己的担保利益:

(1)责任保险:指融资人要求船舶所有人除了应对船体和机器进行保险之外,还应对相关责任进行保险。

(2)第三人保证:由于船舶借贷人的资产一般小于船舶价值本身,出于特殊目的,融资人会要求与船舶所有人有关的母公司或受益公司提供担保,以保护自己的利益不受损失。

(3)股权质押和其他担保:为了获得额外的保险,银行有时会采取股权质押的方式。银行通过这种方式可以出售船舶公司或船舶,同时也可以帮助融资人保证其利益不受损失。此外,当融资人对借贷人的资金状况产生怀疑时,可以要求借贷人提供额外的担保,如现金担保等。

(4)融资租赁合同下的担保:在典型的融资租赁合同中,船舶出租人作为船舶所有者签署购买船舶的合同,并得到银行和借贷人的支持。出租人依据附条件的买卖合同将船舶出售给出租人,然后将船舶光船出租给船舶出租人。船舶出租人将在规定的时间承担绝对责任,并将船舶转让给第二个租船人。在这种情况下,融资人可能要求船舶出租人和第二租船人提供担保,以履行没有得到保险的义务。

3.《综合环境反应、赔偿和责任法》

虽然《综合环境反应、赔偿和责任法》规定有担保的债权人可以免除责任,但在“United States v. Fleet Factors Corp”案中,美国第 11 巡回上诉法院认为如果融资人有能力影响船舶借贷人的环境保护行为，那么他将失去免除责任的权利。

4. 环保署决策与1996年《综合环境反应、赔偿和责任法》修正案

为了应对Fleet案引起的争议，环保署在1992年颁布了一项规定，以澄清融资人在何种情况下需要承担污染责任。然而，这些规定被密歇根州等地质疑。对此，美国国会于1996年通过了《资产保护、贷方责任和存款保险保护法》对《综合环境反应、赔偿和责任法》进行修订。

5. OPA90和州法

(1)OPA90：尽管尚无适用案例，但考虑到1996年的《资产保护、贷方责任和存款保险保护法》对《综合环境反应、赔偿和责任法》的全面修正，法院在确定融资人的责任时可能会参考超级基金案的标准。

(2)州法：诸如新泽西之类的州采取有担保的债权人的免除制度来保护担保人的利益，这种做法与环保署的决策相近。此外，当将来出现相关纠纷时，州司法系统极有可能依据《综合环境反应、赔偿和责任法》修正案的规定予以解决。

第六节　碰撞船舶所有者的责任

根据我国《海商法》的规定，船舶碰撞是指船舶在海上或者与海相通的可航水域发生接触造成损害的事故。船舶碰撞后如船体发生破裂，可能会导致油污事故，并因此产生对海洋环境和生态的损害，也可能对沿海养殖、旅游等产业造成损害。

一、对受害人的责任

我国通过法律和行政法规建立起了一套独立可行的油污损害赔偿体系，以最大限度地补偿受害人因船舶碰撞损害遭受的利益损失。

（一）受害人向法院起诉损害赔偿举证责任实行举证责任倒置

油污损害是一种环境损害，其责任基础是无过错责任，因此受害人只

需要基于漏油和损害两项事实以及两者之间具有关联性进行举证。溢油侵权方应当对不承担责任或减轻责任的情形举证，但不承担责任或减轻责任的举证责任的情形（如污染是由受害者自身的责任引起的，或由第三者故意或过失引起的，或由不可抗拒的自然灾害引起的）原本就应由污染者负举证责任，故其仍属于举证责任的“正置”，只有对侵权四要件中的“因果关系”要件不存在的举证才属于举证责任倒置。需要注意的是，“关联性”不等于“因果关系”。所谓关联性是指漏油行为与损害之间存在形式上的关系，而因果关系则强调两者存在实质性的相互作用的关系。规定受害人对“关联性”的证明责任，实质上减轻了受害人的举证责任。对于油污损害的受害人来说，其也不需要考虑碰撞双方是否存在过失以及各方的过失程度大小。

（二）受害人可以在一定条件下请求碰撞各方承担连带责任

船舶碰撞通常是两条或两条以上船舶造成的，对于油污损害受害者来说，碰撞各方船东是共同侵权人。根据《民法典》和环境侵权责任相关司法解释，在两个以上的侵权人共同实施污染环境、破坏生态的行为并造成损害时，受害人可以请求污染方承担连带责任。对于船舶碰撞，根据我国的司法实践，只有在不能合理分开各泄漏油船各自造成的油污损害时，才能由各所有人承担连带责任。这种情况还需要两条以上船舶同时因碰撞发生漏油。实践中，碰撞造成的船体破裂漏油需要达到一定的碰撞角度和力量，通常是船头撞入船身才会导致燃油舱或油轮货舱破损并导致漏油，因此，两条船同时发生漏油的情况较为少见。

（三）受害人可以请求特定的碰撞单方承担全部责任

在船舶互有过失碰撞引起油类泄漏造成油污损害时，受害人可以请求由泄漏油船船东承担全部赔偿责任。需要注意的是，目前我国司法实践不支持受害人对泄漏油船进行碰撞加害的对方船舶请求承担全部赔偿责任。在碰撞发生时，泄漏油船很可能因为已经碰撞沉没，或者需要大修而使船舶价款下跌。但由于国际上的货轮、油轮普遍会进行商业保险并加入船东互保协会，即使发生船舶受损甚至沉没的情形，多数情况下也有责任方积极进行赔偿。

(四)受害人可以直接向船舶油污损害责任保险人或者财务保证人提起诉讼

为了更大程度地保护受害人,我国实行船舶油污责任强制责任保险或者财务保证制度,由船舶所有人的油污责任保险人或财务保证人替代承担油污损害赔偿责任。在诉讼中,受害人可以直接向责任保险人或财务保证人提起诉讼,也可以将责任保险人和财务保证人列为共同被告。

(五)受害人可以向船舶油污损害赔偿基金进行追偿

我国按照船舶油污损害赔偿责任由船东和货主共同承担风险的原则建立了船舶油污损害赔偿基金,由国家向接收海运持久性油类货物的货物所有人或者代理人按照接受油类的吨数和规定费率摊款,对因船舶造成的油污损害予以补偿。受害人在通过诉讼仍无法获得全部赔偿的情况下,可以向基金申请补偿。

二、对船东的责任

通常情况下,碰撞的种类分为不可避免的碰撞、单方面过失的碰撞和共同过失所致的碰撞。碰撞最大的原因仍然是人们的疏忽大意。

(一)碰撞过失追责原则

碰撞责任应基于过失而成立,仅存在碰撞不足以产生任何法律后果。我国《海商法》对于碰撞责任按照过失原则进行了规范。船舶发生碰撞是由于一船的过失的,由有过失的船舶负赔偿责任;碰撞的船舶互有过失的,各船按照过失程度的比例负赔偿责任;过失程度相当或者过失程度的比例无法判定的,平均承担赔偿责任。

两船碰撞后如果产生油污损害并由油污受害人提起索赔时,碰撞双方对其因船舶碰撞遭受的损害而享有的相互索赔的权利不受限制。碰撞责任分配也是厘清未来双方对受害人承担责任比例与最终数额的基础。如果双方各自设立了海事赔偿责任限制基金或油污损害赔偿责任限制基金,各方也可以作为权利人在对方的基金下申请登记并按比例获得清偿。

如果碰撞各方已经设立了责任限制基金,对于其在对方基金下按程序分配到的赔偿金,其有权全部支取。但司法实践中,有的碰撞船舶当事人会在基金分配会议上主动放弃分配。

(二)海事赔偿责任限制

溢油事故造成的损失较大时,无论是海洋环境主管部门还是清污救助单位、海洋产业经营者,都有可能无法得到足额赔偿。从司法实践来看,受害人向法院起诉后,其诉讼请求不能全部获得支持或者其主张损失不能足额受偿的原因主要在以下 3 个方面:(1)受害人请求的损失数额缺少事实依据和科学依据支持;(2)溢油侵权人的赔偿能力有限,无法应对巨额索赔;(3)根据国际通行法律制度,溢油侵权人有权依法申请设立海事赔偿责任限制基金和油污损害赔偿责任限制基金。第 1、2 个原因是原告举证方面的原因或被告赔偿能力的原因,实践中对此争议不大,第 3 个原因是制度设计方面的原因,容易引起误解和质疑。

海事赔偿责任限制是指对于船舶在营运过程中所造成的人身、货物、其他财产等各项损失而将责任人的总的赔偿责任限制在一定限额内的责任限制制度。根据我国《海商法》,对于在船上发生的,或者与船舶营运、救助直接相关而造成合同或者非合同权利的损失,责任人可限制赔偿责任。我国已经加入 1992 CLC,当溢油船舶是运输散装油类货物的海船时,将不再适用我国《海商法》规定的海事赔偿责任限制,而应该适用 1992 CLC 的规定,设立油污损害赔偿责任限制基金。相比普通责任限制基金,油污损害赔偿责任限制基金的数额已大大提高,即便如此,相对于巨额的防污清污、养殖物索赔、海洋生态修复等费用,油污损害赔偿责任限制基金的数额仍然显得杯水车薪。例如,2022 年中国北方发生的一起油污损害案件中,油污基金为 51, 535, 275 SDR,相当于 4. 6 亿元人民币,而当事人向法院起诉的诉讼标的额达到 65 亿元人民币,受偿比例仅为 7% 。

海事赔偿责任限制制度是在航海事业发展中形成的历史悠久的国际通行制度。该制度建立的目的主要是分散航海风险,鼓励开发利用海洋。1924 年国际上形成了《关于统一海运船舶所有权人责任限制若干法律规定的国际公约》,此后又形成《1957 年国际海船船东责任限制公约》《1976 年海事索赔责任限制公约》,我国《海商法》的规定与《1976 年海事索赔责任限制公约》的内容基本一致。关于油污损害,1969 年各国签订了 1969 CLC,我国于 1980 年参加了该公约。1992 年,国际海事组织通过了 1969 CLC 的 1992 年议定书,我国于 1999 年又加入了 1992 CLC。遵守条约是缔约方的义务,按照条约优先的原则,在海事审判实践中,裁判组织和裁判者应优先适用公约解决相关纠纷。

第七节　引航服务与海事行政机构的责任

引航主要涉及引航员、引航员的雇主、船东及海事行政机构在海事事故中的法律问题。1992 年西班牙的爱琴海溢油事故和 1996 年的“海洋皇后号”(Sea Empress)事故的发生都与政府不当引航服务有关。[①] 而在船舶污染损害赔偿事故中,引航服务常常涉及港口及其航运路线,不安全的港口和航运路线经常会导致政府承担责任。沿海国有时也会因为采取的事故应对不当而招致批评。沿海国依据国际法和国内法享有干预权,但如果其行使干预权的行为被认为是疏忽大意、违反比例原则等的不当行为,会产生其是否应当对船东、货主或第三方承担损害赔偿责任的问题。

一、与引航服务相关的船舶污染损害赔偿责任

全球范围内不同国家的引航服务既有国家提供的,又有地方海事行政机构提供的,还有公司提供的。目前尚无国际公约对此作出规定,各国一般依据本国国情自行规定,不同国家的规定差异较大。但鉴于引航服务在全球范围内的普遍适用,各国面临的引航法律问题大致相同。

(一)引航员及其雇主的责任

1. 引航员的责任

第一,引航员负有采取合理措施保障引航安全的义务。但在实践中,

---

① IOPC FUNDS Annual Report 2003, p. 48 - 51, 58 - 63, https://www.iopcfunds.org/publications/iopc-funds-publications/.

即使引航员存在过错,人们一般也不会将责任归咎于引航员。主要原因如下:一方面,人们认为船长对船舶具有最终控制权,引航员仅扮演建议者的角色;另一方面,即使认为引航员存在过错,引航员也无法满足足额赔偿的判决,即使引航员有责任保险,其责任也会局限到最低程度。基于此,常规做法是针对引航员过错的诉讼通常向其雇主提出。

第二,以民事责任公约(1969 CLC/1992 CLC)和其他国际公约为依据,免除引航员的责任。如果相关案件受国际赔偿体制调整,那么责任专属条款会使得引航员被免除污染损害责任。例如,根据 1992 CLC 第 3 条的规定,事故发生时的船舶所有人须对船舶因该事故而造成的任何污染损害负责。

其一,依据 1992 CLC,引航员享有责任专属条款的保护。但是,依据 1969 CLC,引航员是否受到保护则存在争议。其主要是看如何解释该条约规定的雇员或代理人,如果将引航员解释为船东的雇员,那么其便可以被免除责任。至于究竟如何处理,这取决于各国国内法和案件事实本身。在爱琴海事故中,引航员的责任没有转嫁到船东身上,引航员也没有凭借 1969 CLC 享受专属条款的保护,西班牙政府承担了 50% 的污染损害赔偿责任。

民事责任公约(1969 CLC/1992 CLC)没有规定,如果引航员的雇主本身有过错,那么引航员是否可以像在代理责任下一样享受专属条款的保护。在爱琴海案中,调查组发现事故的原因在于引航员的过失和缺乏经验。但是,1971 FUND 对引航员的雇主引航机构提出了追索权诉讼,理由不是基于引航员的过失,而是基于港航机构在培训引航员方面存在的缺陷。需要注意的是,责任免除不影响船东的追索权。

其二,就其他国际公约而言,HNS 公约规定了专属条款。即便针对引航员可以提起索赔之诉,国内法也往往规定了雇主和引航员的责任限制。例如,英国《1987 年引航法》(Pilotage Act 1987)规定,引航员的责任为 1000 英镑和引航费;港口机构作为他的雇主所承担的责任是 1000 英镑乘以损害发生时其所雇用的引航员的数量。①

① Pilotage Act 1987 § 22(1)(4).

2. 雇主的责任

第一，根据雇主代理原理，雇主要为引航员的过错承担责任，因为尽管引航员通常直接受雇于引航机构，但是有时也会出现自主经营的情况，在此情形下，雇主针对引航员的不当行为承担代理责任。

第二，就雇主独立于过失引航的责任而言，港口机构通常有义务提供引航服务，并履行如下职能：培训引航员、分配引航员和收取引航费。如果海事事故的发生是港口引航制度的缺陷所致的，那么相关机构需要因违反法定义务或因履职疏忽大意而承担责任，这种责任独立于因引航员过失而导致的代理责任。

1996 年“海洋皇后号”油轮在近英国南威尔士米尔福德港入口时搁浅，造成了大量的原油泄漏。船旗国和沿海国政府经过调查得出结论，搁浅的直接原因是引航员的错误，部分原因是他在驾驶大型油轮方面经验不足，即米尔福德港务局（MHPA）提供的培训标准不合格。米尔福德港务局和港务局局长也被判定犯有违反有关港口管理的法定职责和造成污染的罪行。1971 FUND 对米尔福德港务局提起索赔，索赔的依据不是引航员不当行为的替代责任，而是基于对米尔福德港务局本身的疏忽或失职的指控，即没有出台适当的程序来控制或减少满载油轮搁浅和溢油的风险。在引航方面，1971 FUND 特别指称米尔福德港务局在港口培训引航员的制度上有缺陷，引航员的分配制度也不完善。

（二）引航机构或其他雇主的责任

在某些情形下，引航员的行为将涉及是否针对引航机构或其他雇主提起诉讼的问题。鉴于受害人通常能从船东和国际油污基金处获得充分补偿，因此实践中的主要问题是船东和国际油污基金能否针对引航机构或其他雇主提起追索之诉，或者提起代位权之诉。

第一，就引航机构或其他雇主对船东承担的责任而言，虽然有许多船东要求引航机构承担代理责任诉讼，但是这种诉讼通常并不顺利。在普通法中，这种诉讼主要基于引航机构对船东负有的义务的本质和负有的义务的程度有多大，即它是否负有义务以足够的注意和技能提供引航，还是它的义务仅局限于提供合格的引航。这主要取决于规定引航机构功能的法律如何规定。如果采取后一种解释方法，那么此时引航员便是独立的专业人,而不是引航机构的雇员,因此一般的雇主无需承担代理责任。

在普通法实践中,船东面临的最大障碍是被认定为自愿引航承担责任。法院在既有判决中指出,由于船东对第三人负有代理责任,不能针对引航员的雇主提供索赔,因为引航员等于船东的员工,船东需要为引航员的过错承担责任。[①]

第二,就引航机构或其他雇主对第三人承担的责任而言,由于各国的规定不同,第三人要求引航机构承担责任的可能性差异较大。例如,在英国,引航机构不因引航员的过错向第三人承担责任。在"Esso Bernicia"案[②]中,Esso Petroleum Co. Ltd. 作为船东对拖船的建造者和设计者霍尔·罗素(Hall Russell)提起诉讼,要求其赔偿该船的损失以及他们支付的清理费用和石油污染损失。霍尔·罗素公司对作为引航员雇主的Shetland Islands Council(S. I. C.)提出了第三方索赔,诉称该起事故是引航员的疏忽造成的,S. I. C. 公司对损害负有转承责任。此案被提交到上议院,上议院认为,引航员的替代责任不能由船东和作为一般雇主的S. I. C. 一同承担,而只能由船东承担。

但是,在1993年西班牙"爱琴海"案中,法院则要求引航员承担刑事责任和民事责任。此案中,船舶在试图进入西班牙拉科鲁尼亚港卸下原油货物时遭遇了搁浅。根据规定,引航员只有权允许船只在良好的条件下进入港口,这是允许引航员在指定区域登船的条件。而引航员允许油轮在夜间和大风暴的情形下进入港口,显然违反规定。伴随天气的恶化,引航员预测自己无法在该区域登船,因此他试图从防波堤后面的一个隐蔽位置用无线电引导该船入港。

对此,拉科鲁尼亚法院对"爱琴海"号的引航员和船长提起了刑事诉讼。法院认为,引航员和船长都应当承担刑事过失的责任。引航员没有履行从港口外部提供领航服务的义务,"爱琴海"号船长未履行应尽的职

---

① See The Tower Field (1950) 84Ll. L. Rep. 223, [1951] A. C. 112. HL, where it was held that this was the effect of the shipowner's statutory liability for the fault of a compulsory pilot under Sect. 15 of the Pilotage Act 1913, and The Cavendish [1993] 2 Lloyd's Rep. 292, where Clarke J gave the same interpretation to its modern statutory equivalent, Sect. 16 of the Pilotage Act 1987.

② The Esso Bernicia [1989] 1 Lloyd's Rep. 8, HL, 27.

责。[①] 此外,在该案中,由于引航员和船长对该起事故负有直接责任,他们应连带向受害者承担 50% 的赔偿责任,西班牙政府承担 50% 的赔偿责任。

(三)船东的责任

在众多船舶污染损害赔偿案件中,船东通常要依法承担严格责任,引航员是否有过错并不影响船东污染损害赔偿责任的承担。但在普通法的传统中,法院会区别强制引航和自愿引航。如果是强制引航,船东可能不需要承担责任,因为此时引航员不是船东的雇员。反之,如果不是引航员强制引航,则船东需要承担责任。然而,《1910 年统一船舶碰撞若干法律规定的国际公约》,又称《1910 年布鲁塞尔碰撞公约》规定,该公约规定的责任适用于引航员过失引起的碰撞案件。[②] 即使引航员强制引航,船东也需要承担损害赔偿责任。英国法规定,船东需要为引航员的所有后果承担责任,并不区分强制引航和非强制引航,也不限于碰撞事故。[③]

二、海事行政机构在船舶污染损害赔偿中的责任

尽管引航员涉及的代理责任受制于责任专属条款的限制,但是其他雇员导致的索赔未必适用责任专属条款。例如,海事行政机构需要为港务长导致的污染承担责任。

(一)海事行政机构因违反安全保障义务所应承担的责任

海事行政机构是否承担责任主要取决于国内的法律,例如,侵权法的一般义务。国际公约对此尚无统一规定,尽管各国规定不同,但是各国遵行的模式大体一致。实践中,海事行政机构因未确保其控制的水域可以进行安全航行,因违反一般的安全义务而承担责任,比如因未能清除航

---

① IOPC FUNDS Annual Report 2003, p. 49, https://www.iopcfunds.org/publications/iopc-funds-publications/.

② 《1910 年统一船舶碰撞若干法律规定的国际公约》第 5 条规定:“以上各条规定,适用于由于引航员的过失而发生的碰撞,即使是依法强制引航,亦得适用。”

③ Pilotage Act 1987 § 16.

道、维修灯塔、提供可靠的信息而承担责任。

1. 未清除或标注船舶残骸和其他危险物质

根据一些国家的判例法，港口相关机构（我国主要指海事行政机构）必须履行合理的注意义务，以确保所有的残骸或设备被加以标注或剔除。1928 年，“东方市”（Orient City）号在试图进入英国哈特尔普尔港时因撞上了一艘沉船而受损。当时，该船由一名引航员驾驶，他不知道附近有一艘沉船。船东向哈特尔普尔港港务局提出索赔，称其违反了清除或标记可能妨碍港口航行的残骸的义务。此案经过了双方激烈讨论，英国高等法院认为，港务局有责任行使合理的技能和谨慎，以确保港口的所有沉船和障碍物被标记或清除，但其没有以合理的谨慎措施和技能来确定沉船的位置，并清除任何剩余的危险。因此，索赔人有权要求赔偿其损失。[①] 但是，相关义务只适用于海事行政机构已知或者应当知道的危险物，机构并没有义务去寻找其未知的危险物。

2. 未提供或维修灯塔或其他航运援助设备

海事行政机构未能维修灯塔或提供其他航行设备时也存在承担责任的风险，其原因可能是海事管理没有采取措施在地图上标注浅滩位置。不过，需要注意的是，灯塔的修理需要有一个合理缓冲期，由于各种限制无法立即修理灯塔不能算是违反义务。例如，在美国，一艘运载燃油的沿海油轮在纽约港外的洛克威角附近的沙洲上搁浅，该事件发生的部分原因是美国海岸警卫队未能维护附近防波堤末端正常亮起的灯光，美国因此被判赔偿。[②] 在“爱尔兰星尘号”（the Irish stardust）案中，船东因船舶遭遇搁浅而向政府提出索赔请求，理由是交通部在实施和建议使用一个危险的、不安全的航行方案方面存在疏忽，而搁浅是温哥华岛岸边的海德溪没有足够的照明灯，导致该通道的照明不足。[③]

3. 未在海图中标注危险物

如果海事行政机构发现了危险物却没有及时修改地图，其也会承担

---

① St. Just SteamShip Company, Ltd. v. Hartlepool Port &Harbour Commissioners (1929) 34 Ll. L. Rep. 344.

② U. S. v. Reliable Transfer (The Mary A. Whaleny) [1975] 2 Lloyd's Rep. 286, US Supreme Court.

③ The Irish Stardust [1977] 1 Lloyd's Rep. 195.

责任。例如,在瑞典,一艘油轮在浅滩上遭遇搁浅,导致石油泄漏事故的发生。然而,瑞典海事局虽然知道该浅滩的存在,但却未采取任何措施修改海图以显示该浅滩,或调整附近灯塔的白色区域。瑞典最高法院认为,该事件完全是由瑞典政府的疏忽所致的,瑞典政府对污染以及对船舶的损害和打捞费用应当承担责任。①

4. 未定期疏浚航道

一些主要港口一般位于易淤积的河流上游,大型船舶只能通过需要定期疏浚的航道航行。在此情形下,准确的航道信息(如深度、宽度)是保障船舶安全、避免搁浅的重要依据。如果海事行政机构未履行保障疏浚航道安全的职责,则需要承担责任。但是,如果事故全部或部分归因于船东自己的错误,如航行错误,那么海事行政机构的责任便可以被免除或削减。实践中,证明事故全部或部分归因于船东自己的错误的证明难度也不小,因为一旦船舶接触航道,风力或水流会将其推出航道,船舶最终的停止地点可能使其难以证明事故究竟是由航道还是自身航行错误所致。

(二)海事行政机构应对事故所致的损害赔偿负责

在实践中,海事行政机构也会因应对海事事故而承担法律责任,因为它可能造成污染或者共同造成污染。可以基于如下理由起诉海事行政机构:未采取预防措施、采取的措施存在不当、机构本身导致新的污染。

通常而言,这种法律责任的发生不会涉及国际法问题,而是主要涉及案件事实和各国的国内法。实践中最常面临的问题是,这种责任是否可以依据国际法上的责任专属条款予以豁免。在油轮导致的油污实践中,1992 CLC 赋予海事行政机构责任豁免,但是 1969 CLC 的责任豁免却非常有限。在有毒有害物质导致的污染损害中,HNS 公约存在责任专属条款;在燃油导致的污染损害中,2001 BUNKER 不存在责任专属条款。

1. 对事故应对不充分的行为导致的污染

就事故应对不充分的行为导致的污染而言,船东可以针对海事行政

① IOPC FUNDS Annual Report 1987, p. 16 – 17, https://www.iopcfunds.org/publications/iopc-funds-publications/.

机构就其未能采取有效的应对措施提起诉讼,比如未能有效使用保护设备、不当使用消油剂。依据 1992 CLC 第 3. 4(e)条的规定,所有采取预防的主体都可以享受责任专属条款的保护,海事行政机构也不例外。但是,这并不影响追索权之诉,也不影响污染损害之外的索赔诉讼,比如船舶或货物的损失。

2. 不当应对措施导致的污染损害

在"威望号"案中,船舶被迫拖入公海,并导致泄漏的石油漂移到岸上,法国、葡萄牙和西班牙深受其害。调查发现,如果将这一船舶拖入西班牙的安全水域,就不会造成如此大面积的污染。西班牙的做法饱受各国批评,法院甚至设立调查组,拟对西班牙海事部门主管提起刑事诉讼。如果刑事诉讼成立,该案会成为向西班牙当局提起民事诉讼的基础。

在应对措施不合理的情形下,海事行政机构无法享受责任专属条款,因为责任专属条款只适用于合理的预防措施。即使海事行政机构可以享受责任专属条款,也不影响针对污染损害之外的索赔要求,不影响追索权的实施。

如果一国海事行政机构依据《1969 年国际干预公海油污事故公约》的法定授权进行了干预,那么这时相关规定在一定程度上可以豁免海事行政机构的责任。《1969 年国际干预公海油污事故公约》授权各国在公海采取干预措施预防海事事故导致的污染。不过,该公约同时规定,采取措施时应该遵守一定的程序,比如进行协商。因此,如果干预不当,那么干预国理论上需要承担赔偿责任。然而,《1969 年国际干预公海油污事故公约》没有涉及领海水域中的干预行为,在领海水域,一国享有主权,较少受到限制,因此海事行政机关要想被豁免主要依赖于一国的海事立法或一国的宪法。

3. 应急船舶溢油

如果石油泄漏不是来自事故船舶,而是来自应急船舶,应急船舶包含自身船用燃油和减载油类货物两大类,那么 1992 CLC 中的责任专属条款并不适用于应急船舶,因为该公约仅适用于"污染损害"索赔,而且这种泄漏的油类必须是事故船上的货物或燃油。例如,石油是从海上获取的,只是短暂储存于应急船舶,但却在转移上岸的过程中发生意外泄漏事故。

第八节　货主的责任

货主是海上货物运输链的第一方,也是海上货物运输链的重要参与者。其作为一方主体在海上溢油事故中有时可能也需要承担责任。实践中,当货主可能存在疏忽选择船只、货主转运不当、运输有毒有害物质不当、以虚品名装载危险化学品等情形时,便有可能对受害人或船东承担责任。如本章第二节"租船人的责任"中所指出的,货主通常也是租船人,以作为货主的石油公司为例,石油公司可以通过租船合同直接租用其原油的运输,也有可能将租船人委托给第三方公司。在后一种情况下,它与船舶的唯一关系是石油公司是船舶运输货物的所有者,即石油公司与船舶的关系只是运输货物的财产关系。因此,需要注意区分在 1992 CLC 条款下,货主作为租船人以及货主仅是单纯的货主的两种情形,这种区分之所以如此必要,是因为如果货主成为承租人,他将受到 1992 CLC 第 3 条第 4 款的保护;如果他只是货主,该条款将不保护货主。

一、货主对受害人的责任

早在 1969 CLC 和 1992 CLC 的筹备工作中,制订者们就曾考虑将货主连同船舶所有人一并列入责任方,考虑到如此做可能会导致索赔程序的复杂化,最终 1992 CLC 在其规定中未提到货主的责任,因此在公约规定的范围内,货主不对受害人承担污染损害赔偿责任。然而,依据各国国内法的规定,货主依然面临对受害人承担法律责任的风险。

(一)国际公约的规定

1969 CLC 第 3 条第 4 款规定,不得要求船舶所有人对本公约没有规定的污染损害作出赔偿;不得要求船舶所有人的工作人员或代理人对本公约规定的或其他的污染损害作出赔偿。

1992 CLC 第 3 条第 4 款规定,除按照本公约规定外,不可以向船舶所有人提出污染损害赔偿请求,在该条第 5 款的前提下,不论根据本公约与否,不可以向下列人等提出污染损害赔偿请求:(1)船舶所有人的雇员或代理人或船员;(2)引航员或为船舶提供服务但非属船员的任何其他人;(3)船舶的任何承租人(不论如何定义,都包括光船承租人)、管理人或经营人;(4)经船舶所有人同意或根据主管公共当局的指示进行救助作业的任何人;(5)采取预防措施的任何人;(6)第(3)、(4)项和第(5)项中所述人员的所有雇员或代理人,除非该损害系由故意造成此种损害或明知可能造成此种损害而轻率地采取的个人行为或不作为造成的。

HNS 公约责任专属条款的范围与 1992 CLC 的规定较为相似,对船舶的任何租赁人,包括光船租赁人,不可向其提出本公约规定的损害赔偿,免除了租船人的责任。但是,船东对那些被免除责任的人员享有追偿权。

HNS 公约第 7 条第 5 款规定,在第 6 款规定的前提下,不可向下列人提出本公约或非本公约规定的损害索赔:(1)船舶所有人的雇员或代理人或船员;(2)引航员或为船舶提供服务但非属船员的任何其他人;(3)船舶的任何租赁人(不论以何种方式定义,都包括光船租赁人)、管理人或经营人;(4)经船舶所有人同意或按主管公共当局的指示进行救助作业的任何人;(5)采取预防措施的任何人;(6)第(3)、(4)项和第(5)项中所述之人的雇员或代理人,除非损坏系由故意造成此种损害或明知可能造成此种损害而轻率的个人行为或不作为导致。责任限制条款的局限性在于,当索赔的对象不是公约调整的对象时,以及索赔在非缔约方提出时,责任限制条款便不适用。

如上所述,前述国际公约的条文并未规定货主的责任,这也意味着货主不受(船东)责任专属条款的保护,并且没有任何规定不允许受害者向货主提出索赔。由于货主一般不是直接控制船舶的人,很难证明损害和其行为之间的因果关系,因此,对货主的索赔一般很难成功。不过,1992 CLC 中不引入货主所产生的最重要和最受批评的后果是缺乏货主避免事故的激励,即一旦货主意识到他在任何情况下都不必为船舶事故造成的污染损害负责,其可能产生一种错觉,即不仅事故,污染损害也与其自身无关。根据 1992 CLC 规定的双层赔偿机制,货主通过其对基金的摊款承担部分污染损害,而具体的摊款数额是根据运输的吨数确定的,因此,无论污染程度如何,它们都是不变的。简而言之,一旦发生事故,摊款数额不会增加。尽管可以认为货主可以通过向国际货物保险公司基金之一摊款来承担部分损失，但是国际油污基金无法为货主创造必要的激励措施以提高船舶的安全性。

（二）国内法的代表性规定

在有关海洋船舶污染损害赔偿规定中，尽管国际公约并未规定货主对受害人的责任，但是实践中货主承担责任的情形并不罕见。毕竟，正如有学者所指出的那样，货主"是污染风险的创造者"。①

1. 美国

根据美国OPA90的规定，在通航水域或毗连的海岸线或专属经济区排放石油，或造成排放石油的重大威胁的船只或设施的责任方应承担严格的连带责任。② 就船舶而言，该条款中规定的"责任方"是指"拥有、经营或转租该船舶的任何人"。由于这一宽泛的定义，美国OPA90扩大了责任范围，并为受害方提供了较大的救济机会，但其不包括货主。因此，按照前述规定，货主是否承担责任无明文规定。货主承担责任主要在于货主在提供货物时没有履行应尽义务，但是如何规定这方面的义务存在困难。一般而言，货主对船舶的控制权少于其他各方，但这绝不能成为其不承担责任的借口，他们可能会因船舶的过失而承担责任。关于货主的责任，主要由美国各州的法律加以规定。

在事故发生时，货主不需要根据OPA90承担责任，但若事故发生在其油污法规定由货主承担责任的国家，货主可能需要承担责任。一些州，如阿拉斯加州、南卡罗来纳州、夏威夷、马里兰州、北卡罗来纳州、俄勒冈州和华盛顿州，建立了无限货主责任制度。例如，在阿拉斯加州，货主和溢油到阿拉斯加水域的控制人要对污染损害承担连带责任，而不考虑其是否有过错；③其他州则建立了有限货主责任制度，如佛罗里达州、新泽西州和纽约州。④

---

① Martínez, I. A., *Problemas Jurídicos Relativos a la Seguridad de la Navegación Marítima (Referencia Especial al Prestige)*, 20 Anuario de Derecho Marítimo 35 (2003).

② Oil Pollution Act 33 U. S. C. § 1001 (1990).

③ Alaska Stat. § 46. 03. 822.

④ Kim I., *A comparison between the international and the US regimens regulating oil pollution liability and compensation*, 27 In: Marine Policy, p. 273 (2003).

2. 加拿大

加拿大《北极水域污染预防法》(Arctic Waters Pollution Prevention Act)也有货主承担责任的规定。该法规定,在北极水域航行的任何船舶的所有人和任何此类船舶的货物所有人……对因任何废物存放而产生的费用、费用和损失或损坏……负有共同和个别责任……任何人的责任……是绝对的。[①] 由此可见,货主对污染费用应负与船东同等程度的赔偿责任。加拿大的立法表明,找到一种将责任强加给货主的方法是可能的,尽管这种解决办法比简单地将责任强加给船东要复杂得多。

3. 中国

我国《海商法》对于船舶污染未进行专章规定。对于船舶污染责任,根据《海事诉讼特别程序法》《船舶油污损害赔偿规定》,受损害人可以直接向各泄漏油船船舶所有人及其船舶油污损害责任保险人或者财务保证人提起诉讼。在我国的法律体系下,货主也有可能成为责任承担者。

(1)货主与船东是同一主体

现今国际航运实践中,油轮公司大多已经脱离了石油公司,并通过注册单船公司和悬挂方便旗的方式限制责任。但在20世纪70年代之前,各大石油公司既生产原油又使用自有船舶运输石油。在今天的中国,在部分沿海城市,也出现了大型的石化企业随着生产规模的扩张开始自建码头并建立自有船队的经营模式,以满足其对原材料和成品的运输与仓储需要。

(2)货主为船东提供担保

关于货主是否可以成为《海事诉讼特别程序法》中所称的油污损害赔偿财务保证人,根据《船舶油污损害民事责任保险实施办法》第8条的规定,中国籍船舶的所有人可以向海事管理机构提供的财务保证是指在我国境内依法成立的商业性保险机构、在我国境内依法成立或者在我国境内设有代表机构或者代理机构的互助性保险机构等保险机构以及境内银行所出具的保函、信用证等其他财务保证。因此,货主提供的财务保证通常不能被海事管理机构接受。

在海事司法实践中,货主可以成为海事担保的提供人。在海事请求

① Article 6.1 of the Canadian Arctic Waters Pollution Prevention Act.

保全、海事强制令、海事证据保全等程序中，海事法院可以接受现金或者保证、设置抵押或者质押多种形式的担保。因此，货主为使船东尽快摆脱诉讼程序羁绊，可能会向法院为船东提供担保。特别是在受害人索赔数额不大、货值较高，而船东与货主又存在亲密合作与相互信任的关系的情况下。例如，船舶触碰到养殖阀架，养殖户提出扣船请求，并主张在养殖区发现了不明来历的油污迹象，船舶自身并未发现船体受损，此时若货主急切需要船舶尽快完成航程，有可能会为船东提供现金解扣保证。海事担保是独立的、不可撤销的保证，提供该种担保即意味着未来可能要根据生效裁判文书承担相应赔偿责任。

(3)货主对油污损害的发生存在严重过错

《民法典》第1165条第1款规定：行为人因过错侵害他人民事权益造成损害的，应当承担侵权责任。《海洋环境保护法》第83条、第84条规定，载运具有污染危害性货物、污染危害性不明的货物，承运人、货物所有人或者代理人都负有如实申报、准确标示、事先评估的法定义务。《海上交通安全法》第63条规定，托运人托运危险货物，应当如实通知承运人，并妥善包装，设置明显的危险品标志和标签，不得夹带、谎报等。海运危险品谎报瞒报可能会导致船舶沉没重大事故。2002年11月，“韩进宾夕法尼亚”号集装箱船在执行从天津新港到欧洲的航次中，在印度洋发生起火爆炸后沉没。经推测，事故发生最有可能的因素为船上载有未申报的危险货物次氯酸钙，在赤道日照高温影响下，次氯酸钙发生热氧化反应，导致燃烧爆炸。2003年5月，“华顶山”号集装箱船在执行从上海经停厦门驶往广州的航行途中发生燃烧事故。经勘察，事故起因是托运人将危险品“连二亚硫酸钠”谎报为“氧化铁”，运输中相对湿度较大，包装箱体破损，该危险品吸水分解后聚热自燃。因此，对于谎报、瞒报危险品导致船舶燃烧爆炸并污染海洋环境的，货主是不能逃脱侵权责任的。

二、货主对船东的责任

货主是否承担责任主要取决于所适用的规则和诉因。CLC公约和HNS公约没有关于船东赔偿之后向货主求偿的规定，就适用规则而言，主要取决于国内法的规定。针对货主对船东的责任，船东可能因货主转运、运输有毒有害物质存在不当要求赔偿。具体而言,货主对有毒有害物质、危险化学品等地处理和运输承担着严格的责任,如果货主在进行货物转运和运输过程中违反了相关法律法规和惯例标准,没有按照相关规定和条件正确处理和运输有毒有害物质、危险化学品等,从而导致船舶污染损害或遭受到其他损失的,则船东有权要求货主承担相应责任。

货主可能会将有毒有害物质、危险化学品等存放于不当的位置,或者没有设置正确的标识或处理设施,抑或以虚品名装置危险化学品,虚假陈述、隐瞒有关信息等,若由此造成了船舶的损害,在此情形下,船东有权向货主主张损害赔偿责任。近年来,海事法院审理了船东向货主或其订舱代理货代请求支付危险品瞒报谎报“罚金”的案件,以及船边货代向委托订舱人追偿已垫付“罚金”的案件。尽管相关案件中的危险品被发现时并未造成实际损失,但海事法院都对“罚金”予以了支持。在原告青岛某国际运输有限公司与被告青岛某供应链有限公司、山东某国际贸易有限公司海上货运代理合同纠纷一案中,青岛海事法院认为,船公司收取罚金的性质属于惩罚性违约金,船公司已通过船公司网站公示和向客户发送邮件的方式对罚金标准予以公布,原告已收到过船公司青岛分公司的罚金标准邮件,并在与船公司青岛分公司的书面协议中对危险品瞒报的罚款责任进行了约定。船公司收取罚金的对象是故意或重大过失严重违约的债务人,收取该项罚金的目的是督促合同相对方诚实严格积极主动地履行合同义务,破除相对方在出口经营危险货物时的侥幸心理,排除海运危险品错误申报的社会危害性,惩罚违约方有悖诚信的恶意违约行为。船公司常年来为危险货物运输、储运和检查的人力物力支出了大笔费用,存在长期以来的沉淀成本。危险品虚报瞒报运输不仅严重威胁海上货物运输的人员和财产安全,还可能导致海洋生态和环境污染,是严重的违法行为。综上所述,船公司收取危险品错误申报罚金的行为具有合理性,法院对该罚金标准不再予以调整。《民法典》第 930 条规定,“受托人处理委托事务时,因不可归责于自己的事由受到损失的,可以向委托人请求赔偿损失”。因此,海事法院判决被告青岛某供应链公司向原告支付了垫付费用损失及利息等。

附　录

一、中国典型案例清单

1. 各海事法院审理的典型案例

序号	案号	审理法院	索赔人	案由
1	(1999)粤高法经二终字第327号	广东省高级人民法院	广东省渔政海监检查总队湛江支队	“海成”轮操作溢油损害赔偿纠纷
2	(2001)广海法初字第89号	广州海事法院	广东省海洋与渔业局	“通天顺”轮碰撞油污损害赔偿纠纷
3	(2003)津海法事初字第184号	天津海事法院	天津市渔政渔港监督管理处	“塔斯曼海”轮碰撞油污损害赔偿纠纷
4	(2003)津海法事初字第183号	天津海事法院	天津市海洋局	“塔斯曼海”轮碰撞油污损害赔偿纠纷
5	(2006)大海事外初字第4号	大连海事法院	大连市渔政监督管理局	“阿提哥”轮单船溢油损害赔偿纠纷
6	(2010)青海法海事初字第17号	青岛海事法院	山东省海洋与渔业厅	“金盛”轮碰撞油污损害赔偿纠纷
7	(2012)浙海终字第19号	浙江省高级人民法院	中国东海区渔政局	“带什”轮碰撞油污损害赔偿纠纷
8	(2012)粤高法民四终字第102号	广东省高级人民法院	广东省海洋与渔业局	“宏浦35”轮船舶污染损害赔偿纠纷
9	(2014)鲁民四终字第193号	山东省高级人民法院	威海市海洋与渔业局	“世纪之光”轮船舶油污损害赔偿纠纷

续表

序号	案号	审理法院	索赔人	案由
10	(2019)浙72民初1318号	宁波海事法院	嘉兴市自然资源和规划局、嘉兴市生态环境局及农业农村局	“佐罗”轮船舶碰撞污染损害赔偿纠纷
11	(1999)广海法商字第113号	广州海事法院	广东省海洋与水产厅	“津油6”碰撞污染损害赔偿纠纷
12	(1999)广海法事字第150号	广州海事法院	广东省海洋与水产厅	“闽燃供2”碰撞污染损害赔偿纠纷
13	(2005)广海法初字第85号	广州海事法院	广东省海洋与渔业局	“明辉8”船舶碰撞污染损害赔偿纠纷
14	(2015)甬海法事初字第36号	宁波海事法院	中国水产科学研究院东海水产研究所	“达飞佛罗里达”碰撞污染损害赔偿纠纷
15	(2015)广海法终字第465号	广州海事法院	广东省海洋与渔业局	“夏长”轮沉船溢油污染损害赔偿纠纷

注:该案经浙江省高级人民法院再审审理,案件改判后认可的费用类型仍然是“渔业资源恢复费用”,参见(2021)浙民再95号。

2.船舶油污损害赔偿基金理赔典型案例

序号	案号	事故名称	赔偿项目名称
1	(2016)第01号	2013年4月秦皇岛水域不明船舶油污事故	应急处置费用
2	(2016)第02号	天津临港中粮佳悦码头附近海域不明船舶油污事故	应急处置费用
3	(2017)第01号	2012年12月“山宏12”轮沉没溢油事故	应急处置费用、恢复海洋生态措施费用、控制或清除污染措施费用
4	(2017)第02号	2016年4月秦皇岛水域不明船舶油污事故	应急处置费用

续表

序号	案号	事故名称	赔偿项目名称
5	(2017)第03号	2016年7月秦皇岛水域不明船舶油污事故	应急处置费用
6	(2017)第04号	2014年7月“ANA”轮触礁溢油事故	应急处置费用
7	(2017)第05号	2013年“宁东湖680”轮和“宁连海606”轮沉没溢油事故	应急处置费用
8	(2017)第06号	2017年2月唐山京唐港海上不明来源油污清污事故	应急处置费用
9	(2018)第01号	2017年6月温州海域无名船舶失火险情	应急处置费用
10	(2018)第02号	2013年8月“夏长”轮沉没溢油事故	应急处置费用、恢复海洋生态措施费用、养殖损失
11	(2018)第03号	2018年10月青岛前海海域不明来源油污事故	应急处置费用
12	(2019)第01号	三亚0407沉船溢油事故	应急处置费用
13	(2019)第02号	2018年03月17日天津燃供港池、三港池不明船舶油污事故	应急处置费用
14	(2019)第03号	2018年6月天津港G21泊位前沿水域不明来源油污事故	应急处置费用
15	(2019)第04号	2018年7月天津港G5泊位前沿水域不明来源油污事故	应急处置费用
16	(2020)第01号	2019年10月7日上海宝山罗泾码头及附近水域不明来源油污事故	应急处置费用
17	(2021)第01号	“亚洲桥1”轮搁浅油污事故	应急处置费用
18	(2021)第02号	2020年6月20日长江口1号锚地及附近水域不明船舶油污事故	应急处置费用
19	(2021)第03号	2017年“翔舟(XIANG ZHOU)”轮碰撞溢油事故	应急处置费用
20	(2022)第01号	2021年1月14日海南清澜新港码头水域不明来源油污事故	应急处置费用

二、国外典型案例清单

1. 国际船舶油污损害典型事件

No.	Cases	Jurisdictional States	Time	No.	Cases	Jurisdictional States	Time
1	Arrow incident	Canada	1970	2	ABT Summer incident	Atlantic Ocean	1991
3	Aegean Sea incident	Spain	1992	4	Agip Abruzzo mc1dent	Italy	1991
5	Amazzone incident	France	1988	6	Andros Patria incident	Atlantic Ocean	1978
7	Argana incident	France	2002	8	Argo Merchant incident	United States	1976
9	Ariadne incident	Somalia	1985	10	Ashland Oil	United States	1988
11	Atlantic Empress incident	Atlantic Ocean	1979	12	Averity incident	United Kingdom	2001
13	Bahamas incident	Brazil	1998	14	Baltic Carrier incident	Germany	2001
15	Betelgeuse incident	Ireland	1979	16	Braer incident	United Kingdom	1993
17	Blue Lady incident	India	2008	18	CMA CGM Voltaire incident	France	2003
19	Castor incident	Morocco	2001	20	Cavtat incident	Italy	1976
21	Cerro Colorado incident	United Kingdom	1992	22	Christos Bitas incident	United Kingdom	1978
23	Coastal Express incident	Canada	2001	24	Cosco Busan incident	United States	2007
25	Crystal Rubino incident	United Kingdom	1999	26	Deepwater Horizon	Mexico	2010
27	Erika incident	France	1999	28	Evoikos incident	Singapore	1997
29	Eleni V incident	UnitedKingdom	1978	30	Fast Independ-ence incident	France	2005
31	Frances Hammer incident	United States	1997	32	Frixos incident	Australia	2002

续表

No.	Cases	Jurisdictional States	Time	No.	Cases	Jurisdictional States	Time
33	Fuji Maru No. 3 incident	Japan	1990	34	Fuji Maru No. 12 incident	Japan	1989
35	Fuji Maru No. 12 incident	Japan	1992	36	Geroi Sevastopolya incident	Spain	2003
37	Glacier Bay incident	Alaska	1987	38	Grandcamp incident	United States	1947
39	Gunny incident	France	1977	40	Haven incident	Italy	1991
41	Hyundai Continental incident	France	2000	42	Irving Whale incident	Canada	1970
43	Italian toxic waste incident	Nigeria	1987	44	Ixtoc I incident	Mexico	1979
45	Jan incident	Denmark	1985	46	John R incident	Norway	2000
47	Jose Marti incident	Sweden	1981	48	Julie N incident	United States	1996
49	Kamina incident	Chile	1994	50	Khian Sea incident	United States	1986
51	Kurdistan incident	Canada	1979	52	Kure incident	United States	1997
53	Kriti Sea incident	Greece	1996	54	Mystery Spill incident	Canada	2013
55	Mistann incident	Canada	2011	56	MSC Ariane incident	United Kingdom	2002
57	MSC Napoli incident	United Kingdom	2007	58	Maersk Barcelona incident	France	2005
59	Metula incident	Chile	1974	60	Milad I incident	Bahrain	1998
61	Mimosa mcident	United Kingdom	1995	62	Nakhodka incident	Japan	1997
63	Natuna Sea incident	Singapore	2000	64	New Carissa incident	United States	1999
65	Nissos Amorgos incident	Venezuela	1997	66	Nordic Empress incident	United States	1993
67	Nordic Pride incident	United Kingdom	1991	68	North Cape incident	United States	1996

续表

No.	Cases	Jurisdictional States	Time	No.	Cases	Jurisdictional States	Time
69	Oued Gueterini incident (1986)	Algeria	1986	70	Pan Voyager incident	United States	2008
71	Patmos incident	Italy	1985	72	Prestige incident	Spain	2002
73	Probo Koala incident	Ivory Coast	2006	74	Rio Orinoco incident	Canada	1990
75	Rosebay incident	United Kingdom	1990	76	Sammi Superstars incident	United States	1991
77	Santa Anna incident	United Kingdom	1998	78	Selendang Ayu incident	United States	2004
79	Singapura Timur incident	Malaysia	2001	80	Slops incident	Greece	2000
81	Tanio incident	France	1980	82	Tarpenbek incident	United Kingdom	1979
83	Texas City Disaster	United States	1947	84	Torrey Canyon incident	United Kingdom	1967
85	Toyotaka Maru incident	Japan	1994	86	Traquair incident	France	1994
87	Tsesis incident	Sweden	1977	88	Vistabella incident	Caribbean	1991
89	Volgoneft-248 incident	Turkey	1999	90	World Prodigy incident	United States	1989
91	Yinka Folawiyo incident	Spain	1991	92	Zeinab incident	The United Arab Emirates	2001

2. 国外船舶油污损害典型案例

No.	Case Name	Vol. Reporter. Page. Jurisdiction. Year . etc
1	Adkins v. Trans-Alaska Pipeline Liab.	Fund, JOI F. 3d 86 (9th Cir. 1996)
2	Alabama v. EPA	871 F. 2d 1548 (I 1th Cir.) cert. denied, 493 U. S. 991 (1989)
3	Alaska Sport Fishing Ass'n v. Exxon Corp.	34 F. 3d 769, 1994 A. M. C. 2719 (9th Cir. 1994)

续表

No.	Case Name	Vol. Reporter. Page. Jurisdiction. Year . etc
4	Allied Towing Corp. v. Great Eastern Petroleum Corp.	642F. Supp. 1339 (E. D. Va. 1986)
5	Allscas Maritime. SA v. M/V Mimosa	812 F. 2d 243 (5th Cir. 1987)
6	American Dredging Co. v. Miller	510 U. S. 443, 1994 A. M. C. 913 (1994)
7	American Mining Congress v. EPA	824 F. 2d 1177 (D. C. Cir. 1987)
8	American Petroleum Inst. v. EPA	906 F. 2d 729 (D. C. Cir. 1990)
9	Aminoil, Inc. v. EPA	599 F. Supp. 69 (E. D. Cal. 1984)
10	Aminoil, Inc. v. U. S	646 F. Supp. 294 (C. D. Cal. 1986)
11	Amoco Oil Co. v. Borden, Inc.	889 F. 2d 664(5th Cir. 1989)
12	Apex Oil Co. v. U. S	208 F. Supp. 2d 642, 2002 A. M. C. 493 (E. D. La. 2002)
13	Askew v. American Waterways Operators, Inc.	411 U. S. 325, 1973 A. M. C. 811 (1973)
14	Australian Coastal Shipping Commission v. Green	[1971] 1 Lloyd's Rep. 16. C. A.
15	Ballard Shipping Co. v. Beach Shellfish	32 F. 3d 623, 1994 A. M. C. 2705 (1st Cir. 1994)
16	Barber Lines A/S v. M/V Donau Maru	764 F. 2d 50, 1985 A. M. C. 2600 (1st Cir. 1985)
17	Benefiel v. Exxon'Corp.	1991 A. M. C. 769 (C. D. Cal. 1990), aff'd, 959 F. 2d 805, 1992 A. M. C. 1720 (9th Cir. 1992)
18	Berman Enterprises, Inc. v. Jorling	793 F. Supp. 408 (E. D. N. Y. 1992), aff'd, 3 F. 3d 602 (2d Cir. 1993) cert. denied, 510 U. S. 1073 (1994)
19	Berwind-White Coal Mining Co. v. New York	135 F. 2d 443, 445 (2d Cir. 1943)
20	Boca Ciega Hotel, Inc. v. Bouchard Transportation Co.	844 F. Supp. 1512 (M. D. Fla. 1994), aff'd, 51F. 3d 235 (11th Cir. 1995)
21	Brewer v. Ravan	680 F. Supp. 1176 (M. D. Tenn. 1988)
22	Burgess v. M/V Tamano	370 F. Supp. 247, 1973 A. M. C. 1939 (D. Me. 1973), aff'dper curiam, 559 F. 2d 1200. 1977 A M. C. 1892 (1st Cir. 1977)

续表

No.	Case Name	Vol. Reporter. Page. Jurisdiction. Year . etc
23	California. State of, v. S. S. Bournemouth	307 F. Supp. 922, 1970 A. M. C. 642 (C. D. Cal. 1969)
24	Chicago, Milwaukee, St. Paul Pacific RailroadCo. v. U. S	575 F. 2d 839 (Ct. Cl. 1978)
25	Cities Service Pipe Line Co . v. U. S	4 Cl. Ct. 207 (1983), aff'd, 742 F. 2d 626 (Fed. Cir. 1984)
26	Clausen v. New Carissa	171 F. Supp. 2d 1138 (D. Or. 2001). aff'd, 339 1049 (9th Cir. 2003)
27	Colorado v. United States Dep't of the Interior.	880 F. 2d 481 (D. C. Cir. 1989)
28	Crown Central Petroleum Corp. v. Cosmopolitan Shipping Co.	602 F. 2d 474 (2d Cir. 1979)
29	Daubert v. Merrell Dow Pharmaceuticals. Inc.	509 US. 579 (1993)
30	Davis v. Odeco, Inc.	18 F. 3d 1237 (5th Cir. 1994)
31	Dayton Independent School Dist. S. Minerals Products Co.	906 F. 2d 1059 (5th Cir. 1990)
32	De Vaux v. Salvador	(1836) 4 Ad. & El. 420
33	E. A. C. Timberlane v. Pisces Ltd.	745 F. 2d 715, 1985 A. M. C. 1594 (1st Cir. 1984)
34	East River S. S. Corp. v. Transamerica. Delaval, Inc.	476 U. S. 858 (1986), 1986 A. M. C. 2027
35	ES Robbins Corp. v. Eastman Chem. Co.	912F. Supp. 1476(N. D. Ala. 1995)
36	Exxon Co. U. S. A. v. Sofec, Inc.	517 U. S. 830, 116 S. Ct. 1813 (1996), 1996 A. M. C. 1817
37	Field Steamship Co v. Burr	[1899] 1 Q. B. 579, C. A.
38	Filipowski v. Island Maritime Ltd.	[2006] NSWLEC 750
39	France Telecom v. Demange	No. 1815/88, Courd'Appel de Montpellier, 5 December 1988
40	Frederick E. Bouchard, Inc. v. U. S	583 F. Supp. 477, 1985 A. M. C. 668 (D. Mass. 1984)
41	Gatlin Oil Co. v. U. S	169 F. 3d 207 (4th Cir. 1999)
42	General Electric Co. v. Dep't of Commerce	128 F. 3d 767 (D. C. Cir. 1997)

续表

No.	Case Name	Vol. Reporter. Page. Jurisdiction. Year . etc
43	Goldman v. Thai Airways International Ltd.	[1983] 2 All E. R. 693, C. A.
44	Gould Inc. v. A & M Battery & Tire Serv	933 F. Supp. 431 (M. D. Pa. 1996)
45	Hasbro Indus., Inc. v. M/S St. Constantine	705 F. 2d 339, 1983 A. M. C. 1841 (9th Cir.), cert. denied, 464 U. S 1013 (1983)
46	Hazelwood v. Alaska	962 P. 2d 196 (Alaska Ct. App. 1998)
47	Hegglund v. U. S	100 F. 2d 68, 1939 A. M. C. 92 (5th Cir. 1938)
48	Hillsborough County v. A&E Oiling Serv., Inc.	877 F. Supp. 618 (M. D. Fla. 1995)
49	IMTT-Gretna v. Robert E. Lee S. S	993 F. 2d 1193, 1993 A. M. C. 2473 (5th Cir. 1993)
50	Idaho v. Bunker Hill Co.	635 F. Supp. 665 (D. Idaho 1986)
51	Idaho v. Southern Refrigerated Transport, Inc.	1991 U. S. Dist. LEXIS 1869 (D. Idaho 1991)
52	Industrial ParkDevelopment Co. v. EPA	604 Supp. 1136, 1145 (E. D. Pa. 1985)
53	Interpool Ltd v. Char Yigh Marine (Panama) S. A.	890 F. 2d 1453 (9th Cir. 1989)
54	Jastram v. Phillips Petroleum Co.	844F. Supp. 1139 (E. D. La. 1994)
55	Johnson v. Colonial Pipeline Co.	830 F. Supp. 309 (E. D. Va. 1993)
56	Jones v. United States	1996 U. S. Dist. Lexis 1993 (E. D. La 1996)
57	Kennecott Utah Copper Corp. v. United States Dep't of the Interior	88 F. 3d 1191 (D. C. Cir. 1996)
58	Key Tronic Corp. v. U. S	511 U. S. 809 (1994)
59	Kyoei Kaiun Kaisha, Ltd. v. M/V Bering Trader	795 F. Supp. 1046, 1992 A. M. C. 1258 (W. D. Wash. 1991)
60	Landgraf v. USI Film Products	511 U. S. 244 (1994)
61	Liberian Poplar Transports, Inc. v. U. S	26 Cl. Ct. 223, 1992 A. M. C. 2253 (1992)
62	Louisiana ex rel. Guste v. M/V Testbank	524 F. Supp. 1170, 1982 A. M. C. 2246 (ED. La. 1981)
63	Maine v. M/V Tamano	357 F. Supp. 1097, 1973 A. M. C. 1131, (D. Me. 1973)
64	Maritrans v. U. S	342 F. 3d 1344. 2003 A. M. C. 2274 (Fed. Cir. 2003)

续表

No.	Case Name	Vol. Reporter. Page. Jurisdiction. Year . etc
65	Minnehaha Creek Watershed Dist. v. Hoffman	597 F. 2d 617, 1982 A. M. C. 2995 (8th Cir. 1979)
66	National Association of Mfrs. v. United States Dep't of the Interior	134 F. 3d 1095 (D. C. Cir. 1998)
67	National Shipping Co. of Saudi Arabia v. Moran Mid-Atlantic Corp.	924 F. Supp. 1436. 1996 A. M. C. 2604 (E. D. Va. 1996), aff'd by unpublished per curiam opinion, 122 F. 3d 1062 (4th Cir. 1997), cert. denied, 523 U. S. 1021 (1998)
68	New York v. Allied Corp.	789 F. Supp. 93 (N. D. N. Y. 1992)
69	New York v. Montayne	604 N. Y. S. 2d 978 (1993)
70	New York v. U. S	620 F. Supp 374 (E. D. N. Y. 1985)
71	Northwest Environmental Advocates v. U. S. EPA	2008 U. S. Dist. LEXIS 66738 (N. D. Cal, 2008)
72	Ohio v. Dep't of the Interior	880 F. 2d 432 (D. C. Cir. 1986)
73	Orgulf Transport Co. v. U. S	71 1 F. Supp 344 (W. D. Ky. 1989)
74	Pan Ocean v. Matson Navigation Co.	No. 91 –3542, slip op. (C. D. Cal. 1991)
75	Port Allen Marine Servs. , Inc. v. Chotin	765 F. Supp. 887, 1992 A. M. C. 172 (M. D. La. 1991)
76	Quarles v. United States, 2005 U. S. Dist.	LEXIS 43030 (N. D. Okla. Feb. 13, 2006)
77	Ray v. Atlantic Richfield	435 U. S. 151, 1978 A. M. C. 527
78	Redwing Carriers, Inc. v. Saraland Apartments	94 F. 3d 1489 (11th Cir. 1996)
79	Robins Dry Dock and Repair Co. v. Flint	275 U. S. 303, 1928 A. M. C. 61 (1927)
80	Romero v. International Terminal Operating Co.	358 U. S. 354, 1959 A. M. C. 832 (1959)
81	Sabine Towing & Transp Co. v. U. S	666 F. 2d 561 (Ct. α. 1981)
82	Seaboats, Inc. v. Alex C Corp.	2003 A. M. C. 256 (D. Mass. 2003)
83	Slaven v. BP America, Inc.	786 F. Supp. 853, 1993 A. M. C. 455 (C. D. Cal. 1992), aff'd, 973 F. 2d 1468, 1993 A. M. C. 9 (9th 1992)
84	South Pon Marine, LLC v. Gulf Oil Ltd.	234 F. 3d 58, 2001 A. M. C. 609 (1st Cir. 2000)

续表

No.	Case Name	Vol. Reporter. Page. Jurisdiction. Year . etc
85	Steams & Foster Bedding Co. v. Franklin Holding Corp.	947 F. Supp. 790 (D. N. J. 1996)
86	T &E Industries Inc. v. Safety Light Corp.	680 F. Supp. 696 (D. N. J. 1988)
87	Trico Marine Operators, Inc v. Dow Chem. Co.	809 F. Supp. 440,1993 A. M. C. 1042 (E. D. La. 1992)
88	Triplecheck,Inc. v. Creole Yacht Charters, Ltd.	2007 U. S. Dist. LEXIS 20902 (S. D. Fla. 2007)
89	U. S. v. Aceto Agricultural Chemical Corp.	872 F. 2d 1373 (8th Cir. 1989)
90	U. S. v. Ahmad	101 F. 3d 386 (5th Cir. 1996)
91	U. S. v. American Cyanamid Co.	354F. Supp. 1202(S. D. N. Y.),aff'd,480F. 2d 1132(2d Cir. 1973)
92	U. S. v. Bestfoods	524 U. S. 51 (1998)
93	U. S. v. Bliss	667 F. Supp. 1298 (E. D. Mo. 1987)
94	U. S. v. Conservation Chemical Co.	619 F. Supp. 162 (W. D. Mo. 1985)
95	U. S. v. Fleet Factors Corp.	901 F. 2d 1550 (I 1th Cir. 1990), cert. denied,498 U. S. 1046 (1991)
96	U. S. v. Kennecott Copper Corp.	523 F. 2d 821. 1976 A. M. C. 208 (9th Cir. 1975)
97	U. S. v. Pennsylvania Industrial Chemical Corp.	411 U. S. 655,1973 A. M. C. 1688 (1973)
98	U. S. v. Wastecontrol of Florida,Inc.	730 F. Supp. 401 (M. D. Fla. 1989)
99	U. S. v. West Indies Transp,Inc.	127 F. 3d 299 (3d Cir. 1997)
100	Union Oil Co. v. Oppen	501 F. 2d 558,1975 A. M. C. 416 (9th Cir. 1974)
101	Union Petroleum Corp . v. U. S	651 F2d 734 (Ct Cl. 1981)
102	Unocal Corp. v. U. S	222 528 (9th Cir. 2000)
103	Van Schaeffer v. Tsakos Shipping and Trading,S. A	2006 U. S. Dist. LEXIS 25304 (ED. Pa 2006)
104	Versatile Metals,Inc. v. Union Corp.	693 F. Supp. 1563 (E. D. Pa 1988)
105	Wagner Electric Co. v. Thomas	612 F. Supp. 736 (D. Kan. 1985)
106	Washington State Dep't of Transp. v. Washington Natural Gas Co.	59 F. 3d 793 (9th Cir. 1995)

续表

No.	Case Name	Vol. Reporter. Page. Jurisdiction. Year . etc
107	Water Quality Ins. Syndicate v. U. S	522 F. Supp. 2d 220,2008 A. M. C. 284 (D. D. C. 2007)
108	Wickland Oil Terminals v. ASARCO,Inc.	792 F. 2d 887 (9th Cir. 1986)
109	Worldwide Tiers,Ltd. v. Aris S. S. Co.	301 P. Supp. 64 (S. D. N. Y. 1968)
110	Zinovia. The Michalos v. Prudential Assurance Co. Ltd.	[1984] 2 Lloyd's Rep. 264

后　记

感谢各位作者在繁忙的工作之余投入大量精力撰写书稿。特别感谢书稿作者之一的青岛海事法院的李军法官,李军法官与我只有一面之缘,却对书稿的结构和内容提出了宝贵的意见,使得书稿的体系和内容更加合理和完备。

感谢上海海事大学法学院全额资助此书的出版。2009 年入职上海海事大学法学院后,学院为我"量身定做"开设海洋环境船舶污染法课程。这对我而言是个挑战,因为海洋环境船舶污染法律问题与传统的环境污染法律问题截然不同,过往的学习经历并没有提供这方面的知识储备。为了讲好这门课程,我硬着头皮从头学起,十多年讲课的"副产品"是一本海洋环境船舶污染讲义。机遇巧合之下,我认识了中国船舶油污损害理赔事务中心的周舫震主任,周主任建议中国船舶油污损害理赔事务中心和上海海事大学法学院合写一本船舶污染损害赔偿方面的书籍,上海海事大学法学院对此提供了出版资助。

感谢中国船舶油污损害理赔事务中心的廖兵兵博士,他花费大量精力对全书进行了多次校对。

感谢法律出版社杨悦芊编辑的热情和耐心,助力此书顺利出版。